1930년대 조선학운동 심층연구

1930년대 조선학운동 심층연구

초판 1쇄 발행   2015년 12월 30일

편   자 | 민세안재홍선생기념사업회
발행인 | 윤관백
발행처 | 도서출판 선인

등록 | 제5-77호(1998.11.4)
주소 | 서울시 마포구 마포동 324-1 곳마루 B/D 1층
전화 | 02)718-6252 / 6257   팩스 | 02)718-6253
E-mail | sunin72@chol.com
Homepage | www.suninbook.com

정가   20,000원
ISBN   978-89-5933-953-2   94900
       978-89-5933-496-4   (세트)

· 잘못된 책은 바꿔 드립니다.

※이 책은 평택시의 후원으로 제작하였습니다.

민세학술연구총서 005

1930년대 조선학운동 심층연구

민세안재홍선생기념사업회 편

도서출판 선인

책머리에

올해는 민세 안재홍 선생께서 돌아가신 지 50주기가 되는 해이다. 이에 『민세학술연구총서』 제5권은 선생의 서세(逝世) 50주기를 추모하면서 '1930년대 조선학운동의 성과와 참여 인물들의 활동'에 대한 심층 연구를 주제로 기획했다. 여기에 게재되는 논문들은 '조선학운동 80주년'을 맞아, 2014년 9월 '민세안재홍선생기념사업회'와 '한국인물사연구회'가 공동으로 기획(국가보훈처·평택시 등의 후원)한 「제8회 민세학술대회 : 1930년대 조선학운동 참여 인물 연구」의 결과물이다.

다 아는 바와 같이, 1934년 9월 '다산 정약용 서세 99주년'을 기념하여, 정인보·문일평·안재홍 등 민족주의사학자로 불리는 인사들이 '다산 선생'을 향한 관심과 열기를 고조시키면서 '조선학'을 제창하였다. 이러한 조선학 연구의 기운을 오늘날 학계에서는 '조선학운동'의 출발점으로 인식하고 있다.

원로 한국사학자 한영우 교수는 '조선학운동'을 다음과 같이 개념화하였다. "민족주의 역사가들 사이에서 이른바 '조선학'(朝鮮學) 운동이 전개되었다. 다산 정약용(丁若鏞) 서거 99주기를 맞이하는 1934년에 시작된 이 운동은 안재홍·정인보·문일평 등이 주동이 되어 과거 민족주의 역사학이 지나치게 국수적·낭만적이었음을 반성하고, 민족과 민중을 다같이 중요시하면서 우리 문화의 고유성과 세계성을 동시에 찾으려는 것이었다. 이에 따라 이들은 조선후기 실학을 주목하고 고대사뿐 아니라 조선시대를 발전적으로 이해하려고 노력하였다."

　'조선학운동'에 대한 정설로 학계에 자리잡은 이 평가에는, 오랜 연구가 온축된 깊은 통찰이 담겨 있다. 굳이 한 가지를 보탠다면, '조선학'을 제창한 인사들은 우리 역사의 과거 속에서 민족의 현재를 지양(止揚)하고 미래를 지향하는 방법론을 찾아내고자 하였다. 이들에게 '조선학'이란 과거의 민족사를 통하여 미래를 추단(推斷)하고, 과거의 역사에서 현재의 지향점을 찾아내려는 실천론이었다.

　『민세학술연구총서』 제5권의 주제는 '조선학운동'이지만, 여기에는 '조선학'을 주장한 정인보·문일평·안재홍뿐만 아니라, '조선학'이란 용어와 방법론에 대하여 온건하게 비판한 백남운과 거세게 비난하였던 김태준도 포함시켰다. 두 사람은 오늘날 학계에서 '비판적 조선학' 계열로 불리는 인물들이다. 이 두 논객을 포함시킨 이유는 대척점에 선 주장들을 함께 이해해야만 '조선학운동'이라는 역사 현상을 객관성 있게 파악·평가할 수 있다는 역사인식에서 말미암았다. 사실 이러한 균형론은 민세 안재홍의 정신을 오늘날 계승·실천하자는 기념사업회 본래의 취지이기도 하다.

　2000년 10월 21일 '민세 안재홍선생 기념사업회'가 창립된 이후, 사업회는 민세 안재홍을 홍보·선양하는 사업의 일환으로 꾸준히 학술대회를 개최하고 결과물을 학술서적으로 간행함으로써 그의 삶과 정신을 학문상으로 객관화시켜 정립하려고 노력하였다. 기념사업회의 「실천강령」 제3항은 "민세의 민족운동론·언론관·역사관 등을 종합한 학문으로 '민세학' 연구가 활성화될 수 있도록 경제적으로 지원한다."고 선언하였는데, '민세학'을 정립함은 사업회가 추구하는 중요한 과제이다.

　'민세 안재홍선생 기념사업회'는 인물을 선양하려는 기념사업회의 목적성이 한 인물을 우상화하는 쪽으로 나아가지 말아야 한다는 방향성을 유지하면서, 민세 안재홍을 역사 속의 맥락에서 객관화시키려는 기저 아래 현재까지 9회에 걸쳐 학술대회를 개최하였다. 일례를 들면, 제5회 학술대회부터는 '안재홍'만을 주제로 삼았던 4회 때까지와는 달리, 민세 안재홍과 학문 또는 정치 성향을 함께 하였던 인사들(정인보·손진태·김규식·조소앙)로 연구의 외연을 넓혀서, 「남북 민족지성의 삶과 정신」을 주제로 삼아 '민세학'의 범주를 확대하였다(이는 2011년 12월 『(민세학술연구총서 001) 남북민족지성의 삶과 정신』으로 발간되었다).

이번에 『민세학술연구총서』 제5권으로 상재하는 제8회 학술대회의 발표는, 민세 안재홍과 함께 '조선학운동'을 주도한 정인보·문일평뿐만 아니라, 이들과 대립되는 관점에서 '비판적 조선학'을 주장하였다고 평가받는 백남운·김태준도 포함시켜 「1930년대 조선학운동 참여인물 연구」를 주제로 다루었다. 이러한 시도는 민세 안재홍과 대척점에 선 인물들과 이들의 관점까지 연구의 시야에 넣은 포괄성과 객관성을 확보함으로써, '민세학'을 개념 정립하는 데 한 단계 진전을 이루었다고 자부할 만하다.

'민세 안재홍선생 기념사업회'는 미래를 지향하는 가치에서 '민세학'과 '민세주의'(民世主義)를 정립하고자 하며, 이를 위해 민세 안재홍 전체를 객관화시켜 긍부(肯否)를 모두 평가해서 재조명하려 한다. 그래야만 민세 안재홍이 관심 가졌던 모든 영역을 포함하여, 그가 지향하였던 모든 가치를 포괄해서 '민세학'과 '민세주의'를 현재화할 수 있다고 믿는다.

민세 안재홍이 한평생 추구한 목표를 그 자신의 말로써 표현하면 '초계급적 통합민족국가'(超階級的 統合民族國家)였다. 그가 살다간 정신을 다시 한마디로 압축한다면 아마 '통합'이 아닐까 한다. 그가 자주 사용한 '회통'(會通)은 오늘날 무엇보다도 요청되는 '소통'을 포함한다. 민세 안재홍은 자신의 반대편에 선 논자에게도 귀를 기울였다. 이 점이 바로 '민세학'이 백남운·김태준의 '조선학'론에도 관심을 가져야 하는 이유이다.

민세 안재홍이 한국 근현대사에서 차지하는 비중과 위상을 볼 때, 그의 삶과 사상은 역사학을 비롯한 사회과학의 방법론으로 객관화할 학문상의 가치가 있으며, 나아가 오늘날에도 현재화해서 실천의 근거로 삼을 만한 합목적성(合目的性)이 충분하다. 학문의 객관성이 현재·현실의 실천론으로 유용하게 이어짐을 '실학성'(實學性)이라 표현한다면, 민세 안재홍을 통하여 우리 시대의 좌표를 설정하고 진로를 제시하는 학문의 '실학성'을 표현할 수 있다.

민세 안재홍이 정약용과 실학 연구를 중심 대상으로 삼은 '조선학'을 통하여 민족의 현재를 진단하고 미래를 지향하였듯이, 민세야말로 학문의 객관성과 실학성을 접목시키는 표본이 된다. 민세 안재홍에게 '조선학'은 과거를 통해서 현재를 지양하고 미래를 지향하는 실천 운동의 의미를 지니고 있었다.

『민세학술연구총서』 제5권으로 간행되는 이 책은, 크게 제1부 조선학운동의 성과와 의미, 제2부 조선학운동 참여인물 연구로 구성했다. 이번 제5권은 1930년대 조선학운동의 성과와 관련한 학계의 성과를 정리한 논문집이라는 의의를 갖는다.

책에 수록된 필자의 논문을 요약하여 소개하고자 한다.

최광식은 "80년 전 주창된 조선학운동의 정신은 오늘날까지 이어져, 온갖 방면으로 한국(조선)을 연구 탐색하고, 한국의 고유한 것, 한국 문화의 특색, 한국의 독자적인 전통을 천명하고 학문적으로 체계화한 결과, 세계문화 속에 한국의 색을 짜넣을 수 있게 되었다. 이제 한국학은 조선학운동의 정신을 더욱 계승·발전시켜 세계인과 함께 하는 한국학, 인류의 보편적 문화 가치를 발전시키는 데 기여하는 학문으로 거듭나야 한다."고 평가했다.

신주백은 "1930년대 초중반 조선연구를 둘러싸고 식민지 조선에 실존했던 여러 흐름의 다양한 선택 지점을 설명하기 위해서는 논리적인 연관성을 갖는 기준들이 필요하다. 당시의 지식인들이 어떤 태도와 방법론을 갖고 조선을 연구하려 했으며, 그들이 조선연구를 통해 무엇을 얻으려 했는가가 판단의 기본적이면서도 중요한 잣대여야 한다."고 분석했다.

최선웅은 "정인보의 조선학 연구는 동아일보라는 매체를 통해 전개되었고, 이는 그의 조선학운동이 동아일보의 문화운동론과 서로 밀접한 관련을 맺으며 전개되고 있었다는 점을 시사한다. 따라서 양자를 타협과 비타협 또는 민족주의 좌·우로 나누는 것은 타당하지 않아 보인다. 1930년대 전반기 신간회 해체 이후 정치적 실천성을 담보하지 못한 민족주의 계열의 운동론은 그 대안으로 조선연구 또는 조선학이라는 문화적 담론으로 수렴되던 상황이었다."고 평가하였다.

류시현은 "한국 사학사에서 문일평은 대표적인 민족주의 사학자로, 세분화된 분류 기준에 따르면 '후기 문화사학자'로 평가된다. 일제에 대한 저항성과 문화사 및 '조선심'(朝鮮心)의 강조는 이러한 분류 기준에 부합된다고 볼 수 있지만, 문헌사학자적인 측면을 지녔음을 고려해볼 때, 기존의 사학사 분류 기준은 당대 조선 문화와 역사 연구자 사이에 지나친 '장벽'을 설정한다."고 주장했다.

김인식은 "안재홍은 새로운 이념과 이에 기반을 둔 사회를 '창건'하는 데 '조선학'의 목적성을 설정하였고, 선인들의 사상·문화를 '조술확충(祖述擴充)'함으로써 이를 달성하려 하였으며, 이는 이후 그가 제창하는 신민족주의의 이론 기반을 이루었다. 안재홍의 '조선학'은 과거를 대상화하는 연구에 한정되지 않고, 현재 속에서 과거를 통하여 미래를 지향하는 실천의 의미를 지니고 있었다."고 평가했다.

　이준식은 "백남운은 신흥과학으로서의 사회사 연구를 통해 특수성과 보편성의 문제를 해명하는 동시에, 일제의 식민 통치에서 벗어나 민족 해방을 이루고 민족 공동체의 자주와 평등이 이루어지는 새로운 국가 건설의 전망을 보여주려고 했다. 이러한 백남운의 논의는 여러 가지 이유 때문에 조선시대 이후로까지 본격적으로 확대되지는 못했지만, 분명히 조선학 운동의 함의를 풍부하게 만들어주는 것이었다."고 평가했다.

　이황직은 "경성제대 재학생이었던 청년 김태준의『조선소설사』연재가 드리운 신선한 충격이, 당시 조선학연구를 주도하던 대학과 참여자에게 의도하지 않은 영향을 불러일으켜 1930년대 초반의 조선연구열을 낳는 데 기여했다. 그러나 김태준의 조선학 업적 가운데서도 핵심에 해당하는『조선한문학사』를 당대의 담론 지형과 관련시켜 분석해보면, 우리의 기왕의 인식과는 달리, 당시 그가 경성제대의 일본인 학자들의 식민사관을 일정 부분 공유했고 이런 관점을『조선한문학사』서술에 적용했다."고 주장했다.

　이번『민세학술연구총서』제5권이 '민세학'을 정립하는 데에서 더 나아가, 21세기 한국학의 좌표를 설정하는 초석이 되기를 바라며, 항일운동 학술사업에 애정을 가지고 지원해주시는 국가보훈처와 평택시에 감사드린다. 아울러 2011년부터 좋은 인연을 맺어 매년『민세학술연구총서』를 발간하는 데 힘써주시는 도서출판 선인의 윤관백 사장님과 편집 기획자 여러분께도 감사의 뜻을 전한다.

2015년 11월 30일 민세 안재홍 선생의 '조선학'을 생각하며
민세학술연구총서 5권 편집위원 대표 김인식

차례 ㅣ 1930년대 조선학운동 심층연구

제2부_ 조선학운동 참여인물 연구

제1부

조선학운동의 의의와 연구동향

1930년대 조선학운동의 의의와 21세기 한국학의 과제

최광식 (고려대 한국사학과 교수)

I. 머리말

民世 安在鴻(1891~1965)은 일제강점기 일본제국주의에 의해 9차례나 투옥되었던 국내 민족주의 계열의 대표적인 이론가이자 지도자의 한 사람이었다.[1] 그는 1920년대 후반기에 일제와 민족개량주의에 대항하여 비타협적인 민족주의 계열과 사회주의 계열의 공동전선체인 신간회를 결성하는 데 주도적인 역할을 담당하였다. 신간회 해소 이후에도 그는 여전히 민족단일전선의 결성을 주장하였으나, 그 성과를 거두지는 못했다. 일제의 戰時 파시즘 체제가 굳어지면서 활동이 크게 제약되자, 안재홍은 조선학 연구를 통해 민족 정체성을 확보하고, 이를 기반으로 자신의 민족주의론을 이론적으로나 실천적으로 심화하려 하였다.

---

[1] 千寬宇, 「民世 安在鴻 年譜」, 『창작과 비평』 50, 1978; 金仁植, 「安在鴻의 新民族主義 思想과 運動」, 中央大學校 大學院 史學科 博士學位論文, 1997.

해방 이후에는 해방 공간에서 극좌와 극우를 배제한 중도 좌우파의 공동 전선을 추구하면서, "모든 진보적이고 반항제국주의적인 지주와 자본가와 농민과 노동자가 한꺼번에 萬民共生"하는 새로운 사회의 지도이념, 즉 '新民族主義'와 '新民主主義'를 주창하였다.[2] 이후 건국준비위원회 부위원장, 국민당 당수, 남조선과도입법의원, 민정장관 등을 역임하면서 중도우파 진영의 지도자로 활동하다가 한국전쟁 당시 납북되었다. 이후 조소앙, 오세창, 김규식 등과 함께 김일성 정권이 주도해 만든 재북평화통일촉진협의회의 한 사람으로 '통일운동'에 가담하기도 하였으며, 1965년 3월 1일 평양에서 영면하였다.

선생과의 인연은 본인이 고려대학교 박물관 관장으로 재직하던 2003년으로 거슬러 올라간다. 당시 선생의 유족 측에서 선생의 유품과 유고들을 고려대학교 박물관에 모두 기증함과 아울러 미처 발간하지 못한 자료들을 선집으로 속간하기를 희망하였다. 『민세안재홍선집』은 1978년 '안재홍선집간행위원회'가 구성된 후 故 천관우 선생이 주도적으로 추진하여 1981년에 제1권이 지식산업사에서 간행된 바 있다. 이어 1983년에 제2권, 1991년과 1992년에 제3권과 4권, 그리고 1999년에 제5권이 차례로 출간되었다. 이후 여러 가지 사정으로 20여 년간 출간되지 못하고 있던 것이 고려대학교 박물관과 인연이 닿아 제6권과 7권, 그리고 자료편인 제8권으로 2004년과 2005년에 출간되어 비로소 세상의 빛을 보게 되었다. 당시 민세안재홍기념사업회와 경기문화재단, 평택시에서 간행 비용을 지원하였으며, 지식산업사 또한 선집 제작에 참여하여 과거보다 안정적이고 탄탄한 기반 위에서 선집을 속간할 수 있었던 기억이 또렷하게 남아 있다.

----

[2] 安在鴻選集刊行委員會 編, 「歷史와 科學과의 新民族主義」, 『民世安在鴻選集』 2, 지식산업사, 1983, 237·242쪽.

제8회를 맞이한 이번 민세학술대회는 1934년 9월 8일 서울YMCA 회관에서 안재홍, 정인보, 현상윤 등이 다산 정약용 선생 재조명 행사로 출발한 조선학운동 80주년을 기념하고 재평가하기 위해 마련된 자리이다. 기조강연의 자리를 빌려 1930년대 조선학운동이 지녔던 문제의식을 살펴보고, 오늘날의 한국학에서 그 문제의식을 어떻게 계승, 발전시킬 것인가에 대해서까지 함께 고민해보고자 한다.

II. 1930년대 조선학운동의 배경

1930년대 일본은 1929년 세계대공황과 1930년 농업공황 등에 직면하여 심각한 체제적 위기를 맞게 되었다. 이에 일본 제국주의는 경제통제체제를 확대하는 한편, 국내의 민중운동과 사회주의에 대한 탄압, 치안유지법의 개정 등을 통해 사상 통제를 강화하였다. 아울러 체제 위기를 모면하기 위한 방안으로 대륙침략전쟁을 감행하고 식민지 수탈을 강화하기도 하였다.[3]

그 결과 1930년대 전반기 식민지 조선은 세계대공황의 첨예한 모순을 전가받게 되었고, 이러한 상황은 운동계, 사상계, 학계의 활동에 그대로 투영되었다. 특히 조선총독부는 1930년대 공황기의 위기를 타개하기 위해 파시즘 문화지배정책을 통해 정신적 지배를 강화하고자 하였다. 이는 당시 일제 관학 아카데미즘의 성과에 기초하여 內鮮融和의 이데올로기를 강화하기 위한 식민주의적 조선연구의 성과를 기반으로 한 것이었다.[4] 그것은 형식적으로는

---

[3] 조동걸,『한국독립운동의 이념과 방략』, 경인문화사, 2007, 199~202쪽.
[4] 1932년부터『朝鮮史』가 편찬·간행되기 시작하였고, 청구학회나 경성제국대학 조선경제연구소 등 일본인 관학자들의 조선사 연구조직이 체계화되었다. 이들은 총독부

조선 문화의 전통과 고유성을 부각시키되 제국주의 문화지배의 틀 내에서 사상적 통제를 강화하여 일선융화, 일선동조의 일본적 국민의식을 양성하는 데 활용되었다. 따라서 외형적으로 강조된 고유성은 조선인 국민국가를 지향하는 것이 아니라, 일제의 국가, 국민문화의 하부문화로서 위치하게 되어 그 주체성을 상실토록 하고자 하는 의도가 깊이 깔려있었다. 즉, 조선의 주체적이고 독립적인 민족의식을 말살하고, 일본식 전체주의적 국민의식, 문화의식을 주입하는 사상적 통치기술의 일환으로 조선의 고유문화를 변용시키고 그 본질을 호도하였던 것이다.[5]

이러한 일제 관학의 확산과 식민주의 사상의 강요에 대응하여 조선학계에서도 역사관, 학문관을 달리하는 각 조류가 자체 진영을 정비하기 시작하였다. 1920년대 후반 이후 조선의 사상계, 지성계는 부르주아민족주의 계열과 마르크스주의 계열로 분화되어 다양한 활동을 전개하고 있었다. 1933년 6월 백남운, 김광진, 이여성, 서춘 등은 朝鮮經濟學會를 창립하고 조선의 경제에 대한 연구와 조사활동을 벌여 나갔고, 1934년 5월에는 이병도의 주도하에 震檀學會가 창립되고 기관지인 『震檀學報』가 발간되었다. 이러한 가운데 1934년을 전후한 시점, 안재홍을 비롯한 정인보, 문일평 등 비타협적 민족주의자들이 주도한 '朝鮮學運動'도 전개되기 시작하였다.

그 중 조선학운동은 1934년 9월, '다산서거99주년기념사업'을 계기로 본격

의 지원 하에 구한말에서 당대에 이르는 조선의 사회 · 경제 전반에 대한 방대한 연구를 추진하였다. 그 핵심 내용은 실증주의에 입각한 이른바 '民族性論', '停滯性論' 등으로, 일제는 이를 통해 조선인을 회유하고 '皇國臣民化'의 학문적 기초를 마련하는 동시에 舊來의 조선사회를 정체된 사회로, 일제하의 조선을 발전한 사회로 검증해내고자 하였다(金容燮, 「日本, 韓國에 있어서의 韓國史敍述」, 『歷史學報』 31, 1966, 135~136쪽; 李萬烈, 『한국 근대역사학의 이해』, 문학과 지성사, 1982, 제5장).

5) 백승철, 「1930년대 '朝鮮學運動'의 전개와 民族認識 · 近代觀」, 『역사와 실학』 36, 2008, 36~37쪽.

화되었다. 물론 '조선학'의 개념과 연구방향에 대한 모색은 기념사업 이전부
터 이미 제기되고 있었지만,[6] 이것이 하나의 운동으로서 세간의 주목을 받으
며 공개적으로 공표된 것은 다산기념사업이 그 계기가 되었다. 이 기념행사
는 다산 정약용 전집『與猶堂全書』의 간행 계획과 관련하여 1934년 9월 8일
서울 YMCA 회관에서 개최되었다. 기념행사에는 정인보, 안재홍, 문일평, 현
상윤 등이 연사로 참여하였다. 특히 안재홍은 다산 정약용의『여유당전서』
를 교열하여 펴내는 등 활발한 활동을 펼치며 사실상 조선학운동을 주도하
였다.

III. 안재홍의 조선학운동과 신민족주의

안재홍은 1930년대 정치운동이 사실상 불가능하게 되자 민족문화운동론
을 제창하고, 문자보급운동, 생활개신운동, 충무공현창운동, 조선학운동 등
을 주도하거나 이에 관여하였다.[7] 그 가운데서도 그가 가장 심혈을 기울인
것은 바로 조선학운동이었다. 그는 1934년 9월 정인보에 의해 조선학이 제창
되었을 때, 조선학은 광의와 협의 두 종류가 있을 수 있는데, 광의의 조선학
은 온갖 방면으로 조선을 연구 탐색하는 것이고, 협의의 조선학은 조선의

---

[6] 金台俊,「朝鮮學의 國學的 硏究와 社會學的 硏究」,『朝鮮日報』5월 1일, 2일(전 2회),
   1933; 洪淳革,「讀史漫論-朝鮮學에 관한 區文著書의 日本에 미친 影響」,『朝鮮日報』
   2월 1~4일, 1934.
[7] 안재홍의 이 같은 활동들에 대해 '개량주의' 혹은 '파시스트운동'이라는 사회주의자들
   의 비판이 제기하기도 하였지만, 그는 역사 과정이 최악인 경우에는 도피하지 않고
   문화운동이라는 개량적 공작이라도 펴는 것이 진지한 사람의 책무일 것이라고 반론
   하기도 하였다(安在鴻,「民世筆談」,『朝鮮日報』6월(『民世安在鴻選集』1, 1935, 510쪽)).

고유한 것, 조선 문화의 특색, 조선의 독특한 전통을 천명하여 학문적으로 체계화하는 것이라고 정의 내렸다. 그는 이때 조선학의 목적은 "세계문화에 조선색을 짜 넣는 것"에 있다고 말하였다.[8]

이후 안재홍은 조선학을 보다 이론화하는 작업을 시작하였다. 그는 역사적으로 공통된 경험을 가진 민족이 공통된 문화를 갖는 것은 부인할 수 없는 사실임을 지적하면서, 조선인은 현실에서 후진·낙오자로 되어 있으므로 향상과 약진을 꾀해야 하며, 이로써 자기 자신을 낙오된 쇠퇴의 구렁에서 구할 수 있다고 보았다.[9]

그리하여 우리 자신의 문화와 그 사상에서 조선적이면서 세계적이요, 세계적이면서 조선적인 세련된 新自我를 창건해야 한다고 주장하였다. 그리고 이러한 향상과 약진은 다른 나라의 인민과 상호적, 교환적, 혹은 병존적, 그리고 협조적인 개방된 세계적 자아관에 섰을 때 비로소 가능하다고 역설하였다. 그는 "오늘날 20세기 상반기에 가장 온건 타당한 각 국민 각 민족의 태도는 민족에서 세계로-세계에서 민족으로 교호되고 조제되는 일종의 民世主義를 형성하는 狀勢"라고 하여, 세계는 바야흐로 민족문화가 다른 세계의 문화와 서로 교호되는 '民世主義'의 시대가 왔다고 주장하였다. 민세주의란 '민족과 세계가 서로 교호되고 조제되는 주의'였다. 당시 안재홍은 당대의 시대적 이념을 단순한 '민족주의'보다는 '민세주의'에서 찾고 싶었던 것이다.[10]

그는 이를 각 민족이 서로 문화를 주면서 받고, 다투면서 배우는 연속의 과정 속에서 자기의 향상과 발전이 있고, 획득과 생장이 있다고 보았다. 각

---

8) 安在鴻, 「新朝鮮春秋」, 『新朝鮮』 10월호, 1934, 41쪽.
9) 安在鴻, 「朝鮮學의 問題 -卷頭言을 對함-」, 『新朝鮮』 12월호, 1934, 3쪽.
10) 朴贊勝, 「1930년대 安在鴻의 民世主義論」, 『한국근현대사연구』 20, 2002, 280~282쪽.

민족의 문화가 서로 교호되고 접촉되는 상황일수록 우리는 조선에 대해서 더 깊은 인식이 있어야 한다는 것이 안재홍의 생각이었다. 그가 '조선학'의 필요성을 주장한 근거도 여기에 있었다. 즉, 민세주의는 조선학운동론을 제기하는 과정에서 나온 것이고, 조선학운동론을 뒷받침하기 위해 나온 것이었다. 안재홍은 조선인이 전연 남의 것만을 빌어 살려는 무계획적인 신시대의 집단적 룸펜일 수는 없다면서, "세계문화를 채취하고 적용하는 긴장된 도정에서 어떻게 朝鮮色과 朝鮮素를 그 수용의 주체로서 확립할 것인가"가 과제라고 지적하였다.[11] 세계문화에 하나의 주체로서 조선색과 조선소를 확립하기 위해 필요한 것이 바로 조선학이라고 그는 판단했던 것이다.

해방 직후 안재홍은 민세주의를 한 단계 더 발전시켜 신민족주의 이론을 전개하였다. 그는 이 시기에도 민족주의가 인류대동, 세계일가를 지향하지만, 그것이 하나의 국가, 하나의 체제를 지향하는 것이 되어서는 안 된다고 주장하였다. 그는 각 민족은 그 자체가 고유한 문화와 역사발전 단계를 갖고 있기 때문에 각각의 민족은 그에 적합한 체제의 나라를 가져야 한다고 보았다.

한편 그는 문화적 측면에서의 민세주의를 넘어서, 정치·경제적 측면에서의 '신민족주의론'을 펼치기 시작하였다. 그는 지배와 피지배, 압박과 피압박, 착취와 피착취가 존재하는 시대의 국가주의 또는 민족주의는 온전한 민족주의라고 볼 수 없다며, 이제는 균등사회·공영국가를 지향·완성하는 신민족주의, 즉 진정한 민주주의의 토대 위에 존립되는 전민족 동일운명의 민족주의가 되어야 한다고 주장하였다. 또, 그는 일제하에서 한국인은 전민족이 굴욕과 수탈을 받았고, 이제 전민족적으로 초계급적으로 해방되었으므로 계급

---

[11] 安在鴻, 앞의 글, 1934, 4쪽.

을 뛰어넘어 통합된 민족국가를 건설해야 한다고 피력하기도 하였다. 그는 진보적 · 반제국주의적인 지주 · 자본가 · 농민 · 노동자 등 모든 계층을 통합하여 만민공생을 이념으로 하고 계급독재를 지양하는 신민주주의의 국가를 세워야 한다고 주장하였다. 이는 민세주의 단계에서 미처 언급할 수 없었던 그의 민족주의론의 새로운 내용이었다. 그리고 이와 같은 정치 · 경제적인 측면을 강조하는 신민족주의론은 식민지 시기 그의 민족협동전선론의 연장선 위에 있는 것이기도 하였다.

안재홍은 자신의 신민주주의와 신민족주의가 단군 이래 뿌리 깊게 이어온 공동체의 고유한 철학 원리이자 생활 방식인 '다사리주의'를 현대에 맞게 발전시킨 것이라고 하였다. 안재홍의 신민족주의론은 당시 민족해방운동의 양대 세력이었던 민족주의 계열과 사회주의 계열이 조선의 독립과 통일민족국가 수립을 위해 손을 잡을 수 있도록 하는 근거를 민족주의 시각에서 새롭게 제시하고, 자본주의와 공산주의의 대립을 지양한 대안체제를 마련하려는 데 초점이 맞춰졌다. 이는 실천적으로 일제 강점기에는 신간회 결성을 통한 좌우 통합으로, 해방 뒤에는 극좌와 극우를 배제한 중도 좌우파가 주도하는 통일민족국가 수립운동으로 나타났다.

IV. 21세기 한국학으로의 계승과 발전

안재홍은 조선학운동을 주창하면서 조선학에 대해서 넓은 의미로는 "온갖 방면으로 조선을 연구 탐색하는 것"이며, 좁은 의미로는 "조선에 고유한 것, 조선 문화의 특색, 조선의 독자적인 전통을 천명하여 학문적으로 체계화하자는 것"이라고 정의한 바 있다. 그리고 조선학은 "세계문화에 조선색을 짜 넣는 것"에 그 목적이 있다고 하여, 조선학에 대한 더 깊은 인식은 각 민족, 나라들과 서로 문화를 주고받으면서 성장하기 위한 기본 조건임을 피력하였다. 이 같은 안재홍의 조선학에 대한 정의는 오늘날 한국학의 진로를 설정함에 있어 시사하는 바가 크다.

근대 학문으로서 한국학은 그 뿌리가 앞서 살핀 1930년대 안재홍, 정인보, 문일평, 현상윤 등 민족주의 계열의 인물들을 중심으로 이루어진 조선학 운동에 있다. 1945년 광복 이후 조선학은 '國學'이라는 명칭으로 불리다가, 1960년대부터 학문의 보편성이 강조되면서 오늘날의 '韓國學'이라는 용어가 사용되기 시작하였다. 당시 한국학은 급속한 근대화·서구화 과정 속에서 민족문화의 주체성을 유지하려는 목적에서 강조되었으나, 1970년대에 들어서게 되면 군사정권에 의해 유신체제의 국가주의 이데올로기를 뒷받침하는 수단으로 활용되기도 하였다. 1990년대 이후부터 세계화가 급진전되면서 한국의 언어와 문화, 역사를 국제 사회에 체계적으로 알리는 일을 국가적 사업으로 인식하기 시작하였고, 이에 한국학은 민족의 주체성을 강조하는 전통적인 國學의 의미보다는 지역학으로서의 의미가 더욱 강조되었다.

조선학운동이 시작된 지 80년이 지난 지금, 한국학은 이미 한국과 관련한 인문·사회과학적 모든 영역을 인식의 대상으로 삼는 종합적인 학문으로 자리 잡았다. 또한 21세기에 들어 한국학은 이미 우리만의 학문이 아니라 세계 속에서 중요한 위치를 차지하는 세계 속의 학문으로 자리매김하는 단계에 접어들었다. 한류가 세계인의 영혼을 흔들고 있을 뿐만 아니라 세계문화유산 선정 목록에서 보이듯이 한국문화의 창의성과 진정성은 세계인의 마음을 열게 하는 감동을 주고 있다. 즉, 80년 전 안재홍 등에 의해 주창된 조선학운동의 정신은 오늘날까지 이어져, 온갖 방면으로 한국(조선)을 연구 탐색하고, 한국의 고유한 것, 한국 문화의 특색, 한국의 독자적인 전통을 천명하고 학문적으로 체계화한 결과, 세계문화 속에 한국의 색을 짜 넣을 수 있게 된 것이다.

이제 한국학은 조선학운동의 정신을 더욱 계승·발전시켜 세계인과 함께하는 한국학, 인류의 보편적 문화 가치를 발전시키는 데 기여하는 학문으로 거듭나야 한다. 이를 위해 다음 세 가지 과제를 제시하는 바이다.

첫째, 한국학의 수준 자체를 학문적으로 더욱 심화시켜야 한다. 이를 위해서는 기존 연구에 대한 깊고 새로운 시각은 물론이고, 종래에 연구가 되지 않았던 작은 분야나 주제에 이르기 까지 다방면에서의 선행연구가 필요하다. 또한, 연구대상에 대한 인문·사회·자연과학 간의 학제적 연구도 더 많이 이루어져야 할 것이다. 아울러 우수한 학자의 꾸준한 연구는 모든 학문 발전의 기본 조건이므로, 한국학의 내실화와 세계화에 기여할 우수한 한국학 연구자를 양성하기 위해 지속적인 지원이 필요하다.

둘째, 국내외에 한국학을 온전히 알릴 수 있도록 각종 연구자료들을 체계적으로 정리, 새로운 학술 콘텐츠를 개발하고, 지속적 교류 협력으로 세계 속에 한국학을 전파해야 한다. 한국학과 관련된 다양한 자료들을 전문가 및 대중들이 활용할 수 있는 방식으로 수집·정리·간행해야 한다. 여기서 더 나아가 한국학 자료들을 디지털화하여 정보통신 네트워크를 통해 서비스한다면, 21세기 지식 정보 시대의 새로운 가치를 창출하는 원천으로 거듭날 것이다.

셋째, 세계인들에게 한국학 및 한국문화에 대한 재발견의 기회를 제공할 수 있도록 해외한국학 지원 및 국제학술회의 개최, 교육 및 네트워크의 확장 등 다각적인 국제 학술문화 교류활동을 펼쳐 한국학의 발전을 도모해야 한다. 아울러 국내외 한국학 연구, 교육 및 인프라를 구축하고 연구 성과의 대중화를 이루기 위한 체계적이고 장기적인 정책적 지원이 뒷받침되어야 할 것이다.

V. 맺음말

안재홍은 민족과 계급의 갈등을 극복하는 통합의 원리를 추구함으로써 사회주의와 민족주의의 상호 접근을 꾀했으며, 나아가 자본주의와 공산주의를 넘어선 제3의 통합체제를 제시했다는 점에서 오늘날 남북통일문제에서 그의 사상이 시사하는 의의가 적지 않다.[12] 또한 민족주의 안에 민주주의의 의의를 각인시키고 국제주의와 민족주의의 공존을 주장한 그의 개방적 태도는 민족주의의 배타성·국수성·복고성을 극복하려는 노력으로 평가받기도 한다.[13]

그러나 현실적으로 그의 민족주의는 민족통합의 원리가 되지 못하고 오히려 좌우로부터 고립되는, 이른바 '중도파의 비운'을 겪어야 했다. 자신의 사상을 '물질적 힘'으로 바꾸지 못하였을 뿐만 아니라, 그 자신도 민족분열의 소용돌이에 휩쓸려갔다. 자본주의와 사회주의의 갈등을 해결하려던 안재홍의 노선은 한국전쟁 당시 납북된 그의 비극적 체험과 맞물리면서, 냉전체제 아래 있던 우리 사회에서 잊혀 갔으며, 심지어는 불온시 되기까지 하였다. 그러나 1980년대 이래 냉전의 벽이 허물어지면서 단재 신채호 등과 함께 한국 민족주의의 커다란 줄기로 그의 위상이 재조명되고 통일운동 과정에서 그의 삶이 주목받고 있다.[14]

"민족에서 세계로-세계에서 민족으로 交好"라는 안재홍의 민세주의는

---

12) 강만길, 「통일사관 수립을 위해」, 『역사비평』 14, 1991.
13) 한영우, 「안재홍의 신민족주의와 사학」, 『한국독립운동사연구』 1, 1987; 이지원, 「안재홍」, 『한국의 역사가와 역사학(하)』, 창작과비평사, 1994.
14) 박한용, 「『민세안재홍선집』 제6·7권 해제를 대신해」, 『民世安在鴻選集』 6, 지식산업사, 2005, 518~520쪽.

1930년대 조선학운동을 이론적으로 뒷받침하기 위해 나온 이념이었고, 조선학운동은 이러한 민세주의를 현실세계에서 구현하기 위한 필수 과제였다. 이 같은 안재홍의 주장은 오늘날 21세기 세계화 시대에 한국학의 진흥과 발전에도 여전히 가치 유효한 논리이다. 그리고 안재홍의 민세주의가 1945년 이후 해방공간에서 신민족주의로 발전해 나갔듯이, 한국학을 심화시켜 현재 우리가 처해있는 국내외적 모순과 갈등을 해결할 수 있는 지표를 제시하는 것이 오늘날 우리들에게 던져진 과제라고 하겠다. 이것이 1930년대 조선학운동의 학문·정치적 가치를 오늘날에 창조적으로 계승·발전시키는 길이라 생각한다.

'조선학운동'에 관한 연구동향과 새로운 시론적 탐색

신주백 (연세대 국학연구원 HK연구교수)

Ⅰ. 머리말

1930년대 중반경 문화운동으로서 '조선학운동'이 전개되었다.[1] 이를 바라보는 기본 시각은 2011년부터 사용되고 있는 아래와 같은 고등학교 역사교과서에서 잘 드러나고 있다.

> 3-2 말, 글, 역사가 살아야 독립을 이룰 수 있다.
>
> 일제, 역사를 왜곡하여 식민 사관을 날조하다
>
> …… 민족주의 사학자로는 이 밖에도 '조선 얼'을 강조한 정인보, '조선 심(心)'을 강조한 문일평, 그리고 신민족주의 역사학을 제창한 안재홍 등이 있다. 이들은 일제의 민족 문화 말살 정책에 맞서 '문화가 살면 민족은 죽지

---

* 이 글은 『한국민족운동사연구』 67(2011)에 수록된 논문을 약간 수정한 것이다.

[1] 연구자에 따라 '조선학운동'이란 용어를 다양하게 사용하고 있지만, 한국의 역사교과서와 최근의 연구경향이 조선학운동이라 말하고 있으므로 이 글에서는 조선학운동이라 하겠다.

않는다.'는 신념 아래 조선학 운동*을 전개하기도 하였다.

 * **조선학 운동** : 우리 민족의 전통 사상과 문화 속에서 민족의 고유한
특색을 찾아내어, 문화적으로 민족의 주체성을 유지하려는 민족 운동이다.
1930년대 중반에 본격적으로 전개되었다. (강조는 원문대로임 – 인용자)[2]

위의 글에서는 조선학운동에 관해 몇 가지 관점을 내포하고 있다. 우선
조선학운동이 '일제의 민족 문화 말살 정책에 맞서' 일으킨 운동, 곧 비타협적
민족주의운동이라고 운동의 성격을 규정하고 있다. 둘째, 조선학운동이 '민
족주의 사학자' 내지는 '신민족주의 역사학'에서 제창한 운동이라고 운동의
주체를 제한하고 있다. 셋째 그래서 운동 주도자들의 관심 분야와 관련하여
조선학운동이 식민사관에 맞서 민족의 주체적 역사관을 수호하기 위한 운동
이었다고 성격을 규정하고 있다.

　사실이란 측면에서 말하자면, 조선학운동이란 1934년 다산 정약용의 茶山
逝世99年記念事業을 계기로 본격화한 문화운동을 말한다. 운동을 주도했던
사람은 안재홍과 정인보였다. 그럼에도 불구하고 과연 선행연구들은 조선학
운동을 이처럼 규정할 만큼 의견이 합일되어 있을까. 미리 언급하지만 그렇
지 않다는 점이다.

　그런데 우리가 더 주의 깊게 주목해야 할 사실은 조선학운동을 제창한 안
재홍조차도 '학'으로서의 '조선학'을 말했듯이, 당시의 지식인 집단은 조선을
하나의 분석 대상으로 설정하는 조선학을 언급했다는 점이다. 조선학 연구
를 매우 전문적인 학술논문으로 외화했건, 대중적인 잡지에 짧은 글로 발표
했건, 조선은 그들의 분석 대상이었다. 달리 말하면 운동 차원에서만 제기하

지 않은 측면도 있었다는 점이다. 선행연구들은 기본적으로 이 점을 간과하
고 있다. 그러다보니 조선을 연구하려는 흐름 속에서 무브먼트(운동)로서의
조선학운동은 과연 어느 정도의 실체와 위상을 갖고 있었는가에 대해 제대
로 된 검토를 할 수 없었다.

이 글에서는 조선학운동에 관해 선행연구들이 운동의 주체, 다른 측면에
서 말하자면 참가자들의 범주와 이에 의해 규정되는 성격을 어떻게 파악하
고 있는지를 우선 정리하겠다. 관련하여 제2장에서는 시간의 흐름을 따라
연구동향을 개관하면서 의견의 분화 시기와 지점에 대해 언급하겠다. 다만,
조선학운동에 대한 연구동향과 관련하여 인물이나 사관의 전체적인 흐름 속
에서 조선학운동을 일부분 언급한 글들이 대부분이거나 국학(진흥)운동의
일부로 언급한 연구까지 정리하면 오히려 논지가 불명확할 수 있어 하나하
나 연구사를 정리하기는 무리이다. 관련 논문들에 관해서는 몇 차례 이루어
진 연구사정리 글로 대신하겠다.[3]

제3, 4장에서는 조선학운동이 일어난 배경과 전개과정에 대한 선행연구만
을 별도로 고찰해 보겠다. 선행연구가 설명해 온 운동의 발생사적인 측면보
다 더 폭넓고 다양한 측면에서 조선학운동이 일어난 이유를 주목해야 한다
는 점 때문이다. 다양한 배경과 전개과정에 다시 주목한다면 조선을 독립적
으로 보려했건, 일본에 종속적인 존재로 치부했건, 단일한 총체적 대상으로
서 조선을 파악하려 했던 당시 지식인 집단의 움직임 전반을 새롭게 조망하
는데 일조할 수 있을 것이다. 그렇게 하면 안재홍 등이 주창한 조선학운동의
위상과 성격을 운동의 차원만이 아니라, 다른 각도에서 더욱 진전되게 재해

---

3) 이지원, 「일제하 문화운동 연구의 현황과 과제」, 『한국사론』 26, 1996; 이지원, 「사회
   와 문화」, 『한국역사입문 : 근현대편』 ③, 한울, 1999; 이지원, 「식민지 근대의 학술과
   교육」, 『새로운 한국사 길잡이』 하, 지식산업사, 2008.

석할 수 있는 토대를 확보할 수 있을 것이다. 필자는 이를 '학술장의 지형'을 파악하고 재분류하는 작업이라고 바꾸어 말하고 싶다. 연구사정리를 통해 이 글이 도달하고자 하는 궁극적인 목표 지점은 바로 여기이지만, 지면의 한계 상 제5장에서는 시론적인 방향만을 제시하고 별도의 논문으로 발표하겠다.[4]

II. 연구 경향 속에서 본 '조선학운동'의 다양한 범주들

조선학운동에 관해서는 국문학과 역사학 분야에서 일찍부터 관심을 가지고 있었다. 그렇지만 두 분과학문의 역사적 맥락에서 접근한 연구가 이루어진 것은 한참 뒤였다. 설령 관심을 두더라도 국학(진흥)운동의 차원에서 당시의 역사가에 대해 관심을 둔 경우는 있었어도, 전체 민족운동의 동향 특히 민족주의운동의 분화라는 측면을 고려한 연구는 없었다.

민족운동과 조선학운동을 접목시켜 본격적인 분석을 시도한 사람은 이지원이었다. 이지원은 비타협적 민족주의운동을 일관되게 지지하는 안재홍이 차선책으로 제기한 문화운동론의 관점에서 조선학의 진흥과 문화건설협회의 조직화를 내세웠다고 보았다.[5] 운동사적인 측면에서 조선학운동 자체의 움직임을 집중 조명하면서 민족주의운동 계열 내부의 차이에 주목함으로써 1930년대 식민지 조선의 현실에서 조선학운동의 위치를 더욱 선명하게 한

---

[4] '시론'으로 한정하고자 하는 이유는 이 글이 연구사정리에 우선 목표를 두었기 때문이다. 더구나 '학술장의 지형'을 재구성하는 작업은 많은 노력이 들어가는 섬세한 접근이 필요한데 이 글에서 그것을 모두 담아낼 수 없기 때문이다. 제5장에서 재구성에 관한 기준을 제시하는 것으로 한정하겠으며, 후고들을 통해 재구성을 약속하겠다. 추론 신주백, 「1930년대 초중반 朝鮮學術場의 재구성과 관련한 시론적 탐색 -경성제대 졸업자의 조선연구태도 및 연구방법과 관련하여」, 『역사문제연구』 26, 2011.

[5] 이지원, 「일제하 안재홍의 현실인식과 민족해방운동론」, 『역사와 현실』 6, 1991, 59쪽.

것이다. 그에 따르면『조선일보』와 연계한 비타협적 민족주의 진영이 선택한 '최선한 차선책'으로서의 문화운동이 조선학운동이다. 이와 대척점에 있던 타협적 민족주의 진영이『동아일보』와 연계하여 '문화혁신'을 통해 민족문화를 선양하고자 위인선양·고적보존운동을 벌였다.[6] 이지원은 1990년대 자신이 연구한 성과를 종합 발전시킨 저서에서 조선학운동을 '조선학수립운동' 내지는 "조선학'수립운동'이라 부르기도 하고 그냥 '조선학운동'이라 말하기도 하였다.[7]

　방기중도 학문관과 '조선인식'의 방법을 달리하는 조류들 사이의 경합이 벌어진 이때가 한국 근현대학술사의 발흥기였다고 의미를 부여하고 있다.[8] 그는 조선학운동을 비타협적 민족주의자들의 문화운동으로 보면서 민족개량주의자들의 '민족문화수호운동'과도 명확히 구분할 뿐만 아니라 실증주의 학문을 대변하는 진단학회의 움직임과도 다르다고 지적하였다.[9] 그의 견해에서 또한 주목되는 점은 조선학운동이 일제 관학의 식민주의적 조선인식에 대한 문화적 대응이면서 동시에 맑스주의 학문의 발달에 대한 대책이기도 했다는 지적을 운동 발생의 배경으로 추가하고 있다. 배경을 설명하는 가운데 1930년대 초중반 학술장의 지형을 명확히 제시하고 있는 것이다. 그가

---

6) 이지원,『한국 근대 문화사상사 연구』, 혜안, 2007의 '제4장' 참조. 2007년의 저서를 인용하고 있지만, 이지원이 이미 발표한 논문에 근거한 것이기에 이를 인용했을 뿐이다. 위의 논문:「1930년대 민족주의 계열의 고적보존운동」,『동방학지』77-79, 1993;「1930년대 전반기 민족주의 문화운동론의 성격」,『국사관논총』51, 국사편찬위원회, 1994.

7) 박걸순도 조선학운동을 비타협적 민족주의자들이 주도한 학술운동으로 본다(박걸순,『한국독립운동의 역사 34 : 국학운동』, 독립기념관 한국독립운동사연구소, 2009).

8) 이하는 방기중,『한국근현대사상사연구』, 역사비평사, 1992, 111쪽, 114쪽, 118쪽 참조.

9) 방기중은 진단학회와 관련하여 김용섭의「일본·한국에 있어서의 한국사서술」,『역사학보』31, 1966, 139~140쪽을 인용하고 있다.

의식하고 그랬는지 모르지만, 조선인식과 학문관에 따라 민족문화수호운동 참가자, 조선학운동 참가자, 진단학회, 맑스주의자,[10] 일제 관학자로 나눔으로써 크게 다섯 그룹으로 구분하고 있는 것이다.[11]

조선연구에 대한 학문관과 태도 내지는 정세인식을 기준으로 민족주의운동 계열을 둘로 구분하는 이지원, 방기중과 달리, 한영우는 이를 명확히 드러내지 않았다. 안재홍의 역사관을 민족주의사관이라 명명하고 식민사관과 대척점에 섰던 것으로만 언급하고 있다. 즉 그는 안재홍의 역사관을 분석하면서 "조선학'운동'이 비록 "정치투쟁을 문화운동으로 전환시켜 보다 온전하고 장기적인 독립운동의 한 방편으로 방향을 바꾼 것은 사실이라 하더라도 그 목표는 매우 복합적"이었을 것이라고 보면서, 그 가운데 하나로 식민사학과의 대결을 들고 있다.[12] '조선학'운동을 문화운동이란 측면에 주목하고, 독립운동의 한 방편으로 제기했으며, 식민사학과의 대결이란 측면을 부각시킨 점은 오늘날 조선학운동에 관한 기본적인 관점의 일부라고 말할 수 있겠다.

---

[10] 방기중은 이것도 두 부류로 구분하고 있다(방기중, 앞의 책, 117~121쪽).

[11] 鶴園裕는 정인보의 민족주의사학, 이병도로 대표되는 진단학회의 실증주의사학, 백남운의 사회경제사학이 "적어도 적대적이지 않은 모양으로 3개의 학파에 의한 최후의 통일전선적 학문운동이 전개되었던 것은 아닌가"라고 조심스럽게 추측하고 있다. 김용섭, 방기중과 달리 '운동'이란 맥락에서 3자를 동급으로 취급하고 있는 것이다. 진단학회를 '운동'이란 각도에서 접근하는 추측은 식민지기 진단학회의 내부 구성원이 다양했다는 점을 고려해야겠지만, 제도 안을 지향했던 이병도 등을 고려할 때 무리한 추측이다. 자세한 것은 鶴園裕, 「近代朝鮮における國學の形成-'朝鮮學'を中心に」, 『조선사연구회논문집』 35, 1997, 65~67쪽 참조.

[12] 한영우, 「안재홍의 신민족주의와 사학」, 『한국독립운동사연구』 1, 1994. 그런데 한국사학사를 정리하여 후학들에게 많은 영향을 끼친 다음 두 권에서도 조선학운동이 언급되지 않았다. 이우성 강만길, 『한국의 역사인식(하)』, 창작과비평사, 1976; 한국사연구회 편, 『한국사학사의 연구』, 1985, 을유문화사.
이후 한국 역사학의 역사를 새롭게 정리한 저서 가운데 『한국의 역사가와 역사학(하)』(조동걸 한영우 박찬승 엮음, 창작과 비평사, 1994)에서 이지원이 '안재홍'을 언급하면서 자신의 연구성과를 바탕으로 '조선학운동'이란 용어를 사용하였다.

이후 임형택과 전윤선이 조선학운동의 범주를 더욱 확장하려는 연구를 시도하였다.[13] 임형택은 조선학운동이 안재홍과 같은 민족사관론자와 백남운과 같은 유물사관론자가 『신조선』의 필진으로 참가하고 있고, 홍명희까지 신조선사에서 주도하는 간행작업에 동참한 점을 들어 조선학운동을 비타협적 민족주의 계열의 활동으로만 간주하지 않았다.[14] 그래서 임형택은 조선학운동이 "좌우의 대립을 민족이란 개념으로 통합하려 했던 신간회 정신과 내면적으로 닿아있었던바 신간회운동의 후속적인 성격으로 간주"하였다.[15] 조선학운동에 대해 매우 적극적인 의미를 부여하는 그의 연구에서는 한영우처럼 민족주의운동 계열을 타협과 비타협으로 구분하지 않았다. 오히려 타협적 민족주의 계열이라고 할 수 있는 현상윤의 조선학에 대한 입장까지 "학적 탐구를 임무로 자각하고 실천"하는데 뜻이 일치했으므로 조선학운동에 포함시키고 있다. 임형택은 한영우와 달리 명시적으로 타협과 비타협을 구분하지 않고 있으며, 이지원, 방기중의 조선학운동 범주와도 확연히 다른 것이다.

조선학운동의 범주를 새롭게 해석하려는 시도는 당시의 '조선학'에 관한 인식의 차이를 폭넓게 접근한 전윤선에 의해서도 있었다. 전윤선은 조선학운동에 관한 사학사적인 연구나 운동사적인 관심 속에서 선행연구들이 간과

---

13) 임형택, 「국학의 성립과정과 실학에 대한 인식」, 『실사구시의 한국학』, 창작과 비평사, 2000; 전윤선, 「1930년대 '조선학' 진흥운동 연구 : 방법론의 모색과 민족문제 인식을 중심으로」, 연세대학교 대학원 사학과 석사학위논문, 1999. 임형택의 글은 『현대학문의 성격』(민음사, 1995)에 게재된 글이다.
14) 임형택이 주장하는 근거는 간명하다고 볼 수 있다. 그렇다고 그의 연구가 조선학운동에 관해 미약하게 설명하고 있다는 뜻은 아니다. 뒤에서 정리할 때 확인되겠지만, 조선학운동의 배경을 분석하고 '조선학'을 둘러싼 세 부류의 의견 차이를 소개하고 있는 점은 당시까지 선행연구에서 착목하지 못했던 점이다.
15) 임형택, 위의 책, 35쪽.

하거나 제대로 비교하지 못했던 '조선학'에 관한 여러 그룹의 인식을 정리하고 부각시키며 조선학운동을 "조선학'진흥운동'이라 명명하였다.[16] 그는 당시 조선학에 대한 태도에서 크게 네 경향, 즉 '조선학' 자체를 무시하는 계급주의적 경향이 강한 일부 맑스주의 진영,[17] 정치색을 배제하고 순수한 학문차원에서 조선문화를 연구할 것을 주장한 진단학회, 조선학운동을 제창한 비타협적 민족주의 진영, 조선학운동의 관념적 방법론을 반대하며 '비판적' 조선학을 주장한 일부 맑스주의 진영으로 나누었다.

전윤선은 네 경향 가운데 조선학을 인정하고 운동적인 차원에서 접근한 안재홍과 정인보 중심의 비타협적 민족주의 진영, 백남운을 중심으로 한 일부 맑스주의 진영을 '조선학'진흥운동에 넣고 있다. 조선학운동의 범주를 확대하고 있는 것이다. 전윤선에 따르면, 두 진영은 조선학에 대한 인식이 달랐으며, 단군과 실학연구에 집중하면서도 민족문제에 대한 태도가 달랐다. 이러한 인식의 차이는 해방 후 신민족국가 건설에 관한 입장 차이로도 이어진다고 봄으로써 조선학운동의 역사적 의미를 확장시켜 해석하였다.

조선학운동에 관한 최근의 연구에서는 운동의 주체와 관련한 범주 설정을 의식하지 않는 경향이 늘어나고 있다. 예를 들어 이명화처럼 1930년대 중반의 학술운동에 한정하지 않고 1920년대로까지 적용을 확장하는 연구가 있다.[18] 그의 연구에서는 1920년대 최남선의 연구도 조선학운동에 포함시킨다. 백영서는 '식민지 조선의 동양사학과 조선학운동'이란 부분에서 '조선학운동의 중심'에 민족주의 사관을 표방한 학술활동가들이 있었다고 지적한다.[19]

---

16) 여러 집단을 구분할 때 학문관의 차이와 더불어 조선인식에 대한 다름까지 처음 주목한 사람은 방기중이었다.

17) 흔히들 이 입장을 표출한 사례로 韓應洙의 글(「賣祖群 頭上에 一棒」, 『비판』 25, 1935)을 언급하는 경우가 많다.

18) 이영화, 「1920년대 문화주의와 최남선의 조선학운동」, 『한국학연구』 14, 2004.

조선학운동의 '주변'에 어떤 계열이 있었는지 분명히 밝히지 않고 있지만, '유물사관 계열'을 민족주의 계열의 학자들과 함께 '제도 밖의 학문'으로 규정하고 있는 점을 고려할 때, '주변'은 유물사관 계열을 가리킬 것이다.[20]

이상을 간략히 정리하면 선행연구는 조선학운동이 학술운동이라는 점에서는 일치한다. 하지만 그것의 주체적 범주와 용어에서는 매우 다양하다. 조선학운동에 포함시킬 수 있는 범주는 연구자에 따라 크게 두 경향으로 구분할 수 있다.

이지원은 조선학운동이란 비타협적 민족주의 진영의 민족관과 국가관이 반영된 학술운동적 대응이었다고 본다.[21] 이점에서는 방기중도 마찬가지이다. 사실상 대부분의 연구자들이 의식하고 있든 그렇지 않든 이러한 견해에 따르고 있다고 보아도 무리가 없을 것이다. 이에 비해 타협과 비타협을 구분하지 않고 민족주의운동 계열과 유물사관의 일부까지를 포함하는 관점이 있다. 전윤선은 조선학운동을 비타협적 민족주의 계열과 유물사관 계열의 운동적인 사람들이 각각 전개한 학술운동이라 본다. 임형택은 여기에 타협적 민족주의 계열 사람도 포함시키며 유물사관 계열과의 연대 측면을 염두에 두고 있다. 조광은 조선학운동이란 국내의 비타협적 민족주의 계열의 인사들을 '중심'으로 한 새로운 운동이었다고 본다. 조선학운동 참가자들이 일부 사회주의자들과 연대하여 조선학 운동이라는 민족문화진흥운동을 통해 일제의 식민지 지배에 문화적 저항을 시도했다고 분석하였다.[22]

---

19) 백영서, 「'동양사학'의 탄생과 쇠퇴-동아시아에서의 학술제도의 전파와 변형」, 『한국사학사학보』 11, 2005.
20) 학계의 지형을 파악해 보려는 그의 시도는 신선하며, 운동사 또는 사학사에 갇힌 조선학운동을 풀어줄 수 있는 접근이라고 생각한다.
21) 이지원, 「1930년대 '조선학' 논쟁」, 『논쟁으로 본 한국사회 100년』, 역사비평사, 2000, 134쪽.

조선학운동에 참가한 주체의 범주에 관해 다양한 견해와 연관된 측면도 있지만, 조선학운동의 용어와 관련해서는 논자에 따라 ① '조선학'운동(한영우), ② '조선학'진흥운동(전윤선), ③ '조선학'수립운동, 조선학운동, 조선학수립운동(이지원)이라 표기하는 경우도 있고, ④ 국학운동 또는 민족문화수호운동의 일부에 조선학운동을 포함시키는 경우(임형택, 박걸순)도 있다.

그렇다면 어떤 용어가 적절할까. 조선학운동이란 운동의 주체와 성격을 어떻게 규정시킬 것인가에 대한 정의를 내리지 못한다면 용어에 대한 합의도 보기 어려울 것이다. 이지원이 정밀한 연구에서 밝혔듯이 1930년대 초반 민족주의운동 계열의 활동은 분명히 타협과 비타협으로 나뉘어졌다. 집단적으로 행동보조를 취한 경우는 없지만 각자 다른 행보를 보였던 것도 사실이다. 그런데 1930년대 중반의 시점에서 세력으로서 타협과 비타협으로 민족주의운동 계열을 구분하는 일이 의미가 있는지 의문이다. 민족주의운동 계열로 분류되었던 사람들이 특정한 정치세력으로서의 존재감을 갖기 어려운 것이 신간회 해소 후 1930년대 초중반 식민지 조선의 현실이었기 때문이다.

앞서도 확인했듯이 조선학 연구를 실학과 접목시켜 조선인사회의 이목을 끌어 모으며 운동화를 시도한 사람은 안재홍과 정인보였다. 그들은 유물사관 계열에 대해 비판적이었다. 유물사관 계열인 백남운은 두 사람과 연계를 맺고 활동하기는 했지만 조선학운동에 대해 비판적이었다. 백남운처럼 비판적이었던 유물사관 계열의 다른 사람들은 백남운이 제창한 "학술 기간부대의 양성"을 목표로 하는 "중앙아카데미" 창설을 위해 함께 움직였다.[23] 조선인만의 비제도권 학술조직을 만들어 사람을 모으고 연구역량을 강화하려고

22) 조광, 「개항기 및 식민지시대 실학연구의 특징」, 『한국실학연구』 7, 2004, 235쪽.
23) 『동아일보』 1936.1.1. 이에 관해서는 제5장의 시론적 제안에서 말하는 학술장의 재구성과 관련지어 별도의 기회에 검토하겠다.

했던 것이다. 신남철은 여기에 호응한 대표적인 사람이다. 백남운은 정인보와도 연희전문학교의 동료이자 '畏友'로서 개인적인 친분이 있었음에도 불구하고 역사관의 차이 등으로 거리두기를 했던 것이다.[24]

그렇다고 안재홍과 정인보의 조선학운동이 정치적 연대, 달리 말하면 통일전선적인 측면에서 구체적인 활동을 벌였는지 의문이다. 안재홍이 문화운동의 기지로 조직하고자 했던 조선문화건설협회에 관해 구상단계에 그쳤기 때문에 단정할 수 없지만, 신간회 시절의 보폭을 보건데 그럴 지향은 분명히 있었을 것이다. 하지만 안재홍은 1934년 9월 조선학운동을 제창하고 1936년 다시 감옥에 갈 때까지 정치적 연대라고 볼 만한 조직적 행동을 한 적이 없다. 달리 말하면 정치적 지향을 품고 있기는 했지만 그것을 현실화한 적이 없었다. 2년여 간 안재홍과 정인보가 도달한 지점인 것이다. 따라서 조선학운동은 안재홍과 정인보를 중심으로 한 운동, 달리 말하면 비타협적 민족주의 계열의 움직임으로 보아야 한다. 그래서 명칭을 조선학운동이라 해도 큰 무리가 없다고 볼 수 있겠다.

Ⅲ. '조선학운동'의 배경과 관련한 연구 경향

1. '조선학운동'의 조선적 기반과 관련하여

조선학운동의 범주에 대해 의견 차이가 있기는 하지만, 신간회가 해소된 이후 비타협적 민족주의 계열이었던 일부 사람이 적극 제창함으로써 운동이

---

24) 정인보와 백남운의 學緣에 관한 시사는 백남운, 하일식 역,『조선사회경제사』, 이론과실천사, 1994, 서문 2쪽 참조.

전개되기 시작했다는 통상적인 인식은 누구도 부인하지 않는다. 그런데 1931
년 5월에 해소된 신간회와 1934년 9월 8일 서울의 종로에 있었던 중앙기독교
청년회관에서 열린 기념강연회 이후 본격화하는 조선학운동 사이에는 3년가
량의 시간차가 있다.[25] 그런 가운데서도 강연회 당일 1, 2층 회관에 천여 명
의 군중이 운집했을 정도로 성황이었다.[26]

물리적 시간차를 넘어 비타협적 민족주의 계열이었던 일부 인사들이 제창
한 조선학운동이 대중적 관심 속에서 전개될 수 있었던 바탕은 무엇이었을
까. 대부분의 선행연구는 다음과 같이 언급하고 있다.

조선어문학회와 조선사회사정연구소가 1931년,[27] 조선민속학회(잡지『조
선민속』)가 1932년에 조직되었다. 1933년에는 조선어학회가 한글맞춤법통일
안을 제정하였으며, 조선경제학회와 철학연구회도 결성되었다. 경성제국대
학 졸업논문을 보충한 김태준의 『조선한문학사』(1931), 『조선소설사』(1933),
경성제국대학 졸업논문을 보충한 김재철의 『조선연극사』(1933), 백남운의
『조선사회경제사』(1933) 등이 출판되어 많은 사람의 이목을 끌었다. 1934년
5월에는 진단학회(잡지『진단학보』)가 결성되었다. 다양한 분과학문의 결집
체가 1930년대 초반에 등장한 것이다. 또한 1932년에 연희전문학교의 문예지
인『문우』, 1934년에 연희전문학교의 교지인『연희』과 경성제국대학 법문학
부 출신자들의 동인지『신흥』, 보성전문학교의 교지인『보전학회논집』도 출

---

[25] 『동아일보』 1934.9.5 정인보(다산선생과 조선학), 안재홍(조선사상의 정다산의 지위),
문일평(?-원문대로) 현상윤(이조 유학과 다산선생)이 강연하였다.

[26] 『신조선』 10, 1934, 40쪽.

[27] 1931년 9월 10일 좌파 성향이면서 경성제국대학의 졸업자들로 구성된 조선사회사정
연구소가 창립되었다. 주요 참가자는 이강국·최용달·박문규·신남철·유진오·이
종수 등이었다. 이 연원은 1926년 경성제국대학의 제1회 입학생인 유진오와 이종수
가 만든 경제연구회였다. 이상은 〈京鍾警高秘 第11428號 昭和6年9月26日 朝鮮社會事
情研究所檄文郵送ノ件〉 참조.

간되었다. 이 가운데 한글 또는 일본어 논문이 함께 수록된『보전학회논집』
을 제외한 나머지 잡지들은 조선어를 사용한 간행물이었다.28)

1930년대 초반경부터 근대학문에 대한 체계적인 교육을 받은 여러 전공분
야의 사람들이 대중적 잡지와 일간지, 학술지를 매개로 다양한 학문적 의견
을 표출하였다. 그들에게 '조선'은 특수한 존재였으며 학술적 관심을 모두
수렴하는 역사적 문화적 공간이었다. 선행연구들의 언급처럼 이러한 知的
분위기는 '조선학'에 관한 관심을 크게 증폭시키고 연구의 폭과 깊이를 더할
수 있는 내적 기반이자 동력이었다. 달리 말하면 아카데미즘적인 학문 역량
의 축적이 조선학운동을 전개할 수 있는 지적 토양이었던 것이다.29)

하지만 1920년대 말~1930년대 초의 知的 분위기를 고려하면서 조선학운동
과 연관시켜 위에서 언급한 저서들 내지는 잡지들을 분석한 선행연구는『신
흥』을 분석한 박광현의 논문을 제외하면 매우 드물다.30) 또 당시의 학술조직
과 거기에 관련된 사람들의 움직임을 조선학운동과 연관시켜 구체적으로 분
석한 연구도 방기중과 정종현을 제외하면 찾기 쉽지 않다. 방기중은 백남운
을, 정종현은 신남철을 각각 연구하며 조선학운동과 연관시켜서도 분석하였

28)『보전학회논집』제1집(1934), 제2집(1935), 제3집(1937)에 수록된 논문들을 보면, 일본
어로 글을 작성한 사람은 유진오·최용달·김광진 등이고, 안호상은 한글로 글을 작
성하였다.
29) 이러한 점에서 당시의 지적상황을 폭 넓게 체계적으로 정리한 임형택의 언급도 주목
할 필요가 있다. 임형택은 1930년대 와서 "드디어 근대학문이 성립하게 된 요인"으로
세 가지를 들면서 그 중 하나로 조선학운동을 언급하고 있다. 즉 1930년 무렵이 되면
국내외에서 학문을 전공하고 독자적인 연구를 수행할 수 있는 "학적역량의 성장·축
적"한 사람들이 각 분야마다 상당수에 이르렀고, 일제가 주도하는 '식민지학'이 우리
를 압도하는 형세에서 "일제의 학적 지배에 대한 위기감"을 극복하려는 민족적 각성
이 촉구되고 있었으며, "정치운동이 봉쇄되면서 찾은 출로" 가운데 하나가 학술운동
이었다고 보았다(임형택, 앞의 책, 30~31쪽).
30) 박광현, 「경성제대와 '신흥'」, 『한국문학연구』26, 2003.

다.31) 결국 대부분의 선행연구들이 위와 같은 현황 자체를 언급하며 대략적인 분위기를 전달하는 수준에서 조선학운동과의 연관성을 언급한 것이다.

그런 가운데서도 진전은 있었다. 위의 언급에 나오는 사람들 가운데 조선학운동에 참여한 사람이 왜 없는가에 대한 분석이 있었기 때문이다. 박광현과 정종현의 연구에 따르면 경성제국대학 졸업생들 가운데 아카데미즘을 지향했던 사람들은 조선학운동에 참가하지 않았다.『신흥』에 참가한 사람들은 저널리즘차원의 민간 학술활동에 대해 비판적이었다.32) 방기중이 분석한 백남운도 조선학운동의 주도자들과 역사관이 달랐다. 실증주의사학의 이병도 역시 주도자들과 역사관이 달랐다. 백남운과 이병도는 역사관이 매우 달랐지만『신흥』에 참가한 사람들보다 연배가 위였음에도 불구하고 경성제대 출신자들처럼 저널리즘차원의 학술활동과 자신의 전문적인 학술활동을 구분하려는 태도를 갖고 있었다. 선행연구의 사실 규명과 유추 해석은 조선학운동의 내적 배경과 한계를 뚜렷하게 밝히는 데 도움을 준다.

관련하여 한 가지를 더 보면, 조선학운동이 실학연구와 연관시키며 추진되었음에도 불구하고 여기에 역사학 전공자가 거의 참가하지 않은 배경 가운데 하나는 식민지 조선 역사학 내부의 사정과 연관되어 있었다. 식민지 조선의 역사학계는 조선사학(1923), 조선사편수회, 청구학회(1930.5)와『청구학총』,33) 경성제대 법문학부와『경성제대법문학회2부논찬』과 관련된 재조일본인 연구자들이 주도권을 장악하고 조선총독부의 지배정책에 호응하는 구도였다. 재조일본인 역사학 조직에는 근대학문의 체계 속에서 역사연구에

31) 방기중, 앞의 책; 정종현,「신남철과 '대학' 제도의 안과 밖-식민지 '학지(學知)'의 연속과 비연속」,『한국어문학연구』54, 2010.
32) 박광현, 앞의 글, 251쪽; 정종현, 위의 글, 398쪽.
33) 이상 세 학회에 관한 간단한 소개는 박걸순(「일제하 일인의 조선사연구 학회와 역사와 고려사 왜곡」,『한국독립운동사연구』6, 1992)의 논문 '제2, 3장' 참조.

관한 훈련을 받은 와세다대학 출신의 이병도와 경성제국대학 출신의 신석호
가 최남선, 이능화 등과 함께 참가하고 있었다.[34] 이후에도 이들을 중심으로
경성제국대학 또는 일본에서 대학을 졸업한 역사학 전공의 조선인 연구자가
흡입되는 양상이었다. 이들은 진단학회에도 참가하였다. 조선어문학회와 조
선어학회 등에 경성제국대학 출신의 문학 전공자들이 모여들었던 것과 매우
대조적인 현상이다.

　재조일본인이 주도하는 역사단체나 진단학회에 가담하지 않거나 소극적
으로 활동하면서도 역사연구방법에 관해 언급하고 조선적인 것을 탐구한 신
진 세대는 문학과 철학 전공자들이었다. 홍기문, 김태준, 신남철이 그러한
경우라고 볼 수 있다.[35]

　이들은 제도권을 바라보며 조선연구를 하지 않았으며, 유물사관에 친화적
이었다. 이론과 엄밀한 실증을 통해 진지한 학문적 탐구 내지는 실체를 객관
적으로 규명하려는 의지를 갖고 구체적으로 움직였다. 신남철과 김태준은
"과거의 우리의 모든 운동에 있어서 누구나 통절히 느끼는 것은 우리에게
確乎한 이론-과학적 근거로부터 우러나오는 행동의 指標의 결여"라고 하면
서 이 방면에 기여하겠다고 밝히고, "조선에서 지금까지에 이만큼 진실한 의
미의 학술논문을 다수 등재한 잡지"는 없었다고 자부하며『신흥』에도 관여하
였다.[36] 홍기문도 아버지의 절친인 단재 신채호를 비평함에 있어 "申丹齋가

34) 청구학회의 경우 창립 당시 조선총독부조선사편수회 위원인 최남선과 조선총독부편
　　수관인 이능화는 평의원이었고, 조선총독부조선사편수회 촉탁인 이병도와 조선총독
　　부修史官補인 신석호는 7인의 '위원' 곧, 요즈음으로 치자면 편집위원이었다(「청구학
　　회회칙」,『청구학총』2, 1930.11, 2쪽).
35) 신남철,「조선연구의 방법론」,『청년조선』1, 1934.10; 홍기문,「역사학의 연구」, 홍기
　　문, 김영복 · 정해렴 편역,『홍기문 조선문화론선집』, 현대실학사, 1996; 김태준, 정해
　　렴 편역,『김태준 문학사론선집 : 증보 조선소설사 외 16편』, 현대실학사, 1997, '제3부
　　조선역사론'.

끼친 그대로를 보고 그대로를 비평코자" 하는 태도가 "나의 학도적 양심만은
어디까지 만족함을 고백한다"고 당당하게 밝히며 신채호의 견해를 분석하였
다.[37]

　세 사람이 중등교육과 고등교육을 받을 당시 조선인 학생들의 지적 분위
기는 이들의 학문관과 태도에 큰 영향을 끼쳤을 것이다. 즉 민족의식과 계급
의식을 갖춘 위의 세 사람이 학교를 다닐 당시인 1926년 6·10만세를 전후로
조선의 학생운동은 크게 바뀌어 갔다. 즉 각 학교의 학생운동 세력은 독서반
을 만들어 사회과학 공부를 하며 민족의식과 계급의식을 심화시키는 활동이
확산되어 갔다. 경성제국대학 내 조선인 학생이 만든 경제연구회의 구성원
들 가운데 일부가 비밀결사의 반제조직을 결성하고 활동한 것도 그러한 흐
름의 연속선상에 있는 현상이었다.[38] 당시 독서회의 주요한 텍스트는『社會
主義ABC』,『貧乏の物語』,『資本論』과 같은 사회주의에 관한 서적들이었다.
달리 보면 비타협적 민족주의 계열과 마찬가지로 유물사관 계열도 학문적
재생산과 안정된 연구기반을 갖추고 있지 못하기는 마찬가지였지만, 비타협
적 민족주의 계열에 비해 '조선학'의 입장에서 조선을 연구하려는 사람들의
사회적 재생산이 계속될 수 있었던 원동력은 바로 여기에 있었던 것이다.
대학 내보다 대학 밖에서, 또는 대학 내의 비제도적인 영역에서 자신들의
지적 토대를 쌓아 갈 수 있었던 것이다.

---

36) 「편집후기」,『신흥』1, 1929, 121쪽. 1932년 12월에 간행된 제7호의 '편집후기'에서도
　　"진정한 의미의 학술단체"가 없다는 의견을 피력하였다.

37) 「신단재 학설의 비판(1)」,『조선일보』1936.2.29.

38) 이 시점에서 반제동맹이라는 이름으로 학생운동의 조직화가 이루어진 것은 1931년
　　9월의 만주사변과 관련이 있고, 그것은 조선공산당재건운동의 일환이기도 했다. 이
　　시기 학생운동의 동향에 관해서는 신주백, 「1929~36년 공청재건운동의 전개 및 성격」,
　　한국역사연구회 근현대청년운동사연구반,『한국근현대청년운동사』, 풀빛, 1995; 박
　　한용, 「1930년대 전반기 민족협동전선론과 학생반제동맹」, 위의 책 참조.

이처럼 당시 학술장의 지형과 분위기를 구체적으로 고려하며 다양한 내적
동력을 엄밀하게 파악해야 조선학운동 이전의 지적 분위기를 정확히 정리할
수 있다. 그렇게 하면 조선학운동의 내적 지반과 제한성을 제대로 볼 수 있으
며, 더 나아가 지적 분위기와 조선학운동 사이의 불연속적인 계기들의 연속
성과 다층성을 파악할 수 있다. 반면에 지적 분위기를 정확히 파악하지 못하
면 조선학에 관한 근대적 학문의 발달과 지적 분위기를 조선학운동과 직접
연결시키는 단선적인 관점을 노출할 우려가 있다. 그렇게 되면 1930년대 중
반 조선사회의 지적 다양성을 무시하는 결과를 초래할 것이다. 이 시기 학술
정황을 구체적으로 규명한다면, 한국 근대학문의 본격적 출발지점의 특수한
역사성을 해명하는 데도 기여할 수 있을 뿐만 아니라 1945년 이후의 현대
한국 인문학을 이해하는데도 큰 도움이 될 것이다.

2. '조선학운동'의 대외적 환경과 관련하여

조선학운동의 외적 조건에는 여러 가지가 있을 수 있지만, 선행연구에서
는 이에 관해 거의 관심을 두지 않았다. 운동 정세라고 한다면 신간회 해소라
는 점만을 단순히 지적하고 있었을 뿐이다.

그런데 국내의 민족운동가들이 당시의 국내외 정세를 어떻게 보고 있었는
지에 관한 분석 없이 신간회 해소 이후 비타협적 민족주의자들의 행보로 조
선학운동을 곧바로 언급한다면, 그들의 '차선한 선택'에 이르는 과정을 결과
론적으로 단순하게 해석하는 데 그칠 우려가 있다.

관련하여 일찍이 한영우는 안재홍이 문화운동으로 전환하게 된 사정을 안
재홍의『朝鮮上古史鑑』의「朝鮮上古史鑑卷頭에書함」에서 아래와 같은 내
용을 인용하였다.[39]

만주사변이 부르터난 후 나는 거듭 투옥되고 世局은 갈스록 험난한데 빠
젓다. 나 囹圄에서 헤아리건대 정치로써 투쟁함은 한동안 거의 절망의 일이
오, 국사를 연찬하야써 민족정기를 불후에 남겨둠이 지고한 사명임을 자임
하였다.[40]

　한영우는 정치투쟁의 한계를 느낀 안재홍이 문화운동으로 전환했다는 측
면에서 위의 사료를 인용하였다. 많은 선행 연구들도 안재홍의 선택, 곧 조선
학운동을 추진한 배경의 하나를 이렇게 이해해 왔다. 하지만 이렇게 해석하
면 당시 사람들이 패배의 정서를 안고 선택한 것이 조선학운동이라고 이해
할 수 있도록 할 우려가 있다.
　하지만 위의 사료는 다른 각도에서 적극 해석할 수 있다. 안재홍의 선택은
'차선책'이었고 그가 할 수 있는 행동반경 또한 제한적이었음은 분명하다.
그런 가운데서도 그는 내외정세을 파악하고 문화운동을 표방하며 그것을 구
체화하기 위한 방편으로 조선학운동을 전개하고 조선문화건설협회를 조직
함으로써 장기적인 포석을 깔려 했다. 그것은 수세적 능동성이라고 볼 수
있다. 조선학운동을 이 측면에서 이해한다면 패배적인 해석을 극복할 길이
열릴 수도 있을 것이다. 수세적 상황을 창조적으로 극복하기 위한 노력은
백남운, 홍기문, 이청원, 김태준과 같은 유물사관 계열 학자들의 움직임에서
도 포착할 수 있을 것이다.
　그러기 위해서는 우선 1931년 9월 일본의 만주침략에 주목할 필요가 있다.
물론 안재홍이 말하는 '세국'에는 국내외 정세가 모두 포괄되어 있다. 그 가운

---

39) 한영우, 「한국학의 개념과 분야」, 『한국학연구』 1, 1994, 13쪽.
40) 안재홍, 「朝鮮上古史鑑'卷頭에書함」, 『조선상고사감』 상, 민우사, 1947.7, 3쪽. 필자가
　　원본을 보고 몇 부분 정정하였다.
　　안재홍은 권두언을 1946년 1월 '비상국민회의주비회 第三夜'에 돈암동에서 작성하였다.

데 하나가 만주사변이 조선인사회에 끼친 영향일 것이다.[41] 조선총독부 경무국에서 분석한 조선인 민심에 관한 아래와 같은 분석이 안재홍의 선택을 이해하는데 많은 도움을 줄 수 있을 것이다.

> 만주사변을 계기로 선내 민심의 추세를 靜觀하건데, 일반 조선인의 흉중에 타고 있는 민족의식은 이에 따라 완전히 닳아서 없어지지는 않았으나, 우리나라의 국력 내지는 국제적 지위에 대한 인식을 높이고, 조선민족의 우리나라에 대한 입장을 자각시킨 것은 사실이다. …… 청소년 학생들 중에는 일반 민심이 이처럼 온건화함에 따라 민족정신이 몰락함을 탄식하고 종종 단편적이지만 불온행동을 표출하려고 하는 자 흔적이 끊이지 않으나 이들에 대해서는 부단한 취체와 지도에 노력하고 있지만, 대세는 현저히 제국에 의지하고 穩健中正의 길을 따라 ……[42]

정치투쟁을 벌일 수 있는 신간회란 조직 기반을 상실한 안재홍은, 만주사변이 일어난 후 영국과 인도 사이의 인도문제, 중일간의 충돌 등을 보건데 세계정세가 각 민족문제 곧, "민족적 특수경향을 본위로 일정한 정치적 경향으로 진행"하고 있다고 진단하였다.[43] 그러면서 "각 방면의 사람들이, 그 자신의 계급적 혹은 정치적 처지에서 독자적인 최선한 행동을 단행하면서" "공동의 유대에서 歸一 집중적인 민족적 이해의 통제에서 합치"되도록 노력해야 한다고 보았다.[44] 요컨대 안재홍은 좌우가 연합한 통일조직의 필요성을

---

41) 여기에서 또 하나 주의해야 할 것이, 조선학운동을 공공연하게 제창한 1934년까지의 국제정세와 그 이후의 국제정세의 전개과정을 어느 정도 구분하고 보아야 한다는 점이다.
42) 조선총독부경무국, 『最近に於ける朝鮮治安狀況』, 1936.5, 202~203쪽.
43) 「사설: 민족 전망」, 『조선일보』 1931.10.2.
44) 「사설: 재각성과 재인식-三二(1932) 신협동의 길에」, 『조선일보』 1932.1.1.

여전히 주장하고 있었다. 그는 거기에 다다르는 과정에서 계급문제 대신에 민족문제를 중심으로 세계정세가 조성되어 가고 있는 현실에 주목하는 한편, 우선 각자의 처지에 따라 최선의 선택을 하자고 주장하고 있는 것이다. 만주 동포원호문제로 감옥에 갔던 안재홍이 출옥한 후 각자의 처지에서 '독자적인 최선한 행동' 가운데 자신이 선택한 행동은 조선학운동이었던 것이다.

Ⅳ. '조선학운동'의 전개와 관련한 연구동향

1. '조선학운동'과 '조선학'에 대한 태도

안재홍이 조선학운동의 깃발을 공식적으로 든 것은 1934년 9월 8일 공개강연 때부터라고 말할 수 있다. 강연회에 참가한 청중들에게 '조선학'이란 말은 생소한 용어였다.[45] 낯선 용어 '조선학'이란 말은 1932, 1933년경부터 '인플레이션'되어 있었으며 1934년에도 "이곳저곳에서 쓰이고 있"었다.[46] 초기에는 무엇이 조선학인지에 대한 개념 규정에 그다지 신경을 쓰지 않았다. 김태준이 1933년 5월 1일자에 「조선학의 국학적 연구와 사회학적 연구(1)」에서 "막연히 조선학이라고 한 것은 조선의 역사학 민속학 종교학 미술학 조선어학

---

45) 「신조선춘추」, 『신조선』 6, 1934.10, 40쪽.
   조선학이란 말을 제일 먼저 쓴 사람은 최남선이었다. 그러나 통상의 연구와 달리 최남선이 조선학이란 말을 처음 쓴 것은 1922년이 아니고 1916년이었다(육당학인, 「동도역서기」, 『매일신보』 1916.12.5). 자세한 내용은 류시현, 「1920년대 최남선의 '조선학' 연구와 민족성 논의」, 『역사문제연구』 17, 2007, 158쪽 참조. 류시현도 한때는 1922년이라고 보았었다(류시현, 『최남선 연구』, 역사비평사, 2009, 153쪽).
46) 『동아일보』 1934.9.11. 신남철이 백남운과 인터뷰하는 과정에서 한 발언이다.

조선문학류 ……를 총괄한 것으로 편의상 이러한 제목을 假設한 것이다. 50
년 전이나 30년 전 같으면 국학이라고 떠들었을 것"이다고 말하고 있는 데서
도 확인할 수 있다.[47] 애국계몽운동기의 국학과 차이가 없는 것으로 치부한
것이다.

그러나 근대학문에 대한 연구방법론의 문제가 제기되면서 조선학이란 무
엇이고 그것을 어떻게 수립해야 할 것인가에 대한 논의가 이루어지기 시작
하였다. 1934년 1월 신남철의 논설은 그런 점에서 매우 발 빠른 문제제기였고
주장이었다.[48] 안재홍도 조선학운동을 제창하면서 자신만의 조선학에 관한
규정과 수립방안을 제기하였다. 물론 안재홍도 처음에는 '학'으로서 '조선학'
에 관한 규정에 의문을 제기 받았던 것 같다. 1935년 1월『신조선』에 실린
「조선학의 문제」란 글에서, 그는 조선연구가 '학'으로서 성립하는 이유와 조
선학의 개념을 아래와 같이 언급하였다.

> '조선학'의 외침이 가끔 노픈 것이 이지음 우리 사회의 한 경향이다 埃及
> 學 支那學 하는 따위로 조선학이란 것은 좀 당치 안흔 말이라고 주장하는
> 분이 잇스니 그 말이 올타 그러나 또 무슨 學하면서 일개의 동일문화체계의
> 단일한 집단에서 그 집단 자신의 특수한 역사와 사회와의 문화적 경향을
> 탐색하고 究明하려는 學의 부문을 무슨 學이라고 한다면 그런 의미에서 조
> 선학이란 숙어를 우리가 마음 노코 쓸 수 잇다.[49]

---

47) 그로부터 3년 가까이 지난 1936년에 김태준은 "특히 조선에서는 '학'과 '상식'과 '문헌'
이 혼동되어 왔다. '學'은 '과학적인 일반'이니 과학적 체계하에 건설된 學만이 學이요
참된 지식이 될 수 있다"고 규정하였다(김태준, 「사관의 비판 : 사학연구의 회고, 전
망, 비판(2)」, 『조선중앙일보』 1936.1.4).

48) 신남철은 1934년 1월 1일부터『동아일보』에「최근 조선연구의 업적과 그 재출발-조
선학은 어떻게 수립할 것인가」라는 글을 연재하기 시작하였다.

49) 樗山, 「조선학의 문제」, 『신조선』 7, 1934.12, 2쪽.

이러한 정의는 과학으로서의 조선학을 자리매김하려는 노력의 일환이기도 했다고 의미를 부여할 수 있다. 그가 말하는 조선학은 재조일본인이나 일제가 말하는 '지방학으로서의 조선학'이 아니며, 단일한 총체적 대상으로 조선을 연구하는 학문을 말한다. 그렇기 때문에 안재홍의 조선학은 반식민사학일 수밖에 없으며, 조선학과 세계 또는 보편성을 연관시키고 있는 점까지 고려한다면 그것은 지역학적인 사고까지 어느 정도 내포하고 있다고 보아야 할 것이다.

그런데 안재홍이 조선학운동의 깃발을 들 때 이미 조선학에 관한 규정에는 세 갈래의 의견이 있었다고 한다. 선행연구에서는 1934년 9월 11일부터 3일간 백남운, 안재홍, 현상윤 순으로 신남철이 인터뷰한 내용을 「조선연구의 機運에 際하야」라는 제목으로 『동아일보』에서 보도한 기사를 주로 인용하고 있다. 이를 먼저 정리한 사람은 임형택과 전윤선이었다.[50]

임형택은 조선학에 관해 안재홍이 적극적이었는데 비해, 백남운이 소극적이었으며, 현상윤은 반대했다고 분류하였다. 그러면서 "조선의 역사, 조선의 문화에 대한 학적 탐구를 임무로 자각하고 실천해야 한다는 데에는 뜻이 다 일치"했다고 보았다. 전윤선은 안재홍의 조선학운동에 대해 백남운이 '비판적 조선학'을 내걸었고, 현상윤은 "한데 모두 아서" 연구하겠다는 개념으로서 조선학이란 개념 대신에 '조선문화연구' 또는 '조선정신의 학', '조선혼의 학'이라 부르는 것이 타당하다는 입장이었다고 분류하였다. 그러면서 안재홍과 현상윤의 견해 차이를 "신채호 이래의 민족주의의 맥을 계승하며 전통을 학문적으로 체계화하려는 비타협적 민족주의의 입장과 근대주의적, 문화주의적 성격이 강한 진단학보의 입장이 대별되고 있었다"고 보았다.[51]

50) 임형택, 앞의 책, 32~33쪽; 전윤선, 앞의 논문, 8~9쪽.
51) 전윤선, 위의 논문, 9쪽.

전윤선은 임형택과 달리 백남운이 조선학에 소극적이었던 것이 아니라 안재홍과 같은 조선학 활동에 대해 비판적이면서 유물사관에 입각한 조선학을 주창했다고 본다. 맞는 지적이다. 실제 인터뷰에서 백남운은 최남선이 서양의 중국학자들이 사용해 온 '지나학'과 동일한 의미에서의 조선학을 사용했다는 점을 비판하였다. 그가 강조하고 싶었던 점은 "엄밀한 과학적 방법에 의하야 정제된 것"으로서의 조선학이었다. 그래서 백남운은 "조선심 조선의식을 과거한 역사적 사실의 연구에서 끄집어낸다는 것이 조선학 수립의 究極의 목적"이라는 데는 의문을 가졌던 것이다.[52] 요컨대 백남운은 과학적 방법으로 보려는 연구대상으로서 조선학을 부정하지도 소극적이지도 않았다. 그랬다면 그가 1936년 들어 '중앙아카데미'의 창설을 공공연하게 주장하고, 『조선사회경제사』에 이어 『조선봉건사회경제사』(1937)를 간행했을 리가 없다. 그러므로 백남운이 조선학에 소극적이라기보다 자기 나름대로 '조선학운동'과의 거리를 유지했다고 보는 편이 더 정확할 것이다.

2. '조선학운동'과 실학

조선학운동에 참가한 사람들이 가장 많은 관심을 갖고 언급한 분야는 단군과 실학이었다. 특히 실학은 안재홍과 정인보가 조선학운동의 깃발을 들 때부터 정약용을 집중 조명하며 부각되었다. 조선학운동의 진행에 따라 '실학'이란 말이 대중화되고 그 학문적 내용이 조명되기에 이르렀다.

그렇다면 왜 실학이었는가가 해명되어야 한다. 그리고 그때까지 실학에 관한 이해가 어느 정도 수준이었는지, 그 중에서 왜 정약용을 집중적으로

---

52) 『동아일보』 1934.9.11.

조명했는지를 해명해야 한다.

일찍이 안재홍은 "조선 건설의 총 계획자"인 다산이 "지금도 후배가 의거할 조선의 태양"이라고까지 치켜세웠다.[53] 관련하여 이지원은 조선학운동 참가자들 입장에서 역사적으로 조선의 자주적 근대 국가수립의 내재적 역량을 확인하고 국가단위의 역사와 문화의 주체성을 강조해 온 조선후기의 실학에 주목했다고 보았다. 그리고 조선에서 봉건사회가 결여되었다는 식민사관 논리에 대한 선택으로서 국가사상의 가장 완결된 형태를 보여준 사람이 다산이었기 때문이라고 정의한다.[54]

조광은 개항기 및 식민지기 실학에 관한 연구사정리를 하면서 이미 1920년대에 최남선이 조선후기에 존재한 개혁사상을 '실학'이라 명명하였고, 그것을 유형원-이익-정약용으로 이어지는 하나의 학파로 인식하려는 태도가 사람들 사이에 뿌리내리기 시작했으며, 최고조에 달한 개혁적 사상가는 정약용이라고 당시 사람들이 파악했다고 보았다.[55] 결국 1920년대 이루어진 조선후기 사상계의 개혁적 학풍에 관한 연구가 "조선학부흥운동에 일정한 자양분을 제공해 줄 수 있었다"고 평가하였다. 그리고 조선학운동이 진행되는 과정에서 조선후기 개혁사상의 특성에 관한 천착이 진행되었고 개혁사상에 대한 계보학적인 연구가 본격적으로 진행되었으며, 이를 하나의 학파로 인식하는 경향이 굳어졌다.[56]

조선학운동과 연관시켜 실학의 학문적 자리매김을 시도한 사람은 임형택이었다. 그는 조선학운동이 실학을 연구 대상으로 삼아 민족현실을 타개해

53) 『조선일보』 1935.7.16(夕刊).

54) 이지원, 앞의 책, 336-337쪽.

55) 조광은 오늘날 우리가 말하는 '실학'은 1923년 최남선이 '실학의 風'이라 말하는 데서부터 유래했다고 본다.

56) 조광, 앞의 글, 2004,

보려는 의도가 있었다고 하면서도, 조선학운동가들이 "직접 현실 적용의 방책으로 삼으려 한 것은 아니었다"고 보았다. 그러면서 그는 "일정한 거리를 두고 고찰하게 되어, 그 성격을 학적으로 논의하고 그 발전과정을 전체적으로 조감하기에 이르렀다"며 조선학을 수립하는 과정에서 실학이 '학적으로 조명'되었다고 주장하였다.[57] 1930년대 실학에 대한 관심과 연구를 학술운동 속에 가두어 두려는 경향과 다른 접근 태도를 보인 것이다. 운동사적인 맥락이 아닌 측면에서 1930년대 중반경 조선연구의 동향을 파악할 수 있는 시사점을 제공했다고 볼 수 있다.

이때 주목해야 할 사람이 정인보일 것이다. 정인보는 1931년 조선이 주자학만을 수백년간 공부함으로써 남의 것만 추구하는 '僞學'을 했다면서 조선 후기 학술사의 내적인 변천 경로를 주체적으로 해석하였다.[58] 이어『동아일보』1933년 9월부터 12월 사이에「陽明學演論」을 66회 연재하면서 주자학이 허학이고 양명학이 실학이라 정식화함으로써 그 자신이 정통 주자학으로부터 해방되고 실학연구로 전환할 수 있는 계기를 마련했다.[59] 정인보의 실학에 관한 계보학적인 정립과 재해석은 백남운에게도 큰 도움이 되었을 뿐만 아니라 안재홍이 '정약용서거100년'이라는 이벤트 소재와 성공적으로 연결시킬 수 있게 하였고, 조선학운동을 실학과 접목시켜 실천의 대중적 명분을 확보하는 데 중요한 논리적 근거를 제공하였다.[60]

---

57) 임형택, 앞의 책, 39쪽.

58) 채관식,「1930년대 '조선학'의 심화와 전통의 재발견」, 연세대학교 대학원 역사문화학과 석사학위논문, 2006, 24쪽. 원전:「근세조선학술변천에 대하야((1)(2)」,『청년』11-2, 11-3(1931.2, 1931.3).

59) 鶴園裕, 앞의 글, 64쪽.

60) 정덕기, 〈위당 정인보의 실학인식과 학문주체론 -「양명학연론」을 중심으로〉, ≪동방학지≫ 167, 2014.

3. '조선학운동'과 진단학회

다양한 분과학문에서 조선을 연구하는 사람들이 참가한 진단학회는 각 부분의 문화와 역사를 전문적으로 연구하는 작업에만 집중하는 사람들의 모임이었다. 조선연구를 하더라도 현상윤의 말처럼 '한데 모으는' '학'의 개념으로 조선을 대상화하지 않은 사람들의 모임이었던 것이다. 이는 조선을 '학적 대상'으로 간주하며 실천적 문제의식 속에서 조선연구에 몰두하려 했던 사람들과는 아주 다른 접근방식이었다. 그래서 선행연구들은 조선학운동에서 진단학회를 대척점에 있는 존재로 부각시키고 있다.

진단학회는 출범 당시 한글 신문인『동아일보』,『조선일보』,『조선중앙일보』의 5월 9일, 10일자 사설에 나올 정도로 조선인사회의 기대를 한 몸에 받았다. 그러나 이후 조선인사회의 여론이 출범 당시처럼 꼭 우호적이었던 것만은 아니다. 1934년 11월『진단학보』창간호가 나온 직후인 1935년 1월 1일~3일 사이의『동아일보』에는 '학술부대의 참모본영'이란 주제로 8개 단체 즉, 조선경제학회 조선어학회 철학연구회 조선어학연구회 과학지식보급회 경성박물연구회 발명학회 藥專식물동호회를 상세히 소개하고 있다. 그렇지만 진단학회를 소개하고 있지 않았다.[61] 유물사관 계열로부터도 혹독한 비판이 제기되었는데 백남운 이외에도 이청원이 진단학회를 비판하였다.[62]

이에 비해 청구학회는 1934년 11월에 발행한『청구학총』제18호에서 "우리

----

[61]『동아일보』1935.1.1~3.
[62] 이청원은 진단학회의 성립이 "우리 학계에 있어서는 의미 있는 일"이기도 했지만, "좋지 못한 결과도 산출하였다"고 하면서 "사회적 운행을 초월한 순수사유'이니 '순수한 개인의 자기사유'이니 하는 따위의 '늘 점차적으로라'는 기분 좋은 施律(메로틱)에 나아가는 관념론적 사관을 이 나라의 젊은 學究者들게 소화불량의 결과를 주었다고"고 비판하였다(「진단학보 제3권을 읽고(1)」,『동아일보』1935.11.9).

조선의 젊은 청년 학도들이 주가 되어 진단학회라는 것을 조직"한 일에 대해 "우리는 장래를 축복하는 동시에 반도학도가 더욱 분진할 것을 期望"한다고 밝혔다.[63] 청구학회는 진단학회와 협력적 경쟁을 하며 조선연구에 보조를 맞추는 조직으로 받아들인 것이다. 경성제국대학 법문학부 소속의 교수를 비롯하여 재조일본인 역사연구 관련자들이 주도하는 청구학회의 위원 16명 가운데 이병도, 신석호 이외에 연희전문학교의 교수인 손진태도 있었다. 세 사람은 진단학회의 핵심 성원이라는 공통점이 있었다.[64] 진단학회 자체가 조선학을 운동론적으로 사고하고 실천하려는 사람들로부터 환영받을 수 없었던 태생적 한계가 바로 여기에 있었다. 백영서의 지적처럼 경성제국대학이란 '제도 안의 학문'과 그 대학 밖 곧, '제도 밖의 학문'이 교차하는 지점에 위치한 조직이 진단학회였다.[65] 회원들은 제도 안으로 들어가려는 지향을 했던 사람들이었다. 더구나 학회의 지도급 인사들은 이미 제도 안에 들어가 있었다. 그래서 '제도 밖의 학문'을 추구하던 조선학운동 참가자들로부터도 환영받지 못한 존재였던 것이다. 특히 역사학 분야의 관계자들이 그러하였다.

그럼에도 불구하고 조선인 학계 내부에서 진단학회 자체의 위치를 설정하는 작업과, 그 단체에 참가한 사람들에 대한 자리매김을 시도하는 작업을 동일시하는 데는 조심스러워야 한다. 진단학회는 여러 학문분야가 참가하는 조직이었지 특정 분과학문만의 단체는 아니었기 때문이다. 특히 어문학 관련자들의 행보에서 주의할 필요가 있다. 그들 가운데는 자신의 학문적 연구

---

[63] 「震檀學會の創立」, 『청구학총』 18, 1934.11, 185~186쪽. 이병도가 작성하였다. 「震檀學報」 제1호에 실린 창립 취지문 격의 원고가 저본이었는데, 재조일본인 학술지에 유일하게 수록되었다는 현상 그 자체에 주목할 필요가 있다.

[64] 당시 손진태도 진단학회 6인의 상무위원 가운데 한 사람이었다.

[65] 백영서, 앞의 글, 179쪽.

와 현실을 접목하고 있던 사람도 있었다. 또한 진단학회 회원 대부분과 역사관이 다른 사람도 있었다. 예를 들어 진단학회 6인의 상무위원 가운데 한 사람으로 맑스주의를 받아들인 김태준이 있었다.[66] 진단학회 내부를 획일적으로 뭉뚱그려 평가할 수 없는 것이다.

그럼에도 불구하고 진단학회가 식민지 조선이 직면한 현재의 문제에 관심을 두고 실천적 문제의식에서 출발한 조선에 대한 연구를 거부하고 '순수한 학문'을 지향한 단체였다는 데는 이론의 여지가 없다. 사학사적인 측면에서 보더라도 창립 당시 진단학회가 식민사학을 추구한 친일단체였다고 규정할 수는 없지만, 그렇다고 창립 당시 민족주의사학이었다고는 더더욱 평가할 수 없다는 점에도 이의가 없을 것이다. 또 조선연구를 둘러싼 학술장의 지형을 저항의 측면에서만 주목하여 민족 대 반민족의 구도로 단순화하면, 조선학운동의 대척점에 있던 진단학회가 애매하게 자리매김 될 수 있다. 1930년대 초중반 조선연구를 시도한 지식인 집단의 동향을 있는 그대로 재현할 없게 할 우려가 있는 것이다. 더 나아가서 1945년 이후 한국 현대 인문학의 전개과정을 역사적 맥락에서 제대로 파악할 수 없게 할 것이다.

V. '학술장'으로서 조선연구의 지형에 대한 시론적 탐색

비타협적 민족주의 계열의 안재홍은 조선학을 광의와 협의의 조선학으로 나누었다. 그는 광의의 조선학이란 여러 분야에서 조선을 연구하는 것을

66) 김태준은 1934년 5월 『조선중앙일보』에 『진단학보』 제3호에 관해 비평을 썼다. 진단학회에서 김태준의 행동 내지는 선택은 좀 더 고민해야 보아야 할 문제이다. 그는 위원으로 있으면서도 『진단학보』에 한 편의 논문을 발표하지 않았다.

말하며, 협의의 조선학이란 "조선의 고유한 것, 조선문화의 특색, 조선의 독
자한 전통을 천명하여 학문적으로 체계화하려"는 것을 가리킨다고 정의하였
다.[67] 그런데 이러한 조선문화의 독자성 내지는 특색은 "조선인적이면서 세
계적이요, 세계적이면서 조선 및 조선인적"이어야 한다고 보았다.[68] 조선연
구의 고립성을 거부하고 세계적 연관성 속에서 조선만의 특징을 연구하는
것이 조선학이라고 밝힌 것이다.

조선과 세계와의 연관성을 의식하며 조선의 특색을 규명하려는 조선연구
의 방법은, 유물사관 계열에서도 확인할 수 있다. 유물사관론자들이 보편과
특수라는 관계를 통해 세계 속의 조선의 보편성을 확인하고 '조선적인 것'의
특수성을 분과학문의 총합적 연계 속에서 규명하는데 관심이 있었음을 아래
설명에서 알 수 있다.

> 자료 1 : 과거 조선에 대한 인식방법이 곳 실천의 과정을 약속하게 되는
> 까닭이다. …… **우리는 특수성에 관한 문제는 일반성의 발전을 통하야서만
> 해결할 것이고, 일반성에 관한 문제는 특수적 현실을 통하야 더욱 충분하게
> 이해할 수 잇으므로** 오인에게는 특수성에 관한 난관도 없고 곤란도 없는
> 것이다 다시 구체적으로 말하면 세계제도에 대하야서도 세계 각국의 특수
> 형태를 내면적으로 분석함으로써 세계사적으로 공통되는 '일반성'을 추상할
> 수 잇으며, 각 시대를 貫流하는 일반성의 이면에서 또한 각 시대 자체의
> 성격을 규정할 만한 '특수성'을 발견할 수 잇는 것이다.

---

67) 「조선연구의 機運에 際하야(2)」, 『동아일보』 1934.9.12. 이 점에서는 문일평도 같은
   입장이었다(문일평, 「사안으로 본 조선」(1933), 『호암문일평전집』 2, 민속원, 2001, 15
   쪽. 문일평에 대해서는 최기영, 『식민지 시기 민족지성과 문화운동』, 한울아카데미,
   2003, 68~106쪽; 류시현, 「1930~30년대 문일평의 민족사와 문화사의 서술」, 『민족문화
   연구』 52, 2010 참조.
68) 樗山, 「조선학의 문제」, 『신조선』 7, 3쪽.

자료 2 : 그러나 '조선학'이라는 것은 결코 관념적으로 조선의 독자성을
신비화하는 국수주의적 견해와는 아무 인연도 가지지 않은 것이여야 한다
는 것을 주의하지 않으면 아니될 것이다. '조선학'은 결코 조선의 과거만을
연구대상으로 하는 것도 아니고 초월적 존재를 신앙 대상으로 하는 종교도
아니다. 그러타고 문학 내지 조선어학의 이론적 내지 역사적 파악을 목적으
로 하는 것도 아니다. 사학적 연구만도 아니오. 문학적 연구만도 아니오.
또는 민족사적 연구만도 아니다. **그것은 이것들을 모두 포용한다.** 그러타고
이것들을 한 개의 보조과학으로 하야 성립되는 것도 아니다. 그것은 이것들
의 **전문적 과학적 연구의 제성과가 전체적 연쇄하에서 현대적 의식을 통하
야 비판 조성된 때** 비로소 나타나는 일개의 고차적 개념이다. (강조는 인용
자)[69]

요컨대 조선학운동에 참가한 비타협적 민족주의사관과 '비판적 조선학'의
입장에서 조선학운동과 다른 역사관을 품고 있던 유물사관 계열의 사람들은
조선이란 특정 공간을 상대화하려 했다는 점 자체는 일치한다. 달리 말하면
양자는 세계와 조선의 관계성에도 주목하였고, 인류의 보편과 조선의 특수에
도 주목하였다. 또 그것을 지식인의 담론 수준에서 논하지 않고 실천과 접목
시키려 했다. 양자는 조선을 연구하는 조선학의 기본적 접근방향과 태도가
같았던 것이다.[70] 이는 조선을 절대화하지 않고 '지역으로서의 조선'을 보려
는 관점이 싹트기 시작했음을 의미한다. 오늘날 '지역학으로서의 한국학'에

---

[69] 백남운, 「조선특유의 사회제도(1회)」, 『동아일보』 1934.10.20; 신남철, 「최근 조선연구
의 업적과 그 재출발－조선학은 어떠케 수립할 것인가(2)」, 『동아일보』 1934.1.2.
[70] 필자가 양자의 근본적인 차이를 무시하려는 것은 아니다. 특히 조선과 세계와의 관계
를 특수와 보편의 관계로 보려한 점은 일치할지 모르나 그 구체적인 설정은 따져보아
야 할 문제이다. 다만 필자가 주목하고자 하는 점은 동일성이고, 그것이 양자간의
연대의 가능성을 전망할 수 있기 때문이다.

대한 사고의 씨앗은 이때 싹트기 시작한 것이다.[71]

이렇게 의미를 부여할 수 있다면, 현재 나의 계보학적 위치, 우리 학계의 현주소 내지는 학문지형에 대한 해명은 역사적 연원에 대한 탐구로부터 시작하는 태도가 매우 유용하다. 조선학운동만을 천착해 가지고는 이러한 궁금증을 해소할 수 없다. 민족 대 반민족, 친일 대 저항, 그리고 그 연장선상에서 해방 후의 국가 건설을 둘러싼 구도만을 설명하는 방식으로는, 조선학운동에 내재한 풍부하고 새로운 해석을 어렵게 함으로써 오히려 이 운동을 왜소화시키고 왜곡되게 이해시킬 우려가 있다.

비타협적 민족주의 계열의 일부 인사가 이끈 조선학운동은 언론과 합작하여 광범위한 대중적 시선을 끌어 모으는 데 성공한 이벤트였다. 그것이 가능했던 내적 이유, 그리고 운동이 진행되는 과정에서 주도자들을 상대하는 다양한 사람들의 태도를 이해하기 위해서는 제2장에서 언급한 선행연구들처럼 저항을 중심으로 주체들의 범주를 설정해서는 안 된다. 선행연구는 조선학운동을 기준으로 세력을 분류했는데, 이 기준이 1930년대 초중반 조선연구를 시도한 조선인사회의 지식인 집단 모두를 동시에 병렬하며 비교하여 설명할 수 없기 때문이다.

조선에 대한 연구의 관점과 태도라는 측면에서 볼 때 분명히 각자의 흐름으로 존재했는데도 이를 제대로 보여줄 수 없다면 기준 내지는 분류방식이 틀린 것이다. 자의적이거나 현상추수적인 분류라고 비판받을 우려가 크다. 새로운 기준을 설정하는 기본 방향은 조선학운동을 중심으로 하는 것이 아

[71] 1937년 중일전쟁을 일으킨 일제가 일상적 전시동원체제를 구축하고 황국신민화정책을 밀어붙였으며, 1945년 이후 한반도에서 좌우대결이 격심해지는 가운데 분단체제가 고착화된 현실은, 이러한 맹아가 꽃 피지 못하는 결정적인 요인이었다. 그렇다고 해서 1930년대 초중반의 조선연구를 '지역학으로서의 조선학(한국학)'이란 새로운 학문방식이 잉태하고 있었음을 부인할 수는 없다.

니라 조선학을 재구성한다는 측면에서 접근해야 한다. 이때 조선학운동은
실천적으로 조선학을 연구하는 특정한 사람들의 움직이었다는 점에서 조선
학의 일부였다는 관점을 견지할 필요가 있다.

　1930년대 초중반 조선연구를 둘러싸고 식민지 조선에 실존했던 여러 흐름
의 다양한 선택 지점을 설명하기 위해서는 논리적인 연관성을 갖는 기준들
이 필요하다. 필자는 당시의 지식인들이 어떤 태도와 방법론을 갖고 조선을
연구하려 했으며, 그들이 조선연구를 통해 무엇을 얻으려 했는가가 판단의
기본적이면서도 중요한 잣대여야 한다고 생각한다. 즉 조선학에 대한 태도
와 방법론 그리고 제도권과의 관계지향이 기준치여야 한다는 것이다. 더불
어 무언가를 얻기 위해 학술연구를 하는 사람들이 어느 지면에 글을 발표했
는가도 판단의 기본적인 기준이 되어야 한다. 더 나아가 이러한 기준에 의해
분류된 사람 또는 단체가 해방 이후 어떠한 행적을 보였는지도 시야에 넣어
둘 필요가 있다. 이렇게 접근하면 역사학을 포함해 한국 현대 인문학의 계보
학적 재정리가 이루어지는 데도 크게 기여할 것이다.

참고문헌

『비판』, 『신조선』, 『보전학회논집』, 『청구학총』, 『동아일보』, 『매일신보』, 『조선일
　　보』, 『조선중앙일보』.

김태준, 정해렴 편역, 『김태준 문학사론선집 : 증보 조선소설사 외 16편』, 현대실학
　　사, 1997.

류시현, 「1920년대 최남선의 '조선학' 연구와 민족성 논의」, 『역사문제연구』 17,
　　2007.

_____, 『최남선 연구』, 역사비평사, 2009.

_____, 「1930~30년대 문일평의 민족사와 문화사의 서술」, 『민족문화연구』 52, 2010.

문일평, 「사안으로 본 조선」(1933), 『호암문일평전집』 2, 민속원, 2001.

박광현, 「경성제대와 '신흥'」, 『한국문학연구』 26, 2003.

박걸순, 「일제하 일인의 조선사연구 학회와 역사와 고려사 왜곡」, 『한국독립운동
　　사연구』 6, 1992.

_____, 『한국독립운동의 역사 34 : 국학운』, 독립기념관 한국독립운동사연구소,
　　2009.

박한용, 「1930년대 전반기 민족협동전선론과 학생반제동맹」, 한국역사연구회근현
　　대청년운동사연구반, 『한국근현대청년운동사』, 풀빛, 1995.

방기중, 『한국근현대사상사연구』, 역사비평사, 1992.

백남운, 하일식 역, 『조선사회경제사』, 이론과 실천사, 1994.

백영서, 「'동양사학'의 탄생과 쇠퇴-동아시아에서의 학술제도의 전파와 변형」, 『한
　　국사학사학보』 11, 2005.

신남철, 「조선연구의 방법론」, 『청년조선』 1, 1934.10.

신주백, 「1929~36년 공청재건운동의 전개 및 성격」, 한국역사연구회 근현대청년운
　　　동사연구반, 『한국근현대청년운동사』, 풀빛, 1995.

＿＿＿, 〈1930년대 초중반 朝鮮學學術場의 재구성과 관련한 시론적 탐색 -경성제
　　　대 졸업자의 조선연구 태도 및 연구방법과 관련하여〉, ≪역사문제연구≫
　　　26, 2011.

안재홍, 「朝鮮上古史鑑卷頭에書함」, 『조선상고사감』 상, 민우사, 1947.

이우성·강만길, 『한국의 역사인식(하)』, 창작과비평사, 1976.

이지원, 「일제하 안재홍의 현실인식과 민족해방운동론」, 『역사와 현실』 6, 1991.

＿＿＿, 「1930년대 민족주의 계열의 고적보존운동」, 『동방학지』 77-79, 1993.

＿＿＿, 「1930년대 전반기 민족주의 문화운동론의 성격」, 『국사관논총』 51, 국사편
　　　찬위원회, 1994.

＿＿＿, 「일제하 문화운동 연구의 현황과 과제」, 『한국사론』 26, 1996.

＿＿＿, 「사회와 문화」, 『한국역사입문 : 근현대편』 ③, 한울, 1999.

＿＿＿, 『한국 근대 문화사상사 연구』, 혜안, 2007.

＿＿＿, 「식민지 근대의 학술과 교육」, 『새로운 한국사 길잡이』 하, 지식산업사,
　　　2008.

이영화, 「1920년대 문화주의와 최남선의 조선학운동」, 『한국학연구』 14, 2004.

임형택, 「국학의 성립과정과 실학에 대한 인식」, 『실사구시의 한국학』, 창작과 비
　　　평사, 2000.

전윤선, 「1930년대 '조선학' 진흥운동 연구 : 방법론의 모색과 민족문제 인식을 중
　　　심으로」, 연세대학교 대학원, 1999.

정덕기, 〈위당 정인보의 실학인식과 학문주체론 -「양명학연론」을 중심으로〉, ≪동
　　　방학지 167, 2014

정종현, 「신남철과 '대학' 제도의 안과 밖-식민지 '학지(學知)'의 연속과 비연속」,
　　　『한국어문학연구』 54, 2010.

조　광, 「개항기 및 식민지시대 실학연구의 특징」, 『한국실학연구』 7, 2004.

조동걸·한영우·박찬승 엮음, 『한국의역사가와 역사학(하)』, 창작과 비평사, 1994.

채관식, 「1930년대 '조선학'의 심화와 전통의 재발견」, 연세대학교 사학과 석사학
　　　위논문, 2006.

최기영, 『식민지 시기 민족지성과 문화운동』, 한울아카데미, 2003.

한국사연구회 편, 『한국사학사의 연구』, 을유문화사, 1985.

한영우, 「안재홍의 신민족주의와 사학」, 『한국독립운동사연구』 1, 1994.

＿＿＿, 「한국학의 개념과 분야」, 『한국학연구』 1, 1994.

홍기문, 「역사학의 연구」, 홍기문, 김영복·정해렴 편역, 『홍기문 조선문화론선집』,
　　　현대실학사, 1996.

鶴園裕, 「近代朝鮮における國學の形成-'朝鮮學'を中心に」, 『조선사연구회논문집』
　　　35, 1997.

제 2 부

조선학운동 참여인물 연구

정인보, 동아일보에서 조선학을 설하다

최선웅 (중앙선거관리위원회 선거기록보존소 전문경력관)

I. 정인보의 '조선학운동' : 민족주의 분류에 던진 의문

1930년대 조선의 학술계에는 '조선인식'의 중요성이 광범하게 유포되었고, 조선연구 분위기가 고조되었다. 신간회가 해소된 한편에서 새로운 통일전선체의 결성을 모색하던 좌우익 민족운동 진영은 조선의 정치, 경제, 사회, 문화에 대해 다각도로 분석하며 나름의 정세인식과 운동노선을 구축하려 했다. 이들에게 '조선'은 특수한 존재였으며 학술적 관심을 모두 수렴하는 역사적 문화적 공간이었다. 특히 1930년대 들어 아카데미즘적인 학문 역량의 축적은 학술운동을 전개할 수 있는 지적 토양이 되었다. 1933년 6월 9일 조선경제학회의 창립, 이듬해 5월 진단학회의 창립 등 아카데미즘의 형성은 '조선학'에 관한 관심을 크게 증폭시키고 연구의 폭과 깊이를 더할 수 있는 내적 기반이자 동력이었다. 이렇게 하여 이 시기는 학문관과 '조선인식'의 방법을 서로 달리하는 각 학문적 조류가 정립되는 한국 근현대학술사의 발흥기였다.[1]

---

[1] 방기중, 『한국근현대사상사연구』, 역사비평사, 1992, 114쪽.

이런 상황에서 1935년 다산 정약용의 서세 100년을 전후하여 각종 강연회
및 학술연구가 활발히 전개되며 '조선학운동'이 발흥했고, 이 운동의 한복판
에 안재홍과 더불어 정인보가 있었다.[2] 안재홍이 선두에 서서 조선학운동을
제창했다면, 정인보는 조선학운동의 내용을 채운 것으로 일컬어진다.

정인보의 조선학 연구에 대해서는 적지 않은 연구성과가 축적되어 있다.
일찍이 홍이섭은 정인보의 조선학이 家學的인 양명학과 소론계 학맥에서 연
유하는 것으로 설명했는데,[3] 대개 그의 양명학적 사유에서 조선학 성립의
배경을 찾고 있다.[4] 대표적으로 남궁효는 정인보의 조선학을 '민족 단위의
주체적 학문관'으로 규정했다.[5] 그는 정인보가 양명학에서 출발하여 동아시
아의 보편사상(仁)으로 나아가고, 그 仁 사상이 東夷에서 발원했다는 사실에
서 중국학에 매몰되어 있던 우리나라의 학문을 재구축해 지역과 민족 단위
로서 조선학의 단초를 마련했다고 파악했다. 특히 양명학의 '親民' 개념을
적극적으로 해석하여 그의 학문이 봉건적 학술의 한계를 뛰어넘었으며 그
민중지향성을 근대사회로 연계시키는 진보성을 보여주고 있다고 평가했다.[6]
이황직은 정인보의 조선학 전개과정을 3단계로 구분하여 준비기(1924~28),
모색기(1929~32), 완성기(1933~50)로 나누고 각 단계별 내용과 특성, 의의를

2) 정출헌, 「국학파의 조선학 논리구성과 그 변모양상」, 『열상고전연구』 27, 2008, 29쪽.
3) 洪以燮, 『韓國史의 方法』, 탐구당, 1968, 316~318쪽. 이에 대한 구체적인 논증은 조성
   산, 「鄭寅普가 구성한 조선후기 문화사」, 『역사와 담론』 56, 2010 참조.
4) 이상호, 「정인보 실학의 개념과 그 특징」, 『애산학보』 39, 2013; 崔在穆, 「鄭寅普 '陽明
   學' 형성의 地形圖 -'世界'와의 '호흡', 그 重層性과 관련하여-」, 『東方學志』 143, 2008;
   심경호, 「위당 정인보의 양명학적 사유와 학문방법」, 『애산학보』 39, 2013; 배연숙,
   「위당 정인보의 조선학 성립배경에 관한 연구」, 『철학논총』 59, 2010; 김진균, 「정인
   보 조선학의 한학적 기반」, 『한국실학연구』 25, 2013.
5) 남궁효, 「정인보의 '조선학' 이론에 관한 연구」, 『실학사상연구』 8, 1996, 163쪽.
6) 鄭寅普, 「역사적 膏盲과 吾人의 一大事」, 『薝園 鄭寅普全集』(이하 『전집』) 2, 연세대
   학교 출판부, 1983, 277~278쪽; 남궁효, 앞의 논문, 165~168쪽.

규명하여 '정인보 조선학'을 체계화하기 위한 틀을 마련했다.[7] 이러한 연구를 통해 정인보의 학문과 그의 조선학에 대한 다양한 면모들이 밝혀졌다.

정인보 뿐만 아니라 조선학운동 또는 조선학 연구에 대해서도 일일이 열거하기 힘들 정도로 많은 연구성과가 축적되어 있다. 방기중은 조선학운동이 일제 관학의 식민주의적 '조선인식'에 대한 문화적 대응인 동시에 맑스주의 학문의 발달에 대한 대책이라는 두 가지 의도를 동시에 내포한 것으로 평가하였다.[8] 이런 평가는 조선학운동이 소위 민족주의 계열의 학술운동이라는 인식에 근거한다.

1930년대 전반 민족주의자들은 파시즘 형성기의 정세 변화 속에서 정신적인 反日과 현실적인 동요의 갈등을 겪으면서 '역사와 문화의 주체로서 민족'의 절대성을 강조하는 민족주의 문화운동론을 제기하였다. 그것은 정치적 운동을 전면에 내세울 수 없는 상황에서 제기된 합법적 영역에서 가능한 개량적인 사회운동이었다. 이러한 개량적인 문화운동을 통해 내용적으로 민족문화의 선양과 민족의식의 고취를 시도하였다. 그것은 민족문제를 국제주의, 계급주의로 환원하려는 사회주의자들의 민족인식과 일제의 파시즘 문화지배에 대한 대응이라는 양면의 목적을 갖고 있었다.[9] 조선학운동은 이러한 민족주의 문화운동론, 그중에서도 특히 비타협적 민족주의 혹은 민족주의 좌파의 문화운동론으로 이해된다.[10]

----

7) 이황직, 「위당 조선학의 개념과 의미에 관한 연구」, 『현상과 인식』 34-4, 2010.

8) 방기중, 앞의 책, 114쪽.

9) 이지원, 『한국 근대 문화사상사 연구』, 혜안, 2007, 305쪽.

10) 이런 인식과 달리 전윤선은 1930년대 日帝 官學의 조선학 연구에 대응해 안재홍 등 비타협적 민족주의 진영과 白南雲 등 일부 맑스주의 진영이 각각의 사상적 입장과 방법론에 따라 차이를 보이면서도 '조선학진흥운동'이라는 하나의 운동에 '동참'한 것으로 이해하고 있다(全胤善, 「1930年代 '朝鮮學' 振興運動 研究」, 연세대 석사학위논문, 1998).

그런데 민족주의 계열을 타협(좌파)과 비타협(우파)으로 구분하고 전자를 안재홍-조선일보, 후자를 현상윤-동아일보 등으로 나누어 전자는 조선학운동, 후자는 '문화혁신론'으로 구별할[11] 경우 다소 어울리지 않는 조합이 발생한다. 정인보의 사례가 그것이다. 본고에서 주목하려는 지점도 바로 여기이다. 민족주의 계열, 정인보, 조선학운동의 삼자 관계에 대한 것이다.

비타협적 민족주의 - 안재홍 - 조선일보 - 조선학운동 對 타협적 민족주의 - 동아일보 - '문화혁신론'이라는 구도는 일면 타당해 보이지만, 정인보라는 변수를 대입하는 순간 모순이 드러난다. 조선학운동의 핵심이면서 비타협 민족주의자로 평가받는 정인보가 활동한 주요 공간은 『동아일보』였기 때문이다.

이때 운동과 전달매체의 관계를 단순히 내용과 수단이라는 기능적 측면으로 이해해서는 적절하지 않다는 점을 미리 지적해둔다. 조선학운동은 단순히 조선학 연구에 그치는 것이 아니라 그 내용을 대중적 차원에서 전달하는 과정을 통해 진행되었다. 1930년대 초반경부터 근대학문을 체계적으로 교육받은 여러 전공분야의 사람들이 대중적 잡지와 일간지, 학술지를 매개로 다양한 학문적 의견을 표출하였다. 이를 통해 조선학'운동'의 전달매체로서 신문과 잡지는 대중의 관심을 환기하고 동원하는 등 중요한 역할을 담당했다.

더욱이 1930년대 초중반 신간회 해소 이후 식민지 조선에서는 민족주의 계열로 분류되었던 인물들이 특정한 정치세력으로서의 존재감을 갖기 어려운 것이 현실이었다. 이들이 식민지 대중에게 영향력을 발휘하는 공간은 신문과 잡지였고, 이 공간이 이들에게는 사실상 운동단체와 같이 기능했다. 특히 민족적 기관을 자임하던 '동아일보'로서는 그들이 사설 등을 통해 주장하

---

11) 이지원, 앞의 책, 305~360쪽 참조.

던 '문화혁신론'과 연재기사를 통해 대중에게 전달되던 정인보의 조선학운동
이 확연히 구분될 수 있는 성질의 것은 아니었을 것이다. 정인보 자신이 동아
일보 사설의 주요 필진이기도 했다는 점을 고려하면 더욱 그렇다.

동아일보는 과연 정인보에게 있어 조선학운동을 위해 '빌린 공간'이었을
까? 동아일보와 정인보 양자 사이에 문화혁신 혹은 조선학운동을 위한 공통
분모는 없었을까? 본고는 이 물음에서부터 시작한다.

Ⅱ. 동아일보를 위한 변명

정인보는 1924년부터 동아일보와 본격적으로 관계를 맺기 시작했다. 동아
일보사의 기록에 따르면, 그는 1924년 5월 동아일보 논설진에 위촉되었다가
8월부터 촉탁기자 신분으로 활동했다고 한다.[12] 그런데 정인보는 이미 1924
년 2월부터 동아일보에 사설을 발표하고 있었다.[13] 社史의 기록보다 더 이른
시기에 동아일보 논설진에 가담하고 있었을 가능성이 있다.

동아일보 논설진에 위촉되었다는 단순한 사실도 좀 더 살펴보면 논설부장
으로 선정되었다는 기록이 보인다. 일제의 검찰행정 문서에 1924년 5월 임시
주주총회에서 정인보가 그때까지 동아일보 논설부장이었던 金良洙의 후임
으로 선정되었다는 기록이 있다.[14] 논설반 내에서 그의 위치가 결코 작지

---

12) 동아일보사, 『東亞日報社史』 卷一, 동아일보사, 1975, 414~415면.

13) 사설 「永遠의 內訌 - 兄弟的 友愛로 돌아가자」, 『東亞日報』, 1924년 2월 13일. 이하
    사설은 모두 동아일보의 사설이므로 신문명 생략.

14) 「東亞日報社社員交迭ノ件(1924.5.18.)」, 『檢察行政事務에 關한 記錄 1』, 2면. 다만, 東
    亞日報社史에는 김양수 이후 논설부장에 대한 기록이 없어 논설반장 혹은 논설부장
    의 직위가 실제 직제로 존재했었는지는 분명치 않다. 1924년 5월 동아일보사 임시주

않았음을 알 수 있다.

여하간 이후 그는 촉탁기자로 변경되었는데, 이 신분이 언제까지 유지되었는지 불명이다. 1925년 시대일보가 창간될 때 그 경영에 관여했다는 기록이 있지만[15] 이 또한 실제로 시대일보에서 어떤 활동을 했는지 불명확하다. 아마도 홍명희가 동아일보에서 시대일보로 옮기게 되자 개인적 친분 때문에 이름을 거기에 올리게 되었던 것이지, 동아일보에 발길을 끊었던 것은 아니라고 추측된다. 이후에도 정인보는 시대일보가 아니라 동아일보에 수차례 사설 등을 발표하고 있기 때문이다.[16]

정인보의 활동무대는 연희전문학교를 제외하고는 여전히 동아일보가 큰 비중을 차지하고 있었다. 앞의 社史에 따르면 1933년 10월에 다시 동아일보의 논설반 객원으로 위촉되었다는 기록이 등장한다. 논설반 객원 역시 언제까지 유지되었는지 불명이지만, 적어도 1937년 연희전문학교 교수직을 사임할 때까지는 유지되지 않았을까 추측할 수 있다. 이때까지 정인보는 세간에 尹白南, 李殷相 등과 함께 직접 필진에 나서서 동아일보의 지면을 빛내며 "대동아건설"에 조력하는 인물로 평가받는[17] 등 동아일보와 밀접한 관계를 꾸준히 유지하고 있었다.

주총회에서는 張德秀 이후 공석이었던 주필을 선임하기로 하고 정인보와 밀접한 洪命憙를 임명하였으므로 논설반장의 직제가 실제 있었을지라도 그 위상과 역할은 그 전보다 축소되었을 것으로 추측된다.

15) 「時代日報의 新陣容」,『時代日報』, 1925년 4월 5일; 정양완, 「담원 정인보 선생 연보」,『애산학보』 39, 2013, 19쪽.

16) 사설 「大行哀辭」, 1926년 4월 27일; 사설 「山陵問題」, 1926년 5월 3일; 薇蘇山人, 「百八煩惱批評에 對하야(一)~(三)」,『東亞日報』, 1927년 3월 1일~3일; 사설 「李商在先生의 長逝」, 1927년 3월 31일 등 이후에도 여러 글을 찾아볼 수 있다.

17) 草兵丁, 1933, 「大亂戰中의 東亞日報對朝鮮日報 新聞戰」,『三千里』 5-10, 33쪽. 물론 이 기사의 대동아 건설이라는 문구는 '대동아일보'의 건설을 빗댄 용어이지, 日帝의 대동아건설과는 무관하다.

사실 이런 기록보다 조금 더 이른 시기인 1922년부터 동아일보와 관계를 맺었다는 기술도 있는데, 근거를 확인할 수는 없지만 정인보가 이즈음부터 연희전문학교에 출강하고 있었고, 『동명』에 「晩觀申圭植선생을 생각하며」 등을 투고하고 있었던 것으로 보아 비슷한 성향의 동아일보와도 관계가 있었을 수 있다. 특히 발행정지를 당했던 동아일보가 1921년 속간하는 데 응급 경비 5천원을 희사한 민영달과 정인보가 일찍이 "同志의 情曲"을 나누던 사이였다는 사실에 비추어 볼 때 동아일보와 정인보의 관계 역시 기존 견해보다 조금 앞당겨서 생각해 볼 수는 있을 것 같다.[18]

어쨌든 논설진에 합류한 정인보는 『동아일보』를 통해 자신의 정치적 견해를 공개적으로 천명하기 시작했다. 1924년 2월 13일자 사설 「영원의 내홍 - 형제적 우애로 돌아가자」를 발표한 것이다. 이후에도 몇 편의 사설을 작성하기는 했으나 정인보는 주로 「今古詩叢」의 편집을 맡아 중국과 한국의 한시를 소개하는 작업에 주력했다. 이 때문에 사설 「영원의 내홍」은 그의 정견을 살펴볼 수 있는 가장 이른 시기의 자료이다.

총 6절로 구성되어 있는 이 사설의 첫 번째 절은 삭제되어 내용을 확인할 수 없다. 아마도 사설을 작성하게 된 동기가 기술되어 있었을 터인데, 日帝 당국의 비위를 거슬렀는지 삭제되어 있다. 남아 있는 글의 내용은, 조선 5백년 역사를 당쟁으로 얼룩진 "내홍의 역사"라고 규정하고 그 후손인 현재의 조선인도 내홍을 일삼아 "민족적 殘命"을 위태롭게 하고 있으니 형제적 우애를 회복해 내홍을 종식시키자는 주장이었다. 사설의 내용은 구한말 이래 근대화의 여정 속에서 종종 등장하던 민족주의적 단결론과 별로 다를 바가 없었다. 국망 이후 등장한 신지식층들이 과거의 잘잘못을 따지며 조선시대 당

18) 고하선생전기편찬위원회, 『독립에의 집념 - 고하 송진우 전기』, 동아일보사, 1990, 207쪽; 정인보, 「閔綏堂과 韓江石 (一)」, 『東亞日報』, 1930년 12월 1일.

쟁의 역사를 비판했던 격렬한 어조와 조금도 다르지 않았다.

그런데 문제는 이 사설이 발표된 시기에 있었다. 정인보의 이 사설은 동아일보가 위기에 처한 시기적으로 매우 민감한 때에 발표되었다. 동아일보는 1924년 벽두부터 사회적으로 지탄을 받고 있었다. 이광수가 작성한 사설「민족적 경륜」이 가져온 파장이었다. 후술하듯「민족적 경륜」에 담긴 내용은 1920년대 초부터 문화운동을 이끌던 동아일보의 민족운동론과 다르지 않았고, 오히려 그 구상의 전체적인 틀과 방향을 집약적으로 제시한 일종의 '동아일보 연두교서'와 같은 사설이었다.

하지만「민족적 경륜」이 발표되자 그 내용이 결국 일제의 식민지배를 인정하는 것이라며 각계의 반발을 불러 일으켰다. 2월 10일에 이르면 동경유학생학우회, 북성회 등 11개 단체가 연명으로 '동아일보불매운동'을 전개하기로 결의하고 성토문을 발송하였다. 이들뿐만 아니라 상하이의 임시정부 기관지『독립신문』과 국내의『개벽』지에서도 우려를 표명하였다. 이에 동아일보에서는 1월 29일자 사설을 통해「민족적 경륜」이 세간의 오해를 불러일으켰다며 변명했지만, 상황은 악화일로로 치달았다. 결국 이후 사장 송진우 등이 퇴사하는 빌미를 제공하기에 이르렀다.[19)]

정인보의 사설「영원의 내홍」은 이런 상황에서 발표되었기에 그것이 일반에 어떻게 독해되었을지는 어렵지 않게 추측할 수 있다. 그는 사설에서 과거 모든 忠臣義士가 내홍으로 말미암아 죽었다면서 "충신과 의인은 결코 비방의 무기를 사용할 줄 모르기 때문에 비방의 무기에 죽는 것"이라고 개탄했다.「민족적 경륜」을 둘러싼 공방에서 '비방'을 하는 쪽과 '비방'을 당하는 쪽이 엄연히 구분되어 있고, 동아일보는 후자의 입장이었다는 점에서 이 사설은

---

19) 채백,「일제 강점기의 신문불매운동 연구 - 1920년대 중반을 중심으로」,『한국언론정보학보』28, 2005 참조.

동아일보불매운동측의 성토를 '비방'으로 일축하고 일방적으로 동아일보의 입장을 옹호하고 있는 것이다.

더 나아가 정인보는 국내외를 막론하고 저명한 조선인사 및 단체, 언론기관들에게는 모두 악평이 뒤따르고 있는데, "설마 그러할 理가 잇스랴. 그 개인들에게 또는 그 단체들에게 또 그 언론기관들에게 각각 다소의 결점도 잇스려니와 長處도 잇슬 것이며 그뿐더러 세월과 精力을 허비하고 勞役하는 것을 보면 민족을 위하야 감사할 점도 잇슬 것이다"라며 이광수와 송진우, 동아일보측을 변호하였다.

동아일보측을 일방적으로 변호했던 이 사설을 통해 정인보가 당시 상황을 어떻게 규정하고 있었는지 살펴볼 수 있다. 첫째, 그는 조선민족이 중대한 위기의 시기에 처해 있다고 판단했다. 그는 조선인이 일심으로 단결하더라도 지탱하기 어려운 위기에 처해 있는 이때에 사소하고 무의미한 일로 질시와 쟁투를 일삼아서는 "민족적 殘命을 제 손으로 끊으려 함이 아니냐"라고 비판했다. 정인보는 조선이 살려면 우선 내홍을 영원히 매장하고, 인물 하나라도 더 내세우고, 단체 하나라도 더 후원해야 할 때라고 주장했다.

둘째, 정인보는 조선인들의 내홍이 역사적으로 형성된 조선문화 특유의 악폐라고 지적하였다. 이런 인식은 1928년 우이동 夏令會 강연 내용을 수록한『청년』지의「역사적 고맹과 오인의 일대사」에서 더욱 구체적으로 설명된다. 여기서 정인보는 조선의 병근을 因循, 구차, 허식, 당파, 猜忌, 冷薄의 6가지로 설명하면서, 그 뿌리는 모두 자신의 이익만을 도모하려는 일념에 있다고 지적했다. 이렇게 당파와 당쟁에 비판적인 정인보의 인식은 그의 학맥인 소론의 탕평 관념과도 밀접하게 관련되어 있었을 것이다.[20]

----

20) 이에 대해서는 조성산, 앞의 논문, 480~484쪽 참조.

따라서 정인보는 조선민족이 민족적 위기에서 벗어나 활로를 찾기 위해서는 조선민족의 갱생과 조선문화의 악폐를 근절해야 한다고 주장했다. 그러면서도 "외래의 학술", 즉 외래문명에서 살 길을 찾을 것이 아니라 "우리로서 本心의 밝음을 본위로" 삼아 "본심 그대로의 新人이 됩시다"라고 호소하였다.[21] 이런 주장은 동아일보를 비롯해 민족주의 계열에서 줄기차게 주장하던 민족갱생론 및 민족대단결론과 동일한 논리였다.

Ⅲ. 정인보와 동아일보의 공모

정인보는 외래문명에서 살 길을 찾지 않고 우리 본심을 본위로 신인이 되자고 호소했는데, 이는 조선인과 조선문화의 병폐를 외국 문물에 대한 맹목적인 추수와 대비시킴으로서 더욱 강조되었다. 정인보는,

> 현재의 우리는 外人에게 대하여서는, 사상이든지 사업이든지 詞諛에 갓가온 맹목적 존경과 복종을 가지면서 自國人의 사상이나 사업에 대하야는 다만 冷然 不顧할 뿐 아니라 도로혀 적극적으로 吹毛覓疵하야 기어코 이것을 誹毀하고 매장하고야 말려하니 실로 本末을 전도한 일이오, 衰運의 조선에서밧게 볼 수 업는 현상이다.[22]

라고 하며, 향후 조선학운동에서 '실학'과 독자성을 추구하던 그의 기본자세를 이때 이미 보여주고 있었다.

---

21) 「歷史的 膏盲과 吾人의 一大事」, 『전집』 2, 282~283쪽.
22) 사설 「永遠의 內訌」, 1924년 2월 13일.

정인보가 주자학을 '虛'와 '假'로 비판하며 '實'을 강조했다는 사실은 주지하
는 바이다. 가령 1929년『성호사설』을 간행하면서 쓴 서문에서 그는 학술의
기본 이념에 대해 '본말과 始終'을 드러내고 그것으로써 백성들의 삶을 보좌
하는 것으로 규정하였다. 이를 위해서는 올바른 이치를 터득해야 하는데,

> 이치는 허구로 만들어질 수 없으므로 반드시 '實'에 의거해야 하고, '실'이
> 라는 것은 범범하게 뒤섞일 수 없으므로 반드시 '獨'을 추구해야 한다. '독'을
> 갖추면 '실'이 되고, '실'을 갖추면 이치를 터득하게 되어서 선명하게 밝힌
> 효과가 백성들과 만물에게 드러나 감출 수 없다.[23)

고 하며 '依獨求實'을 강조하였다. 결국 학술의 기본이념은 '實'이며 이를 갖
추기 위해서는 '獨'을 추구해야 한다는 의미였다. 이때 '독'은 '내가 나로써
살아가게 하는 나만의 독자적이고 주체적인 어떤 것'을 의미했다. 이런 의미
에서 虛學의 대립개념으로서 '실학'이란 다른 학문과 구분되는 특별한 독자
성이나 주체성을 가진 학문이라는 뜻이 된다.[24)
  비단 허학은 주자학 등 특정학문일 뿐만 아니라 그간 조선의 학계가 걸어
온 비주체적 혹은 沒主體的인 학문 경향에 대한 총체적인 날선 비평이었다.
주자학뿐만 아니라 그는 "조선의 史學이 없은 지 오래다. 조선의 史를 조선을
중심하지 아니하여 마치 李純之, 金淡 이전의 曆書와 같이 順天府 기후만을
표준하였다"며 주체적인 역사관의 부재를 개탄했다.[25) 이런 몰역사적인 비
주체적 학문경향은 과거에 그치는 것이 아니라 현재에도 이어져 "학문함에

---

23) 이상호, 앞의 논문, 111쪽에서 재인용.
24) 이상호, 위의 논문, 114쪽 참조.
25) 「「星湖僿說」을 校刊하면서」,『전집』2, 106쪽.

책 속에서만 진리를 구하는 태도는 옛날보다 한층 심해져서, 때로는 영국, 때로는 프랑스, 때로는 독일, 때로는 러시아로 시끌벅적하게 뛰어나지만, 대개 좀 똑똑하다는 자라 할지라도 몇몇 서양학자들의 말과 학설만을 표준으로 삼아 어떻다드니 무엇이라느니 하고 만다. 이것은 그들의 '말과 학설'을 그대로 옮겨 온 것이지 實心에 비추어 보아 무엇이 합당한지를 헤아린 것이 아니니, 오늘날의 이러한 모습을 예전과 비교한들 과연 무슨 차이가 있겠는가"라며 여전히 주체성 없는 학문태도가 지속되고 있음을 강하게 비판했다.[26]

이렇듯 '실'의 내용을 이루는 '독'의 개념은 정인보에게 학문의 독자성과 특수성을 강조하게 되고, 더 나아가 조선민족과 문화의 독자성과 특수성을 확인하려는 작업으로 이어진다. 학문의 독자성과 특수성이란 결국 그것을 포괄하는 문화와 담당 주체로서 개인이나 민족의 독자성 및 특수성과 불가분의 관계에 있기 때문이다. 조선에서 다른 민족과 구별되는 독자적이고 주체적인 학문을 가능케 하는 최상의 객관적 조건은 조선의 독자성, 곧 독립이었다. 하지만 즉각적인 독립이 불가능한 상황에서 차선의 선택으로 정인보는 독자적인 민족문화의 창달을 지향했다. 실학이라든가 조선의 얼 연구를 통해 보여주려 했던 것이 바로 과거 중국이나 당시 서양 문명에 포섭되지 않는 독자적인 조선문화의 실례였다.

바로 이 지점에서 정인보와 '동아일보그룹'의 이해가 교차하여 독자적인 민족문화의 창달이라는 목표를 향해 악수할 수 있었다. 동아일보 역시 문화운동을 통해 독자적인 민족문화의 창달을 부르짖고 있었다. 1920년대 전반부터 동아일보에서는 민족운동의 사회적 방법으로 문화운동을 촉구하였다. '사

---

[26] 정인보 저, 홍원식 해설, 『양명학 연론』, 계명대학교출판부, 2004, 11쪽.

회적 방법'과 '문화운동'이라는 범주를 다소 달리하는 두 개념이 결합된 동아
일보의 이 기묘한 운동론은 식민지적 상황을 반영하는 논리였다. 동아일보
에서는 제1차 세계대전이 끝나고 바야흐로 세계개조의 벽두를 맞이하여 조
선민족이 전개하는 운동은 국가적인 개념인 국민운동이 아니라 역사적이고
문화적인 개념인 민족운동이라고 보았다. '정치 - 국가적' 범주를 직접 논할
수 없는 식민지적 조건을 의식하고 있었기에 '사회 - 민족적'인 경로로 우회했
던 것이다. 역사적이고 문화적인 개념으로서 민족은 사회를 통해서 고유한
목적을 달성할 수 있었고, 이렇게 사회를 경유해서 일정한 理想을 향해 의식
적으로 전개하는 사회적 운동이 바로 민족운동이며, 그 형태는 문화운동이었
다.[27] 사회 각 방면의 실력을 충실히 하여 문화의 행복을 누리며 민족의 사명
을 이룩하는 것, 이것이 곧 조선 민족운동의 사회적 방법이었고 문화주의의
내용이었다.

   그렇다고 민족운동의 사회적 방법이 '정치' 영역을 완전히 도외시하는 것
은 아니었다. 동아일보 창간사에서 언급한 문화주의에는 경제, 도덕, 종교,
과학, 철학, 예술과 함께 정치가 포함되어 모든 생활분야에서 '內的 충실'을
풍부히 하기 위한 문화운동이었다. 이는 단순히 도덕이나 경제만을 주장하
거나 지식, 종교, 예술, 정치 등 어느 하나만을 지지하는 것이 아니라 조선인
의 가치를 향상시킬 수 있는 '모든 방면'에서 진행되는 사업이었다.[28] 이런
식의 문화주의는 천도교의 李敦化에게서도 발견된다. 이 점에서 조선에서
구사되던 문화주의는 정치, 경제, 법률이 현실적 사실로 분류되어 도덕과 확
실하게 구분되던 일본의 문화주의 철학과 커다란 차이가 있었다.[29]

27) 사설「世界改造의 劈頭를 當하야 朝鮮의 民族運動을 論하노라(三)」, 1920년 4월 6일.
28) 사설「價値以上과 價値以下」, 1922년 6월 29일.
29) 허수, 『이돈화 연구 - 종교와 사회의 경계』, 역사비평사, 2011, 140~141쪽. 허수에 의하

『동아일보』에서는 각성하고 단결한 민족은 자신만의 독특한 문화를 발전시킬 수 있고, 자신만의 고유한 민족문화를 향유한 민족만이 세계를 구성하는 주체가 될 수 있다고 보았다. 세계는 '고유한' 민족을 단위로 구성되어 있기 때문이었다. 물론 그런 민족이 독립된 국가로 존재한다면 더할 나위 없이 바람직하지만, 그렇지 않은 식민지라는 조건에서도 단결한 민족이 구축한 '민족사회'를 통해 국가의 부재를 상쇄할 수 있었다. 또 결국은 독립으로 나아갈 수 있으리라 전망했다. 동아일보에서 낙관하던 민족자결주의의 도도한 흐름이 바로 이것이었다. 이에 조선인이 조선땅에서 '朝鮮的'으로 그 생명을 확충하고 문화를 발전시켜 "적어도 조선 내에서 발현하는 정치, 산업, 교화, 예술 등을 민족적으로 확보"하여 민족을 단위로 하는 세계무대에 자립하기를 고대하였다.[30]

동아일보에서 제창한 문화운동은 크게 3가지 영역으로 구성되어 있었다. 경제적, 사회적, 그리고 정치적 영역이었다. 조선인들의 운명은 경제적 영역에서 '자본주의적 자유경쟁에 경제적으로 멸망을 당하는 형편'이었고 비참한 노동자로 전락하고 있었다. 사회적 영역인 교육에서도 '조선사람의 교육상태, 지식 정도가 분명히 타민족, 타국민에 비해 낙후'되었음을 부인할 수 없었다. 또 "어찌하면 조선사람이 참으로 '단결'하여 사회조직과 정치형태를 우리의 생활 발전에 적합하도록 할까" 정치적 영역을 고민하지 않을 수 없었다.[31] 이 난국을 타개하기 위해 동아일보에서는 경제적 영역에서는 자립적인 민족경제권의 확립, 사회적 영역에서는 '學'의 독립, 정치적 영역에서는

면 같은 천도교의 金起瀍에게서도 이런 경향이 포착된다고 한다.

[30] 사설 「民族的 自覺을 促하노라 - 朝鮮人은 團結하라」, 1922년 7월 25일; 사설 「朝鮮男兒의 抱負 - 民族的 自立 世界的 發展」, 1922년 7월 27일.

[31] 사설 「새봄을 당하야 - 생활의 압길을 생각」, 1923년 1월 1일.

정치적 자유의 획득을 목표로 했다. 각각의 운동양태는 물산장려운동, 민립
대학설립운동, '자치운동'으로 추진되었다.

그런데 이 세 영역은 각각 별도의 범주로 독립된 것이 아니라 유기적으로
통합된 관계를 맺고 있었다. 즉, 경제는 각종 문화생활의 기초였고, 사회적
영역인 교육은 경제 발전과 정치를 위한 기초 지식을 함양하여 문화 발전의
재질이 되었다. 정치적 영역은 인민 생활 전반을 지배하는 자유와 권리의
문제로 경제, 사회, 문화의 실질을 규정하였다.[32] 사실상 문화운동의 경제적,
사회적, 정치적 세 영역은 운동을 효과적으로 진행하기 위한 방편상 구분일
뿐 유기적인 일체로 구성되어 있었다. 이것을 집약적으로 정리해 발표한 동
아일보의 사설이 바로 이광수의 「민족적 경륜」이었다. 이광수의 이 사설은
동아일보의 문화운동론을 "조선민족 구제의 삼위일체적 방책"이라고 정리하
고 있었던 것이다.[33] 그 전략적인 목표는 독자적인 민족사회를 구축하는 것
이었다.[34]

여기서 주목할 점은 사회적 영역에서 이들의 문화운동이 '學의 독립'으로
표현되고 있었다는 점이다. 동아일보에서는 학문의 독립은 곧 생활의 독립
을 위한 기반 중 하나가 될 뿐만 아니라 조선 고유의 민족문화를 발달시켜
세계적으로 부활하고 세계문명에도 공헌할 수 있다고 주장했다. "學의 독립
은 민족의 영예와 실지생활에 極重極大한 관계"가 있으며 "吾人 文化史上의
종결점"이라고 규정되었다. 學의 독립을 위해서는 민족의 생명이 지속하는

32) 사설 「實地에 就하라 - 徹底하라」, 1922년 1월 27일; 사설 「政治家의 缺乏」, 1922년
   1월 30일; 사설 「哲人政治와 民主政治」, 1922년 4월 8일; 사설 「經濟와 人生」, 1922년
   4월 16일; 사설 「平南教育協會에 對하야 - 文運의 促進」, 1922년 9월 28일.
33) 사설 「民族的 經綸 (五)」, 1924.1.6.
34) 이에 대해서는 崔善雄, 『張德秀의 사회적 자유주의 사상과 정치활동』, 고려대 박사학
   위논문, 2013, 109~116쪽 참조.

순간까지 민족적 자립에 필요한 학술적 근거와 시설이 요구되었다. 이를 위해 조선민중의 일치단결로 ① 전조선에 초등교육 기관 설치 ② 중등·실업·전문 교육기관을 민중의 힘으로 완성 ③ 연구기관 설립 ④ 학자 양성의 장학기관을 설립하여 學의 독립을 기하자고 역설했다.[35] 요컨대 초등교육부터 대학과 연구기관까지 학술·교육분야에 대한 자치를 획득하여 독자적인 조선민족문화의 창달을 지향했던 구상이 學의 독립으로 표방되고 있었다. 이러한 입장에서 동아일보에서는,

"조선인의 입장에서 조선을 위해서의 朝鮮學의 연구 及 건설을 주의하라 함이다. 요새와서 조선인의 研究熱이 발흥함을 딸하서 일종 病敗의 風이 보이기 비롯하는 것은 보기 실흔 事大的 정신이 그 部面에도 나타나는 것이다. 내 정신과 내 전통을 떼노코 외국인의 淺膚하고 偏陋한 臆說을 追隨承襲하야 그러함이 學的 충실인 듯하게 생각하는 弊가 잇슴은 딱한 일이다. … 조선의 연구는 조선인이 주인일 것이어늘 조선의 학풍이 도로혀 外客을 우러러 보기에 얼을 빠터리니 이 무슨 기과한 현상일가. 우리는 위선 삼국유사의 보급이 一動機를 지어서 조선연구에 대한 자주적 풍조가 왕성하야지기를 못내못내 축원한다."[36]

며 조선인들의 조선 중심의 자주적인 조선학 연구를 주문했다.

이렇듯 동아일보의 문화운동론에서는 국가와 대비되는 독자적 영역이자 조선인이라는 단일한 민족으로 구성되는 하나의 공동체로서 '민족사회'를 설

35) 사설 「朝鮮文化 普及의 一方法 (中)」, 1920년 9월 21일; 사설 「教育에 徹底하라」, 1922년 1월 5일; 사설 「民立大學의 必要를 提唱하노라 - 富豪의 一考를 促함」, 1922년 2월 3일; 사설 「平南教育協會에 對하야 - 文運의 促進」, 1922년 9월 28일.
36) 사설 「朝鮮의 原始相 (下)」, 1927년 3월 15일.

정함으로써 조선인들에게 자립적인 경제권, 민족적 정체성, 정치적 자율성, 민족문화의 고유성 등을 지켜낼 보루를 상상하였다. 동아일보의 '學의 독립' 구상이나 정인보의 '依獨求實'은 논리는 물론, 독자적인 민족문화의 창달이 라는 목표에서도 별반 다르지 않았다.

IV. '위당 조선학운동'의 무대, 동아일보

정인보의 조선학 연구는 1930년대 들어 본격적으로 전개되었고, 그 매개체 가 된 것은 동아일보였다. 당시 동아일보에서는 신간회 해소 이후 '민족적 중심단체'의 필요성에 대한 여론을 환기시키는 한편으로 1920년대 문화운동 의 연장선상에서 정신적 개혁, 문화적 혁신이 당면한 운동의 기초 작업이라 며 문화혁신론을 주창하였다.

> 우리는 문화의 혁신을 주창한다. 민족운동, 정치운동, 경제운동 기타 온갖 운동이 새로운 기초 위에 서는 때에라야 비로소 그 진전을 볼 수 있고 활약을 볼 수 있고 성공을 볼 수 있는 것이다.[37]

요는 서구의 르네상스와 일본의 메이지유신에 방불하는 문화의 혁신이 필요 하니 그 선결조건인 사상의 혁신을 이루어야 한다고 호소했다. 동아일보의 문화혁신론은 문화운동의 중요성을 강조하고, 이를 토대로 산업, 경제 등 전 사회구조적인 측면의 운동과제와 연결시키려는 전략이었다. 이를 위해 다시

---

37) 사설 「文化革新을 提唱함」, 1932년 4월 18일.

민족을 본위로 한 新道德의 수립과 민족대단결, 이를 이끌 민족적 중심세력의 작성을 주장하는 패턴이었다. 논리, 전략, 패턴 모두 1920년대 문화운동론의 연장선상에 있었다.

그런데 동아일보에서는 위 사설에서 조선의 현실은 그간 서구의 신문화를 수입하는 데 급급해 그 진수를 이해하지도, 소화하지도 못한 채 겉껍데기만 도입했을 뿐이라고 비판하였다. 이 때문에 "조선이 조선을 표현할 위대한 사상을 가지지 못하고 설사 있다 할지라도 신념과 행동이 박약하여 그 實을 이루지 못했다"고 개탄했다. 이렇게 된 원인은 "조선이 조선 자체를 구명하기 전에 他의 존재를 먼저 구명한 때문"이라고 분석했다.[38]

서구의 선진문명을 수용하는 것 못지않게 조선 자체에 대한 인식과 연구가 선행되어야 한다는 문제의식이었다. 그러면서도 조선 자체를 연구한다 하여 과거를 추억하는 회고적 차원의 작업이 아니라 과거를 기반으로 새로운 목표를 세워 실천하자는 것이며, 그 구체적인 내용은 민족문화의 완성을 목표로 하는 것이라고 부연했다.[39] 실질적으로 동아일보가 의도한 목표는 이지원이 예리하게 지적한 것처럼 부르주아 근대문명과 '조선적인 것'의 결합을 통해 '조선의 지도원리'를 창출하려는 정치적인 목적에 있었다.[40] 이런 목표 하에 동아일보에서는 당면사업으로 조선 고유의 문화, 사상을 부흥시키고 선양하는 한글이나 고적의 보존 개발 및 민족적 위인 선양 사업을 추진했다.

정인보의 조선학 연구 역시 동아일보의 민족문화 선양 기획과 긴밀하게 맞물려 진행되었다. 첫 번째 작업은 동아일보의 고전기획인 조선고전해제

---

[38] 사설 「思想과 行動」, 1932년 1월 25일.
[39] 사설 「民族과 文化 - 그 完成을 期하라」, 1934년 1월 2일.
[40] 이지원, 앞의 책, 310쪽.

연재였다. 1931년 1월 5일 李允宰의 「諺文誌」 해제를 필두로 매주 1회씩 연재
되기 시작한 조선고전해제는 제2회 李殷相의 「佛歌九曲」 해제를 거쳐 1월
19일 제3회 기사부터 정인보가 투입되었다. 그는 7월 6일 제20회까지 총 18편
의 기사로 모두 17권의 고전을 해제하였다. 이 작업은 조선후기 학풍의 다양
성을 대중 및 지식계에 알린다는 점에서 큰 의미가 있었다.[41]

　조선고전해제 작업을 하면서 정인보는 명시적으로 '조선학'이라는 용어를
사용하였다. 그는 제3회 연재기사로 『愁書』를 해제하면서 저자인 李勉伯을
"조선을 중심으로 한 연구가 비로소 연구인줄 痛覺"한 인물로 묘사하며 그의
저작은 "조선학을 연구하는 우리로서 모를 수 업는 것이다"라고 의의를 부여
했다.[42] 柳僖(1773~1837)의 『文通』을 해제하면서는 "조선학의 潛興期"로 표
현하며 國故에 관한 서적이 한둘이 아니었는데, 「朝鮮語訓釋」을 첨부한 저서
와 훈민정음의 奧義를 탐색한 諺文志 등이 있었다고 하였다.[43] 「武藝圖譜通
志」를 해제하면서는 "이에서 조선학을 제창코자 하며 朝鮮心을 培植코자 하
야 一技, 一藝라도 본토의 自性을 表揭하랴 하는지라. 圖譜通志 실로 朝鮮史
法을 바로잡은 탕개로 볼 수도 잇다"고[44] 힘주어 말했다. 특히 그는 연제
13번인 「椒園遺藁」를 해제하면서 "근세 조선학"으로 크게 세 가지 계열을 정
리했다. 제1계열은 성호 이익에서 농포 정상기로 이어지는 흐름, 제2계열은
소제 이이명에서 서포 김만중을 거쳐 담헌 홍대용에 이르는 흐름, 제3계열은
하곡 정제두에서 발원하는 이른바 조선 양명학파의 흐름이 그것이다. 이를
현대 사상사학의 일반적 용어로 바꾸면, 1계열은 실학의 경세학파, 2계열은

41) 이에 대해서는 이황직, 앞의 논문, 23~27쪽 참조.
42) 鄭寅普, 「朝鮮古典解題 (三) 李岱淵 勉伯의 『愁書』(未刊)」, 『東亞日報』, 1931년 1월
　　19일.
43) 鄭寅普, 「朝鮮古典解題 (八) 柳西陂 僖의 『文通』」, 『東亞日報』, 1931년 2월 23일.
44) 鄭寅普, 「朝鮮古典解題 (二0) 正祖御定 『武藝圖譜通志』」, 『東亞日報』, 1931년 7월 6일.

조선의 자연과학 학파, 3계열은 강화학파에 각각 해당한다.[45]

　정인보가 조선고전해제에서 사용한 조선학이라는 용어의 의미는 조선학계에 등장한 '新氣風'으로, '조선인으로서 주체성을 인식한 조선후기의 새로운 학술 사조'를 나타낸 것으로 보인다.[46] 즉, 조선학을 제창하였다고 규정한 「武藝圖譜通志」를 해제하면서 언급했듯이 "조선 중심의 연구" 경향을 일컬었던 것이다. 그가 조선고전해제 대상으로 선별한 저작들에서 공통적으로 의의를 부여한 지점도 바로 여기였다. 가령 「晝永編」 해제에서 정인보는 "조선문, 조선지리, 조선사에 대해 獨得한 雙眼"을 살필 수 있다고 하였고,[47] 李匡師의 「圓嶠集」을 해제하면서는 "원교의 遺集을 보건대 詞華보다도 國故에 치중하는 그 정신, 민족성을 突兀하게 발양하는 그 문필이 조선학술부흥기에 잇서 두렷한 한 營壘로 推重하지 아니할 수 업스며"라고 조선문화와 민족성을 발양하는 데 기여하였다며 높이 평가하고 있었다.

　정인보의 두 번째 작업은 조선고전해제 작업을 한창 진행하고 있는 와중에 돌연 시작되었다. 1931년 5월 송진우의 권고를 받은 정인보는 고전해제 작업을 중단하고 고적보존운동에 뛰어들었다. 5월 14일 그는 『동아일보』 지상에 「민족적 수치 - 채무에 시달린 충무공묘소」라는 사설을 발표했다. 충남 아산군의 이순신 묘소 위토가 동일은행에 저당잡혀 곧 경매에 붙여질 위기에 처하자 동아일보에서는 이를 대대적으로 보도하면서 민족정신을 강화하는 소재로 부각시켰다.[48] 그 선봉에서 정인보는 필력을 자랑했다.

　그는 1931년 5월부터 6월까지 이순신과 관련해 모두 6편의 사설을 게재했

45) 이황직, 위의 논문, 26쪽.
46) 이황직, 위와 같은 곳.
47) 鄭寅普, 「朝鮮古典解題 (四) 鄭玄 同東愈의『晝永編』」, 『東亞日報』, 1931년 1월 26일.
48) 이에 대해서는 이지원, 앞의 책, 316~323쪽 참조.

다.49) 이 사설을 통해 정인보는 "민족적 자부심이 없는 민족이 어찌 退敗를 면할 것이며 민족적 향상의 목표가 없이 어찌 단결진취의 민족적 努力이 잇을 것이냐"며 조선민족을 질책하였다. 그가 보기에 "민족적 은인이자 민족문화의 선구"인 이순신인데도 불구하고 "조선인이 조선의 정신을 제대로 가지고 있었으면 그의 碑刻, 동상, 기념관, 도서실, 박물관 등이 있었을 텐데, 이는 고사하고 위토와 묘소가 채무로 전전하게 생겼으니 이는 민족적 범죄"라고 호되게 질타했다.

이런 상황이 벌어지게 된 연유에는 조선인들의 외래문물에 대한 맹목적인 추종, 나폴레옹이나 워싱턴 등 다른 나라의 위인을 숭앙할 줄은 알되 자국의 위인은 모르는 비주체적 혹은 몰주체적인 성향이 한몫한다고 보았다. 이런 악폐를 극복하기 위해서는 이번 사건을 계기로 더 한층 민족문화에 대한 崇仰心과 애착심을 "불길질할" 필요가 있다고 주장했다. 1931년 5월 23일 조선교육협회에서 사회 각 방면 유지들이 회합하여 '이충무공유적보존회'를 창립하였는데, 정인보도 위원에 선임되었다. 그가 국내에서 학술·언론단체를 제외하고 공개적인 사회단체에 이름을 올린 첫 번째 사례였다.

세 번째 정인보의 조선학 연구는 1933년 9월 18일부터 12월 17일까지 66회에 걸쳐 동아일보에 연재한 「양명학연론」을 통해 만개하였다. 「양명학연론」은 王陽明의 사상과 이후 양명학파의 전개과정, 조선 양명학의 흐름에 대한 해설서이다. 연재 시작부터 서술의 목적과 체계가 뚜렷했기 때문에 양명학 전통에 대한 정인보의 견해는 물론 본인의 윤리사상과 사회사상을 분명히

49) 사설 「李忠武公과 우리」, 1931년 5월 21일; 사설 「忠武公遺蹟保存會 創立」, 1931년 5월 25일; 사설 「忠武公位土 推還」, 1931년 6월 15일; 사설 「忠武公位土 推還」, 1931년 6월 15일; 사설 「誠金 一萬圓 - 民族的 誠心의 發露」, 1931년 6월 17일. 사설 외에도 鄭寅普, 「李忠武公 墓山競賣問題」, 『東亞日報』, 1931년 5월 15일.

제시할 수 있었다.

이 연재에서 정인보는 朝鮮儒學史를 비판적으로 검토하면서 虛學으로서의 주자학과 실학으로서의 양명학을 대비시켰다. 이를 통해 그는 조선시대 허학의 학문 풍토가 그대로 이어져 식민지로 전락했음에도 불구하고 주체적인 고민 없이 외국의 학술을 그대로 모방하는 비주체적 학문 풍조를 비판하였다. 실재하는 조선 양명학의 전통을 계승했던 정인보에게 양명학의 논리는 보편적인 학문의 토대로서 주체적 인식론을 발전시키는 계기로 작동했다.[50] 또 중국학에 매몰되어 있던 우리나라의 학문을 각성시킴과 동시에 지역과 민족 단위로서의 주체적 조선학의 단초를 마련했다.[51]

양명학과 관련하여 정인보는 송진우를 '同好'라고 표현하고 있는데, 이 표현에는 같은 동아일보 일원이라는 동질감뿐만 아니라 양명학에 대한 학문적 관심 또한 공유하고 있다는 의미일 것이다.[52] 동아일보 및 송진우와 막역한 사이였던 현상윤이 일본양명학의 흐름과 지식을 습득하고 있었다는 사실은[53] '동아일보그룹' 역시 양명학에 대한 일정한 이해를 공유하고 있었다는 방증이다. 정인보가 「양명학연론」을 동아일보 지면에 연재하게 된 배경에는 이런 사정이 있었을 것이다. 양명학을 매개로도 정인보는 동아일보와 일정하게 공유하는 지점이 존재하고 있었던 것으로 추측된다.

네 번째로 정인보는 1933년부터 시작된 新朝鮮社의 「여유당전서」 간행 계

---

[50] 이에 대해서는 이황직, 앞의 논문, 28~30쪽 참조.

[51] 배연숙, 앞의 논문, 414쪽.

[52] 劉明鍾, 『韓國의 陽明學』, 同和出版社. 1983. 이에 대한 반론으로는 崔在穆, 앞의 논문 참조. 정인보가 『양명학연론』에서 "同好 宋古下의 斯學闡揚에 대한 苦心"을 밝힌 바와 같이 송진우 역시 양명학에 대한 관심이 적지 않았던 것으로 보인다. 다만, 최재목의 지적처럼 정작 송진우의 글에서는 양명학과 관련한 뚜렷한 흔적을 찾을 수 없다는 점에서 주의 깊은 논의가 필요하다.

[53] 玄相允, 「양명학과 일본사상계」, 『新東亞』 2-11, 1932.

획에 안재홍과 함께 책임교열을 맡게 되면서 이듬해 9월 다산 서세 99년을 맞이하여 이루어진 다산기념사업을 주도하며 조선학에 대한 대중적 관심을 고조시키는 데 큰 역할을 하였다. 이때 그가 활용한 매체 역시『동아일보』였다. 그는 1934년 9월 10일부터 15일까지「유일한 政法家 정다산선생 서론」을 연재하며 조선학의 대중적 확산에 기여했다. 여기서 정인보는 조선학을 "國故·政法·역사·지리·외교·天文·曆算·兵械 등 一切 조선을 중심으로 한 실용적 考索"이라고 정의하였다. 그에게 조선학은 '중국학'에 대응하여 조선을 중심으로 조선에 관한 모든 것을 연구하는 주체적이고 독자적인 실용적 학문이었다. 또 조선학의 계보를 '유형원→이익→정약용'으로 정리하며 다산을 근세 조선학을 학술적으로 집대성한 인물로 파악했다.

1935년 다산 서세 100년 기념행사를 즈음해서는 사설「정다산선생 서세 백년을 기념하면서」(7월 16일)을 비롯해「다산선생의 일생」(7월 16일) 등을 발표하고, 동아일보 강당에서 기념강연 등을 하며 다산 연구에 대한 관심을 고양시켰다, 그 후 정인보는 안재홍과의 책임교열 하에 1938년 10월 신조선사에서『여유당전서』76권을 완간하였다. 이렇듯 정인보는 실학 연구를 통해 '중국학'에 매몰되지 않은 조선의 독자적인 학문체계를 구성함으로써 조선민족의 독자성을 확보하고자 했는데, 그 주요 선전매체는 동아일보였다.

V. 얼사관의 발표와 대립

1930년대 정인보의 조선학 연구가 다다른 다섯 번째 작업은 1935년 1월 1일부터 동아일보가 무기정간되는 1936년 8월 28일까지「5천년간 조선의 얼」을 연재한 것이다. 조선학이 한마디로 "조선역사를 기초로 하여" 연구하는 것이라는 안재홍의 명료한 결론처럼[54] 정인보 역시 일제시기 그의 조선학 연구의 마지막 대미를 사실상『동아일보』의 조선사 연재로 장식했다. 그에게 역사는 '현재를 움직이는 숨은 힘'이었다. 그는『양명학연론』을 쓰게 된 근본 동기를 밝히면서 "과거란 항상 지금을 움직이는 숨은 힘을 가지고 있으므로 이를 등한히 볼 수 없는 것이다"라고 힘주어 말했다.[55] 따라서 이 연재는 정인보의 조선학 연구에서 중요한 의미를 갖는 것으로 보인다. 조선사 연구를 통해 정인보는 '獨'의 실학이 구현되어 가는 역사적 과정을 조선이라는 민족적 단위에 초점을 맞추어 서술할 수 있었다.

「5천년간 조선의 얼」은 개인적 차원의 주체성과 민족적 차원의 주체성을 얼이라는 개념을 통해 동일한 맥락에서 설명하고 있다. 타인과 구별되는 주체로서의 개인을 가능케 하는 본원적 존재로서 '얼'에 주목하고, 이것의 확장 개념으로 '민족의 얼'을 설정한 뒤 그것이 현실에서 발현된 형태가 곧 역사라는 것이다. 여기서 정인보의 문제의식은 두 가지로 구분되는데, 하나는 타자와 구분되는 존재로서 '우리'에 대한 관념이고, 다른 하나는 '우리'의 독자성과 주체성에 대한 경험적 증거로서 역사에 대한 관심이었다.

조성산의 연구에 따르면, 정인보에게 內外의 구분과 그를 통한 '우리'의 확립은 중요한 과제였다. 이를 잘 보여주는 사례가 「湛軒書目錄序」이다. 정인보는 홍대용의 저작 가운데 「鼞山問答」을 높이 평가하였는데, 그는 여기서 타자와 구분된 '자기'에 대한 관념을 발견하고자 했다. 더 나아가 홍대용의 "논설 가운데 임금은 정승을 가리고 정승 이하는 각기 그 僚屬을 가려야 함을 논한 것은 거의 近世의 책임정부제와도 걸맞다"고 하여[56] 근대적 가치를 발

54)「新朝鮮春秋」,『新朝鮮』6, 1934년 10월호, 41쪽.
55) 앞의『양명학 연론』, 10쪽.
56) 鄭寅普,「『담헌서』목록서」,『蒼園文錄』中, 태학사, 2006, 228쪽.

견하고 부여하고자 했다. 정인보가 발견한 홍대용에 따르면『春秋』야말로 나와 남을 분변하는 근대민족주의 관념의 모태가 될 수 있는 것이었다.

국토에 대한 정인보의 관심 또한 이런 맥락에서 해석할 수 있다. 신경준의 『疆域考』를 비롯해 李義駿의『種書庵集』과 정동유의『晝永編』등에 나와 있는 백두산정계비와 관련된 북방영토와 경계에 대한 정인보의 관심은 소론 학맥에서 연유하는 것이다. 또 국가와 국토에 대한 관심은 자연스럽게 국방과 무비에 대한 관심으로도 이어져「무예도보통지」나「陰雨備」에 대한 해제 작업으로 연결되었다.[57)]

더욱이 얼은,

> 우리를 軀殼에서만 찾는지라 故人이 우리가 아니요, 우리가 古人이 아니지 한번 그 '얼'에 들어가 생각하여 보면 우리의 古人이 곧 우리다. 그러므로 우리 古人의 往蹟으로 좇아 그 髓血을 접할진대 이 一段 혈맥이 곧 내 혈맥임을 驚悟할 것이요, 과거의 貞節, 奇偉, 壯特, 貞固함을 볼 때 내 속 어느 곳에든지 이 혈맥 속으로 좇아서 時降時昇함을 몸서리치도록 解得할 것이다. 그런즉 過去ㅣ 의연히 살아 있는 것이니 뉘 陳타 往타 하는고?[58)]

라고 하여 얼을 통해 과거와 현재가 연결되고, 옛 선인과 현재의 '나'가 연결되어 '우리'를 형성케 하는, 하나의 혈연공동체로서 민족을 이루게 하는 연결고리였다. 따라서 얼은 조선민족이 다른 민족과 구별되는 독자성과 주체성을 부여하는 근원적인 개념이자 "고인의 왕적", 즉 역사를 통해 확인되는 존재였다. 정인보는 타자와 자기를 구분하여 '우리'의 근본을 인지하며 민족성

---

57) 조성산, 앞의 논문, 485~489쪽 참조.
58)『전집』3, 28쪽.

을 명확히 하는 가장 확실한 방법은 역사를 아는 것이라고 했다.

> 이(역사)는 대개 사람들이 남과 나를 구별하여 자기의 내력(근본)을 알
> 수 있는 바이며, 역사란 과거를 갈아둔 것이기에, 역사가 아니고서는 알 길
> 이 없으니, 이것(역사)을 모르면 나와 남이 다른 바가 거의 없을 것이니, 이
> 렇게 되면 종류(종족)의 한계는 잦아져 없어지고, 民性(민족성)도 흐리멍덩
> 해질 것이다. 오직 역사가 있어야 그 근본을 알 수 있기 때문에, 어지러운
> 세상에 살다가도 분발할 줄 아고, 뒤섞여 사는 때에도 나와 남을 구별할
> 줄 알고, 세월이 이미 오래고 事勢는 이미 글러도, 지킬 줄을 알게 되니,
> 사람에게 있어서 역사란 엄청난 것이다.[59]

이렇게 정인보는 조선의 독자성에 대한 정확한 인식은 결국 조선의 역사
에 대한 정확한 이해에서 가능하며, 이를 통해 조선의 주체성을 확보하는
근거를 마련할 수 있다고 판단했던 듯하다. 그의 많은 저작이 조선사 연구,
특히 조선의 얼이 만들어지고 발생했던 고대사 연구에 할애된 이유였다.

정인보는 조선사 연구 과정에서 일제 식민정책과의 대결의식을 명확히 했
다. 그가 조선사 연구를 하게 된 동기를 밝히는 대목에서 "일본학자의 조선사
에 대한 고증이 저의 총독정책과 얼마나 긴밀한 관계가 있는 것을 더욱 깊이
알아 "언제든지 깡그리 부셔버리리라"하였다. … 갈수록 민족정신이 흐려져
가고 있는데다가 자기를 너무 모르는 분들이 敵의 춤에 마주 장고를 쳐서
마음 속의 영토나마 나날이 말려들어가는 때였다"라고 회고했다.[60] 일제의
조선사 연구에 동조하는 행위 역시 "남의 옛것을 찾아냄이 아니라, 바로 남의

---

[59] 「터무니없는 거짓을 바로 잡는 글, 하편」, 『蒼園文錄』 中, 66~67쪽.
[60] 「조선사 연구 下」, 『전집』 4, 270쪽.

옛것을 헐어 없앰이요, 남의 역사를 증명하는 것이 아니라, 남의 역사를 끊어 없앰인 줄은 모르는 것이다"라고[61] 혹독하게 비판했다. 이는 곧 실증주의 사학자들에 대한 비판으로 이어졌음은 여러 연구자들이 이미 지적한 바 있다. 그에 대한 단적인 사례로 다음과 같은 자료가 인용되곤 한다.

내가 이 말을 하는 것은 요컨대 우리나라 사람이 역사를 전공하는 방법을 밝힐 뿐이지, 아무개와 그 득실을 따지자는 것은 아니라오, 아무개와 같은 자는 바로 한낱 비루천박하고 어리석은 무리일 뿐이오. 그 자는 문헌에 실린 바를 따른다고 하지만, 그가 과연 제대로 글자나 가려 읽고 문구나 꼼꼼히 따질 수 있는지, 모르는지 나는 모르겠소. …

아무개가 구차스럽게 의존함은 다른 게 아니오. 최근 일본학자가 왕왕 자기가 朝鮮史家임네 하기를 좋아하여, 내외의 옛 역사를 증명하는데 한결같이 문헌에 의존한다고 과시하오. 이는 문헌에 의존하여 부회하면 이 땅의 백성이 가장 열등함을 증명할 수 있다고 알기 때문이오. 대개 예로부터 그러했다고 드러내어 놓은즉, 스스로는 그 은총을 믿고 교만하기에 보탬이 되어 더욱 멋대로 할 수 있고, 또 이렇게 해 놓으면 압제받는 자가 옛날을 못 잊어 하는 정이 엷어지니, 邪曲한 짓을 몰래 행하는 것이오. …

아무개가 일찍이 이 무리에게 배워서 존경하기를 神明같이 여기며, 居柒夫・李文眞은 존경할 만하지 않고 이즘 사람으로 申無涯(采浩, 丹齋) 같이 특출함은 미쳤다고 우선 비웃어 대고 있소. 밤낮으로 졸졸 따라다니며 자기 선생의 자취만 밟아서, 저들이 대충만 써대어도 아무개가 상세하게 펴내고, 저들이 그 실마리라도 들추면 아무개가 끝맺음을 한다오. 저들이 평양 鳳山이 예전에 漢郡에 들었다고 하면, 아무개는 바로 湖西의 郡邑이 다 그 屬縣이라 하여 더 보태어 들어서, 잘 알지도 못하는 것을 끌어대고 자질구레하게 스스로 고증에 덧붙인다오. 아무개의 마음을 헤아리건대 그 사람이라고 한들 어찌 반드시 그 스승에게 충성을 바치려고 그러겠소? 대개 어쩌다가 敎授라는 이름 하나 얻어서 영광으로 여기려는 것이라오. 그 심보가 고약하여 때려줘도 부족할 것인데 어디 취할 만한 점이 있다고 하겠소?[62]

위 자료는 어떤 자리에서 문일평이 '역사를 전공하는 아무개'의 연구에서 족히 취할 만한 것이 있다는 투로 말하자 그에 대해 정인보가 따로 편지를 보내 비판한 내용이다. 이 편지에는 문헌을 중시한다면서도 외국의 문헌에 치우쳐 비판적으로 해독하지 못한 채 식민사관을 추종하는 관변학자에 대한 격한 비난이 담겨 있다.

정인보는 아무개가 일본인 '조선사가'에게 배워와 조선민족의 열등함을 입증하려는 식민사관에 매몰되어 '교수' 자리나 하나 얻으려는 비루·천박하고 어리석은 무리일 뿐이라고 비난했다. 그는 편지에 적길, 실증주의 사학자들이 중시하는 문헌이란 결국 중국 중심의 역사관으로 말미암아 국내외를 막론하고 '중용'을 잃은 것이 많기 때문에 글자를 가려 읽고, 문구를 꼼꼼히 따져 행간에 감추어져 있는 역사적 사실을 밝힐 수 있어야 한다고 지적했다. 실증주의 사학자들이 '전가의 보도'처럼 휘두르는 문헌 역시 불편부당한 진리 그 자체를 담고 있는 것이 아니라 당대의 특정한 정치적 목적에 의해 작성된 저작이라는 비판적 인식이 깔려 있는 것이다.

그런데 정인보는 그가 비난한 아무개에 대해 몇 가지 단서를 남겨 놓고 있다. 정인보가 비난한 아무개는 첫째, 문헌을 중시하는 실증주의적 방법론을 사용하며, 둘째, 신채호를 미친 사람으로 취급하고 있다. 셋째, 평양과 봉산(황해도)에 漢四郡이 설치되었고, 더 나아가 호서지역까지 그 속현이 되

62) 「호암 문일평에게 보내는 편지」, 『蒼園文錄』 中, 138~140쪽.

었다는 고증을 시도했다. 넷째 일본인 조선사가의 뒤를 이어 교수가 되려고
하는 인물이다. 이 네 가지를 모두 충족시키며 당시 정인보가 대립각을 세우
고 있던 인물, 즉 정인보가 사적인 편지를 통해 격하게 비난한 인물은 다름
아닌 김태준이었다.

『조선소설사』와 『조선한문학사』를 집필한 김태준은 비록 역사를 전공했
다기보다는 국문학자로 볼 수 있지만, 대원군의 서원철폐를 비롯해 정약용,
단군신화, 낙랑유적, 기자조선, 화랑 등 역사와 관련한 수편의 논문을 발표한
바 있다. 또 『조선중앙일보』에 「사학연구의 회고, 전망, 비판」(1936년 1월 1
일~29일)을 연재하기도 하는 등 당시 역사학계와 깊은 관련을 맺고 있었다.
더군다나 김태준은 정인보가 비난한 아무개의 모습을 모두 갖추고 있었다.

첫째, 그는 『조선소설사』 등의 초기 저작을 통해 매우 견고한 실증주의적
관점을 보여주고 있는데, '국학파'의 비과학적 역사관을 비판하면서 실증적
연구방법에 집착하게 되었다고 한다.[63] 국문학사뿐만 아니라 조선사 연구에
서도 철저한 문헌중심주의를 표방하며 단군과 같은 고대사를 배제하고 있었
다. 실례로 그의 『조선소설사』에서는 단군신화 이하 부여, 고구려, 신라의
건국신화가 제거되어 있었다.

둘째, 이 때문에 김태준은 신채호, 최남선, 정인보 등의 고대사 연구에 대
해 매우 냉담했다. 한 번은 『조선중앙일보』에 「단군신화연구」를 연재하면서
신채호와 최남선의 사관을 싸잡아 비판하였는데, 특히 최남선에 대해 그가

---

[63] 송희복, 『한국문학사론연구』, 문예출판, 1995, 55~64쪽 참조. 이에 대한 반론은 전성
운, 「김태준 — 문학의 과학화와 사회주의 문학 사관」, 『우리어문연구』 23, 2004 참조.
전성운은 『조선소설사』 발간 시기 김태준이 아직 문학사 기술 방법을 정립하지 못해
자연스럽게 문헌 고증적 자세로 문학사를 기술한 것이지 실증주의 혹은 문헌학파의
범주로 분류할 수는 없다고 반박하였다. 그럼에도 전성운 역시 이 당시 김태준이
실증주의 자체를 지향했던 것은 아니지만, 과학으로서 학문의 엄밀성을 추구하면서
실증적 학문 연구 방법을 적용했다는 점 또한 인정하고 있다(136쪽).

신화를 '實話'로 믿는 습관이 있다면서 이는 "耶蘇에 미친 신도"에 비유했다.[64] '신화를 실화로' 믿는다는 점에서 신채호 또한 김태준에게는 '미친 신도'와 다름없었을 것이다.

셋째, 김태준은 「낙랑유적의 의의」 등을 통해 평안남도와 황해도 일대의 고분을 낙랑과 대방의 유적이라고 고증하였을[65] 뿐만 아니라 임둔과 현도의 설치도 기정사실로 인정하고 있었다. 가령 김태준은 『조선한문학사』에서 "위만의 손 右渠가 한나라 사신을 죽인 이유로 정벌을 당하여 그 故地는 한무제의 4군인 낙랑·임둔·현도·진번으로 나뉘었다가 고구려가 이를 잠식하고 신라·백제와 함께 반도에 정립하였다. 이처럼 삼국 정립까지의 역사는 기자·위만·箕準·秦亡人·한무제 등의 지배, 다시 말하면 중국인의 지배로 시종하여 왔다"고 말함으로써[66] 전형적인 식민사관의 서술을 담고 있었다.

넷째, 1931년부터 명륜학원의 강사로 재임중이던 김태준은 1939년 4월부터 경성제대 조선문학과 강사로 임명되어 조선문학 강의를 맡았다. 아울러 그해 12월에는 조선어문학부 좌장인 高橋亨과 공저로 『李朝文學史の硏究』를 발표했다. 김태준이 맡은 강좌가 조선한문학 분야이기는 하지만 '조선문학과' 출신의 선배들을 제치고 '지나문학과' 출신인 그가 그 세대의 첫 조선인 조선문학과 강사가 되었다는 점에 주목해 보면 김태준과 高橋와의 관계를 의심해 볼 만하다.[67] 정인보는 이를 스승에게 충성을 바치고 교수 자리 하나 얻으려 한다는 의혹에 찬 시선으로 바라보고 있었던 것이다.

[64] 金俊, 「檀君神話硏究 (七)」, 『朝鮮中央日報』, 1935년 12월 17일.
[65] 金台俊, 「樂浪遺蹟의 意義」, 『三千里』 8-4, 1936, 155쪽.
[66] 김태준 지음, 최영성 교주, 『定本 朝鮮漢文學史』, 심산, 2003, 33~34쪽.
[67] 본 총서에 게재된 이황직의 김태준 관련 논문 참조.

정인보는 대외적으로는 김태준의 비판에 대해 별다른 반응을 보이지 않았다. 하지만 자신의 얼사관을 '얼빠진 사관'이라고 조롱하는 김태준에게 감정이 좋을 리 없었다. 공개적으로는 반비판을 자제하고 있었지만, 자신과 밀접한 문일평이 긍정적인 반응을 보이자 정인보의 자제심도 한계에 달해 더 이상 참을 수 없었던 것은 아니었나 추측해 본다.

VI. 모호했던 민족주의의 경계

이상 1920년대부터 1930년대 초중반까지 정인보와 동아일보의 운동론을 분석하면서 양자의 접점을 확인하고 그 속에서 정인보의 조선학운동이 어떤 방식으로 전개되었는지 살펴보았다. 국내 유력 일간지였던 동아일보에는 수많은 지식인 전문가들이 거쳐갔다. 수양동우회의 이광수부터 조선공산당의 박헌영까지 다양한 인물들이 동아일보에서 근무하고, 그 지면에 글을 게재했다. 당연하게도 이들이 모두 동아일보의 문화운동론에 동의했던 것은 아니었다. 일부는 문화운동론을 주창했지만, 다른 일부는 대중과의 접촉을 위해, 또 다른 일부는 신분을 위장하거나 합법적인 활동공간으로 진출하기 위해, 때로는 생계를 위해 동아일보를 이용하기도 했을 것이다. 그렇다면 정인보의 경우는 어떠했을까?

동아일보와 정인보는 조선 민족운동에 대해 일정한 공감대를 형성하고 있었던 것으로 판단된다. 그것은 양자가 모두 민족운동의 당면과제로서 조선을 단위로 하는 독자적인 민족문화의 창달을 내세우고 있었던 사실에서 알 수 있다. 동아일보에서는 세계가 고유한 민족을 단위로 구성되어 있다고 인식하면서 조선민족의 단결로 자신만의 독특한 문화를 발전시킬 수 있고, 이

럴 때 세계를 구성하는 주체가 될 수 있을 것으로 이해했다.

고유한 민족문화의 수립을 위해서는 민족사회의 자립적 발전이 필요했다. 이를 위해 경제적 영역에서는 자립적인 민족경제권의 확립, 사회적 영역에서는 '學의 독립', 정치적 영역에서는 정치적 자유의 획득을 목표로 했다. 각각의 운동양태는 물산장려운동, 민립대학설립운동, '자치운동'으로 추진되었다. 그중에서도 '學의 독립'에 주목할 필요가 있다. 이는 초등교육부터 대학과 연구기관까지 학술·교육분야에 대한 자치를 획득하여 독자적인 조선민족문화의 창달을 지향했던 구상이었다. 이러한 입장에서 1920년대 중반 한 사설에서 동아일보는 조선인들의 조선 중심의 자주적인 조선학 연구를 주문하기도 했다.

정인보 역시 '依實求獨'의 실학개념을 통해 학문의 독자성과 특수성을 강조하게 되고, 더 나아가 조선민족과 문화의 독자성과 특수성을 확인하려는 작업으로 이어졌다. 학문의 독자성과 특수성이란 결국 그것을 포괄하는 문화와 담당 주체로서 개인이나 민족의 독자성 및 특수성과 불가분의 관계에 있기 때문이다. 조선에서 다른 민족과 구별되는 독자적이고 주체적인 학문이 가능하기 위한 최상의 객관적 조건은 조선의 독자성, 곧 독립이 갖추어져야 했다.

하지만 즉각적인 독립이 불가능한 상황에서 차선의 선택은 독자적인 민족문화의 창달이 되어야 했다. 바로 이 지점에서 정인보와 '동아일보그룹'의 이해가 교차하여 독자적인 민족문화의 창달, '學의 독립'이라는 목표를 향해 악수할 수 있었던 것이다. 민족주의라는 동일한 사상적 토대 위에 독자적인 민족문화의 창달을 당면과제로 설정했다는 점에 양자의 접점이 존재했던 것이다. 그렇기에 늦어도 1924년경부터 동아일보사와 관계를 맺기 시작한 정인보는 그것을 통해 자신의 정치적 견해를 천명하는 것은 물론이고 1930년대 조선학운동을 전개하는 주요 무대로 활용했다.

정인보의 조선학 연구는 동아일보의 민족문화 선양 기획과 맞물려 진행되었다. 정인보는 동아일보에 조선고전해제를 연재하고, 송진우의 권고를 받아 이충무공 선양사업 등 고적보존운동을 부르짖었다. 또 그의 가장 중요한 업적 중 하나인 「양명학연론」을 66회에 걸쳐 동아일보에 연재하였다. 본격적인 조선학운동의 계기가 되었던 다산기념사업에서도 정인보는 동아일보를 통해 사설과 논문을 발표하고 기념강연을 하였다. 정인보의 조선학 연구에서 정점을 이루는 얼사관이 발표된 공간 또한 동아일보였다.

이렇듯 정인보의 조선학 연구는 동아일보라는 매체를 통해 전개되었다. 이는 그의 조선학운동이 동아일보의 문화운동론과 서로 밀접한 관련을 맺으며 전개되고 있었다는 점을 시사하며, 따라서 양자를 타협과 비타협 또는 민족주의 좌·우로 나누는 것은 타당하지 않아 보인다. 1930년대 전반기 신간회 해체 이후 정치적 실천성을 담보하지 못한 민족주의 계열의 운동론은 그 대안으로 조선 연구 또는 조선학이라는 문화적 담론으로 수렴되던 상황이었다. 그러다보니 일정한 정치적 성향을 기준으로 구분되던 타협과 비타협 혹은 좌·우의 경계가 더욱 흐릿해지고 있었다.

중일전쟁 이후 민족주의 계열에서도 전향과 친일이 횡행하면서 동아일보의 문화운동론을 견지했던 적지 않은 인물들이 친일의 길에 들어서고, 반면에 정인보는 칩거를 선택하는 등 타협과 비타협의 경계가 다시 도드라지게 되지만, 그것을 가지고 그 앞 시기의 행적을 판가름하기에는 조심스러울 필요가 있을 듯하다.

참고문헌

김용직, 『김태준 평전 : 지성과 역사적 상황』, 일지사, 2007.

김태준, 『金台俊全集』, 보고사, 1998.

동아일보80년사편찬위원회, 『민족과 더불어 80년』, 동아일보사, 2000.

류시현, 『최남선 연구』, 역시비평사, 2009.

마이클 로빈슨, 『일제하 문화적 민족주의』, 나남, 1990.

문일평, 『湖岩 文一平 全集』, 民俗苑, 1994.

鄭寅普, 『蒼園 鄭寅普全集』, 연세대학교 출판부, 1983.

_____, 『양명학연론』, 한국국학진흥원, 2005.

_____, 『蒼園文錄』, 태학사, 2006.

_____, 『조선사연구』, 우리역사연구재단, 2012.

현상윤, 『幾堂 玄相允 全集』, 나남, 2008.

강석화, 「담원 정인보 선생에 대한 연구사 정리」, 『애산학보』 39, 2013.

김치완, 「鄭寅普의 茶山-實學 이해에 대한 비판적 검토」, 『역사와 실학』 50, 2013.

류승완, 「1920~1930년대 조선학의 분화에 대한 일 고찰」, 『숭실사학』 31, 2013.

류준필, 「식민지 아카데미즘의 '조선문학사' 인식과 그 지정학적 함의 : 자국(문)학 형성의 맥락에서」, 『한국학연구』 32, 2014.

박홍식, 「일제강점기 정인보(鄭寅普), 안재홍(安在鴻), 최익한(崔益翰)의 다산 (茶山) 연구」, 『다산학』 17, 2010.

신주백, 「'조선학운동'에 관한 연구동향과 새로운 시론적 탐색」, 『한국민족운동사 연구』 67, 2011.

심경호, 「위당 정인보와 강화학파」, 『열상고전연구』 27, 2008.

이만열, 「위당 정인보의 학문과 『담원문록』 : 위당 정인보의 한국 고대사 인식」, 『동방학지』 141, 2008.

조성산, 「18세기 후반~19세기 전반 조선학(朝鮮學) 형성의 전제와 가능성」, 『동방학지』 148, 2009.

최재목, 「金台俊의 「鄭寅普論」을 통해 본 解放前 爲堂 鄭寅普에 대한 評價」, 『陽明學』 20, 2008.

『동아일보』 『조선일보』 『조선중앙일보』 『신조선』 『삼천리』 『이러타』

1930년대 문일평(文一平)의 실학을 통한 조선학 연구

류시현 (광주교육대학교 사회과교육과 교수)

I. 머리말

문일평(1888~1939)은 평안북도 의주 출신으로, 일제강점기 언론인, 교육가, 역사가로 활동했다. 그의 생애는 크게 4시기로 나뉜다. 첫째는 학문 수련과정(1905~1912)으로 일본 메이지(明治)학원 중학부를 마치고 1908년에 귀국해서 교편생활을 하다가 1911년 정치학 연구를 목적으로 와세다대 고등예과에 입학했던 시기이다.

둘째와 셋째는 1910년대 국외 민족운동과 1919년 3·1운동에 참가했던 시기와 1923년부터 1932년 사이에 교사와 언론매체 기고활동을 했던 시기로 나뉜다. 넷째는 1930년대 조선일보 편집고문 시기로 조선일보와 잡지『조광』을 중심으로 다양한 논설과 사화(史話)을 발표한 시기이다.[1] 특히 네 번째

---

[1] 문일평의 언론·교육·역사 집필 활동에 관해서는 최기영의 「문일평의 생애와 저술」에 상세히 정리되어 있다(최기영,『식민지 시기 민족지성과 문화운동』, 한울 아카데미, 2003, 68~106쪽).

시기에 한국 역사와 문화를 연구하고 소개했던 조선학 연구자로서 활동했다.

문일평의 문필활동에 관해 홍명희는 "논문과 수필이 거반 다 조선사(朝鮮史)에 관계있는 문자"라고 평가했다.[2] 당대 대표적인 역사학자였던 그에 관해 많은 연구 성과가 축적되어 왔다. 사학사(史學史)의 측면에서 그는 신채호의 사학을 계승한 민족주의 사학자이며[3] 역사 대중화에 학문적 특징이 있다고[4] 평가되었다.

또한 일제강점기 역사 연구 방법론을 실증사학, 민족주의사학, 사회경제사학으로 구별하면 문일평은 민족주의 사학자이면서 문헌 고증사학적 방법론을 도입한 역사가로 평가되거나[5] 혹은 '후기 문화사학자'로 분류된다.[6] 그리고 최근 출판된 그의 1934년 일기를 통해 볼 때,[7] 조선학운동이 전개된 시점에서 이루어진 다양한 학문적 교유관계가 주목된다.

1930년대 문일평은 조선일보사 편집고문에 재직하면서, 안정적인 경제적 상황을 바탕으로 조선 역사와 문화에 관해 다양한 글을 발표했다. 특히 1934~1935년에는 정약용의 서거 99, 100년을 계기로 실학자와 실학적 학풍에 관한 연구를 중심으로 조선학운동이 본격적으로 전개된 것과 밀접하게 관련

---

2) 홍명희, 「호암(湖岩)의 유저(遺著)에 대하여」, 『조선일보』, 1940.4.16.

3) 이완재는 "민족주의 사가(史家)들 가운데 신채호가 제기한 문제들을 가장 광범하게 취급하고, 이를 해결하였다고 할 만한 인물"로 문일평을 평가했다(이완재, 「1930년대 민족주의사학의 발전」, 『한국학논집』 21·22, 한양대학교 한국학연구소, 1992, 168쪽).

4) 문일평은 연구 분야의 다양성과 평이한 문체, 객관적인 논조의 서술가로(김광남, 「문일평의 인물론에 대하여」, 『사학연구』 36, 한국사학회, 1983, 253~254쪽), 민중을 계몽하고 역사를 대중화하는 데 앞장선 민족사가로(김광남, 「호암 문일평의 역사인식」, 『한국학보』 13-1, 1987, 169쪽), '국사대중화의 선구자'(최영성, 「일제시기 반식민사학의 전개」, 『한국사상과 문화』, 한국사상문화학회, 2000, 133쪽)로 평가되고 있다.

5) 윤해동, 「문일평」, 『한국의 역사가와 역사학』 하, 창작과비평사, 1994, 185~186쪽.

6) 조동걸, 『현대한국사학사』, 나남출판, 1998, 199쪽.

7) 이한수 옮김, 『문일평 1934-식민지 시대 한 지식인의 일기』, 살림, 2009 참조.

되어 있다.

이 시기에 문일평은 정인보와 안재홍이 중심이 되어 전개한 정약용을 재조명한 학문적 활동에 발기인으로 참여했으며, 조선 역사와 문화를 재조명한 글을 발표했다. 또한 그는 조선학운동을 주도했던 정인보와 안재홍 외에도 이병도, 최남선, 안확 등과 학문적 교유 관계를 맺었다.

이 글에서는 문일평의 다양한 한국학의 성과 가운데 1930년대 조선학 운동과 연관된 내용을 검토하고자 한다. 이를 위해 1930년대 그의 학문적 네트워크와 그의 조선학 개념 그리고 조선 역사와 문화 연구의 대중적 확산 노력을 알아보고자 한다.

우선 1934년 문일평의 일기를 중심으로 조선학운동이 시작된 당시 교유관계와 학문적 활동을 둘째, 조선학에 관한 입장과 이를 바탕으로 한 조선 문화에 관한 연구를 셋째, 실학에 대한 재조명을 통사 조선시대에 관한 역사 이해가 민족사적 관점에서 어떻게 구성하는지를 살펴 보겠다. 문일평의 조선 역사와 문화에 관한 연구를 통해 일본 제국주의에 대항했던 조선학운동에 관한 이해를 심화하는 데 기여하고자 한다.

II. 1930년대 조선학운동과 문일평의 학문적 교유

일제강점기 조선학운동은 "정치운동에 대응한 문화운동, 계급주의·국제주의에 대응한 민족주의 수립, 민족문화를 통한 일제와의 차별성 견지 등을 도모하려는 운동"[8]으로 평가된다. 사회주의 계열과 민족주의 좌파의 통일전

---

8) 이지원, 「1930년대 '조선학' 논쟁」;『역사비평』편집위원회,『논쟁으로 본 한국사회 100년』, 역사비평사, 2000, 132~133쪽.

선체인 신간회를 통한 정치운동이 중단된 1930년대 전반에, 조선학운동은 민족주의 계열이 문화운동 영역에서 민족적 저항의 근거지를 만들고자 했던 실천적 학문 활동이었다. 정인보, 안재홍 등은 일제의 식민지 조선에 관한 학술적 연구의 대응인 조선학운동을 통해 민족문화의 정체성을 찾고자 했다.

역사가이자 언론인인 문일평은 이러한 움직임에 적극 참여했다. 그는 1927년 2월 신간회에 발기인으로 참가하고 중앙위원과 간사를 지낸 민족주의 좌파(혹은 비타협적 민족주의자)였다.[9] 1931년 5월 신간회가 해소된 이후, 그는 주로 『조선일보』를 통해 조선 역사와 문화에 관한 논설과 연재물을 게재했다.

그렇다면 정약용 서거 기념사업을 계기로 1934~1935년 전개된 조선학운동과 연동해서 그가 조선 역사와 문화 연구를 구체적으로 어떻게 진행했는가를 살펴보아야 한다. 당대의 학문적 지형을 확인하기 위해서는 문일평의 인적 네트워크를 확인하는 것이 중요한 방안이 된다. 1934년 일기를 보면 이념적 진영을 넘어서 다양한 교유 관계를 맺고 있었음이 확인된다.

---

[9] 신간회에서의 문일평의 활동에 관해서는 이균영, 『신간회연구』, 역사비평사, 1993 참조. 신간회 활동 외에도 문일평은 1927년 8월 열린 물산장려회 이사회에서 이사로 선임되었으며, 기관지 『自活』의 주필을 지냈다(『동아일보』, 1927.8.17).

〈표〉 1934년 문일평의 인적, 학문적 교유 관계[10]

1934년	1월	2월	3월	4월	5월	6월	7월	8월	9월	10월	11월	12월	합계
안재홍		4									1		5
안 확		1							2			1	4
이광수	2	2		3	3								10
이병기				3					1				4
이병도	1	1	2	3	3	1	3		2	1		1	18
정인보		2				2			1	2			7
최남선		3		2	2						2		8
한용운				2					2	1			5
홍명희			2						2	1			5

　　문일평은 신간회에서 함께 활동했던 비타협적 민족주의자인 한용운, 홍명희와 함께 지속적인 교유관계를 맺었다. 특히 이들과는 학문적 만남 외에도 음주와 식사를 병행해서 "회포를 푼다."라고 표현된 사적(私的) 모임이 많았다. 이와 함께 이병도와의 만남이 가장 빈번했고, 그 다음이 이광수였다.

　　문일평과 이광수와는 개인적 차원의 만남이 많았다. 『문일평 1934년』에 따르면, 두 사람은 1월 3일 음주와 식사, 2월 23일 이광수의 8살 아들 장례 참가, 4월 3일 이광수의 조선일보 사직 소식 4월 12일 오산학교에 이광수와 함께 기부금 10원 마련, 5월 22, 23일 이광수의 사임 관련 소식, 5월 29일 이광수와 인사 만남 등이 언급되었다.

　　특히 4월 11일에 이광수는 문일평이 집필하고 있는 있던 「사외이문(史外異聞)」에 관해 "옛날부터 조선이 무(武)를 숭상한 여러 놀이를 서술하는 것이 어떻겠느냐고" 제의하고 "한용운의 소설을 실어야 한다면서 이를 위해 문일

---

10) 이한수 옮김, 앞의 책 참조. 표에 합계한 횟수는 실제 만남 이외에 만나지 못했지만 방문한 것 그리고 상대에 관한 언급까지를 포함했다.

평이 만해에게 말하는 것이 좋겠다."라는 서술한 점이 주목된다.[11] 이광수가
한용운과의 연락을 문일평에게 부탁한 것으로 보아, 1934년 시점에서 그와
비타협적 민족주의자의 한 사람인 한용운과의 거리감이 확인된다.

학문적인 교유관계를 살펴보면 1934년 정약용과 실학에 관한 논의가 본격
화된 점과 관련해서 문일평은 조선학운동을 적극적으로 주도했던 정인보와
안재홍과도 교류가 주목된다. 그리고 그는 실증주의적 입장을 지닌 이병도
와도 학문적 관계를 지속했다.

당시 그는 조선일보에 「화하만필(花下漫筆)」(49회), 「한미관계50년사」(101
회) 등을 집필했는데, 이와 관련된 서적과 자료를 열람하거나 빌리고자 이병
도와 자주 만났다. 반면 사회주의 계열에서 조선학운동에 적극적으로 참가
했던 백남운, 김태준과는 구체적인 만남의 기회를 만들지 않았다.

이러한 교유관계에서 민족운동의 진영을 넘나드는 문일평의 폭넓은 관계
망이 주목된다. 1920년대 중후반 이후 정치적 지향점에서 경계선이 구분되기
시작한 민족주의 우파 계열이면서 '후기 문화사학자'인 안확, 최남선과 그는
1934년 각각 5회, 8회의 만남의 가졌다. 그리고 이병도와는 개인적 차원은
물론 학문적 차원에서도 깊은 교유관계를 맺고 있었다. 이렇듯 사학사(史學
史)의 분류 기준이란 높은 장벽을 거두면, 문일평은 당대 한국 문화와 역사
연구자와 다양한 교유 관계를 맺고 있었음이 확인된다.

문일평과 이병도의 교유관계는 특히 각별했다. 1934년의 일기에 따르면
문일평은 18회에 이를 정도로 다른 누구보다도 이병도와 가장 많이 만났는
데, 거의 월 1회 저녁과 술자리를 겸한 모임을 가졌다. 4월 7일의 만남에 관해
서는 "이병도가 곧 잡지 하나를 경영하고자 한다고 말하기에 나는 대찬성"했

11) 이한수 옮김, 『문일평 1934-식민지 시대 한 지식인의 일기』, 살림, 2009, 64~65쪽.

다고[12] 밝혔다. 실제로 구체화된 학술적 움직임에 문일평은 적극적인 지지를 표명했다.

1934년 5월 이병도 주도로 경성제대와 일본 유학생 출신의 인문과학 연구자들이 모여 진단학회를 창립하고, 『진단학보』가 발간되었다. 문일평은 사설을 통해 이를 적극 지지하고, 진단학회 발기인으로 참여했다. 그는 조선일보 사설을 통해 '동방문화의 추요적(樞要的) 지위'를 점한 조선 문화에 관한 연구의 필요성을 강조하고, "조선인 사이의 조선 연구"가 없는 상황 속에서 새로 창립된 진단학회의 활동에 관한 큰 기대감을 피력했다.

> 과학의 보급과 아울러 조선 문화의 연구가 현재 우리의 중요한 급한 임무 … 조선은 옛날부터 동방문화의 추요적 지위를 차지한 관계상 조선 문화의 연구는 곧 동방문화를 천명하는 열매가 됨이니 … 갈수록 조선 및 인근을 포함한 동방 전폭(全幅)이 세계 시선의 초점을 짓게 되니만큼 조선의 위치는 문화상으로 더욱 중요성을 띠게 되었음을 또한 가릴 수 없는 사실로서 오늘날까지 세계의 조선연구에 관심하는 그것에 비하면 조선인 사이의 조선 연구가 너무나 없는 것을 스스로 부끄러워하지 않을 수 없다. … 동호자(同好者)끼리 모여 서로 토의하며 서로 마탁(磨琢)하여 학술 연구의 분위기부터 지어 놓을 필요가 있는 줄로 믿는바 이 점에서 이번 진단학회의 출생을 볼 때 그것이 다수의 전공학도에게 의하여 조성되고 있으니 금후 우리 학계의 조선 문화 연구열을 환기 또는 촉진함에 있어서 두터운 기대를 두는 바이다.[13]

12) 이한수, 앞의 책, 63쪽. 1930년대 문일평의 이광수에 관한 언급에 비해, 자전적(自傳的)인 글을 많이 남긴 이광수는 1910년대 문일평과의 교유관계는 언급하고 있지만, 1930~40년대에는 상호간의 교유관계에 관해 '침묵'하고 있다(이광수, 최종고편, 『나의 일생 춘원 자서전』, 푸른사상, 2014 참조).
13) 문일평, (사설)「조선 문화의 과학적 연구」, 『조선일보』, 1934.5.10.

문일평은 조선인의 손에 의한 조선 역사와 문화를 연구할 진단학회의 창립에 많은 기대감을 피력했다. 아울러 그는 같은 해인 1934년이 정약용 서거 99년인 점과 연동해서 정약용, 실학 등을 통해 조선 문화 연구에 새롭게 주목했다. 『여유당전서』의 교열을 맡은 정인보와 안재홍에 의해 주도된 조선학운동에 그도 적극적으로 참여했다.

문일평은 1934년 9월 8일(토요일) 정약용 서거 99년 강연회에 강연자로 참석하기로 예정되었으며, 같은 달 10일자 조선일보에 「정다산의 위대한 업적」이란 사설을 게재했다. 두 가지 일과 관련된 그의 일기 내용은 아래와 같다.

> ① "오늘 오후 7시 반, 중앙기독청년회관에서 정다산 99주기 강연을 열었다. … 연사 중에 나도 말석에 참여했으나 병 때문에 가지 못했다."[14]
> ② "출근해서 사설 '정다산의 위대한 업적'을 썼다. 작은 제목은 '99주년 기일에 즈음하여'이다. 오전 9시 회사에 갈 때 정인보를 방문해 다산 실학의 대강(大綱)을 듣고 와서 사설을 썼다."[15]

자료 ②는 1934년 9월 9일 일요일의 일기이다. 문일평이 9월 10일자 사설을 작성하기 위해 정인보를 방문해서 "다산 실학의 대강을 듣고 와서 사설을 썼다"는 내용이 주목된다. 문일평은 정인보와는 3월과 6월 각각 역사 사료와 자료 대출로 만남을 계속 유지하고 있었다. 하지만 9월의 방문은 학문적으로 실학의 계보를 어떻게 설정할 수 있으며, 실학 가운데 특히 다산 실학의 특징을 무엇으로 이해해야 하는지에 관해 정인보에게 문의했음을 밝힌 것이다.

---

14) 이한수, 앞의 책, 123~124쪽. 원문에는 '서거99주기'로 번역되었지만, 서거 99년이 맞다. 토론과정에서 이에 관한 지적을 해 준 연세대 정용서 교수께 감사드린다.
15) 이한수, 앞의 책, 124쪽.

당대 정인보와 안재홍은 심화된 조선학 인식의 연장선상에서 조선 후기 실학에 관한 체계화를 시도했다고 평가되고 있다.16) 그리고 문일평의 일기에서 볼 수 있듯이, 정인보와 안재홍의 실학 관련 연구는 문일평의 연구에 크게 기여했다. 이점을 문일평이 발표했던 사설을 통해 확인된다.

다산은 말할 것도 없이 조선의 거유(巨儒)로 오백년간 조선학계의 자랑이요 빛이다. 반계 유형원과 성호 이익에게서 발원된 이용후생의 실학풍이 영조 정조 연간에 이르러 일반 학계에 널리 퍼져 학자나 문사나 모두 이 학풍에 감화를 받지 않은 이가 없어 거의 일세(一世)를 들어 실사구시하게 되었다. 이때에 있어 실학의 집대성자요, 또 최고 권위자는 다산 선생이다. … 선생의 학계혁명(學界革命)은 먼저 경술(經術)에서부터 착수하였으니 왜 그리했느냐 하면 조선을 그르치게 한 것은 경술인 때문이다. 그러나 그는 조선을 건짐에는 반드시 이용후생의 경제로써 하려고 하였다. … 선생의 위대한 점은 조선 종래의 학술을 혁명하는 동시에 서양의 신학(新學)을 포괄하여 가지고 조선의 부강을 꾀하려고 함에 있었으니 그때 벌써 광학(光學)·역학·천문학으로 종두술까지 연구한 것은 놀랄 만한 일이다.17)

이 글을 통해 문일평은 실학의 개념과 정약용의 학문적 위상에 관해 논의했다. 그는 우선 유형원과 이익으로 대표되는 이용후생을 강조하는 학풍을 실학이라고 보았으며, 정약용을 '실학의 집대성자' 혹은 '최고 권위자'라고 평

16) 채관식의 연구에 따르면, 정인보는 정법과 경학을 중심으로 한 정약용의 학문의 본질을 규명하여 조선의 얼을 확인하고자 했고, 안재홍은 정약용의 적극적인 서학 수용을 전제로 하여 사상과 개혁론으로부터 근세 국민주의자로서의 모습을 발견하고자 했다(채관식, 「1930년대 '조선학'의 심화와 전통의 재발견」, 연세대학교 대학원 석사학위논문, 2006, 34~35쪽).
17) 문일평, (사설) 「정다산의 위적(偉績)-99년 기(忌)에 제(際)하야」, 『조선일보』, 1934.9.10.

가했다. 그리고 정약용을 중심으로 한 조선 후기 실학 연구를 통해 문일평의
조선시대에 관해 부정적인 관점이 점차 변화되고 있음이 주목된다.

또한 그는 "조선을 그르치게 한 것은 경술(經術)"이라고 해서, 유학(儒學)
혹은 성리학과 이를 토대로 한 사회 체제에 비판적인 입장이었다. 조선 전기
세종과 훈민정음의 제정과 함께 조선 후기 정약용과 실학은 문일평에게 조
선의 역사와 문화를 재인식하는 계기를 제공한 것이다.

III. 문일평의 조선학 개념과 문화의 '과학적' 연구

조선시대 역사와 문화에 관한 재평가는 이후 한말 시기 역사와 연동되었
다. 비록 일제에 의해 식민지화되었지만, 조선 후기 실학에 관한 적극적인
평가는 서양의 신학(新學)을 적극 수용해서 부강함에 목적이 있었다는 주장
과 연동되었다.

이렇듯 실학과 정약용이란 과거의 사실에 관한 재평가는 민족사의 한 구
성 요소인 조선시대를 어떻게 볼 것이며, 서양이란 타자와 부강이란 계몽의
과제가 조선 문화 연구에 어떻게 관철되는가를 살펴볼 수 있게 해준다. 1930
년대 조선학에 관한 다양한 논의를 통해 당대 여러 관계망 속에서 이루어진
한국적 정체성의 정립과정을 확인하고자 한다.

역사적, 문화적 공동체를 하나의 서술 단위로 설정하고 이에 관한 학문적
연구를 수행하는 것은 근대적인 현상이다. '이집트학', '인도학' 등에서 알 수
있듯이, 지역 단위의 역사와 문화를 인위적인 공간 단위에서 연구하는 지역
학은 제국의 식민지 지배 논리에서 출발했다.

유럽은 근대적인 학문 방법론을 아프리카와 아시아 지역을 대상으로 적용

해서 식민 지배를 합리화하고자 했다. 한반도란 공간 속에서 오랜 기간 동안 민족 공동체의 역사와 문화를 구성해왔던 우리의 경우에도 조선학은 일제의 식민지 조선 연구에 대한 대응의 차원에서 기획되었다. 문일평은 1933년의 글에서 이를 다음과 같이 정의했다.

> 요즘 사용하는 조선학은 흔히 이집트학과 아시리아학과 병칭하는 경향이 있다마는 여기는 다소 그 의미가 다르니 넓게는 종교 철학 예술 민족 전설 (傳說)할 것 없이 조선연구의 학적 대상이 될 만한 것은 모두 포함한 것이나 좁은 의미로는 조선어 조선사를 비롯하여 순(純)조선 문학 같은 것을 주로 지칭하여야 하겠다.[18]

중국과 일본과 구별되는 조선적인 것을 학문적으로 체계화해야 한다는 것은 1910년대부터 제기되기 시작했다. 또한 문일평이 위에서 언급한 넓은 의미의 조선학의 개념은 1920년대 전반기 최남선의 조선학 개념을 염두에 둔 것이다.

최남선은 영국의 이집트학 등을 언급하면서, 일본을 위시하여 서구가 조선을 연구한 학문체계로부터 독립한 것이 우리가 주체가 된 조선학 연구라고 천명했다.[19] 문일평은 이러한 측면에 동의하면서도 '협의의 조선학'을 설정했다. 그의 조선학 개념은 조선 역사와 조선 문학을 소재로 하면서, 한글로 쓰인 '순조선문학'을 대상으로 하고 있기에 최남선의 조선학 개념 보다 엄격한 학문적 정의라고 볼 수 있다.

1920년대 후반의 글에서 문일평은 한자(漢字)와 한학(漢學)을 우리 문화에

18) 문일평, 「사안으로 본 조선」, 1933; 『전집』 2, 15쪽.
19) 류시현, 『최남선 연구』, 역사비평사, 2009, 153쪽.

서 배제하고자 했으며, '민족문학'을 "정음반포 이후로서 순정(純正)한 우리 문학의 창시(創始)를 말할 수 있을 것"으로 보았다.[20] 또한 조선 문화를 민중적 관점으로 적용할 때, "원효, 퇴계는 귀족문명시대에 있어서 사상계의 대표자가 되었다면 세종은 장차 오는 민중문화시대에 가서도 사상계의 지도자 됨을 잃지 않을 것"[21]이라고 보았다.

순정(純正)한 조선학을 설정하기 위해 문일평은 시간적 거스름 속에서 통일 신라 시대의 원효와 조선 시대의 이황을 연결시켰고, 세종을 '민중문화시대'와 연동해서 설명했다. 이러한 문일평의 인식은 1930년대 조선학운동을 주도했던 정인보와 안재홍의 학문적 입장과 어떠한 연관이 있는가 여부를 살펴보아야 한다.

정인보와 안재홍은 조선학에 주목했고, 이에 관한 학문적 정의에 주력했다. 정인보는 1920년대에는 한학과 조선 문학 연구에 전념했으나 점차 실학, 역사학으로 관심을 기울이면서 "주체적이고 근대적인 민족국가 지향의 민족의식을 정립하기 위한 학문으로서 조선학이라는 개념에 주목"[22]한 인물로 평가되고 있다.

정인보는 조선학을 "국고(國故) · 정법(政法) · 역사 · 지리 · 외교 · 천문 · 역산(曆算) · 병기(兵機) 등 일체 조선을 중심으로 한 실용적 고려와 모색"이라고 규정했다.[23] 그리고 같은 글에서 조선 후기 실용적 학문 경향을 유형원을 1조(一祖), 이익을 2조(二祖), 정약용을 3조(三祖)로 연결시켰다. 또한 그는 「다산선생과 조선학」이란 강의 제목에서처럼 정약용의 연구를 조선학과

20) 문일평, 「민족문학의 수립」, 『문예공론』, 1929.6; 『전집』 5, 394쪽.
21) 문일평, 「사안으로 본 조선」, 1933; 『전집』 2, 13쪽.
22) 이지원, 『한국 근대 문화사상사 연구』, 혜안, 2007, 339쪽.
23) 정인보, 「다산선생의 생애와 업적」, 『동아일보』, 1934.9.10~15; 정인보, 『담원 정인보 전집』 2, 연세대학교 출판부, 1983, 70쪽에서 재인용.

연결시켜 이해하고자 했다.

안재홍은 조선학을 넓은 의미와 좁은 의미의 조선학으로 구별해서 범주와 개념을 분명히 하고자 했다. 그에게 전자는 온갖 방면으로 조선을 연구 탐색하는 것이고, 후자는 조선의 독특한 문화와 전통을 천명하여 학문적으로 체계화하는 것이다. 그리고 조선학의 방법론은 역사를 기초로 정치, 경제, 법제, 사상, 교육의 변동을 부분적으로 연구함으로써 조선의 역사와 사상의 변화와 발전을 확인하는 것으로 설정했다.

나아가 안재홍은 조선학의 목표를 선인(先人)의 것을 조술확충(祖述擴充)하여 조선 문물의 연구를 통해 독특한 요소를 재발견하는 것, 다시 말해 '세계문화에 조선색(朝鮮色)을 짜 넣는 것'으로 설정했다.[24] 이렇듯 그는 조선학을 통해 전통의 재발견과 학문적으로 이를 체계화하는 것을 목표로 설정했다. 이러한 좁은 의미의 조선학이란 개념은 문일평의 입장과 동일했다.

한편 문일평은 조선학을 학문적으로 연구했을 뿐만 아니라 이를 대중화에 적극적으로 활동했다. 홍명희는 그에 관해 "물정은 어두우나 내심은 상명하고 신경은 약하나 지조는 굳었었다. 사람은 영리하지 못하고 명민하지도 못하나 독실한 것은 여러 동료 들 사이에 뛰어났다. 영리하고 명민한 친구들은 거의 다 물러나거나 타락하는데 독실한 호암은 일생 꾸준히 향상 한 길을 밟아왔었다."[25]라고 보았다. 그는 문일평을 외유내강의 인물로 시세에 민첩하지 않지만 꾸준히 한 길로 나간 인물로 평가한 것이다. 문일평에게 '한 길'은 조선 문화에 관한 관심과 애정을 대중적 차원에서 서술한 것이다.

이병도의 평가도 유사했다. 1934년 당시 문일평과 가장 많은 만남을 가졌

---

24) T기자(신남철), 「조선연구의 기운(機運)에 제(際)하여 (2) 세계문화에 조선색을 쩌너 차 안재홍씨와의 일문일답」, 『동아일보』, 1934.9.12.
25) 홍명희, 「곡(哭) 호암」, 『조선일보』, 1939.4.8.

던 이병도는 문일평이 대중의 지식계발에 큰 기여를 했다고 평가했다. 구체적으로 문일평에 관해 "대체계(大體界)의 저술이나 기발한 학설을 발표하여 학술사상에 이채를 끼친 업적은 적으나 어떻든 대중에게 비교적 정확한 역사적 지식 … 많이 소개 보급한 공로는 크다고 하지 아니할 수 없다."[26]라고 평가했다.

문일평의 역사와 문화에 관한 대중적 소개는 1934년에 발표한 조선일보 사설에서도 확인된다. 1930년대 전반기 정약용에 관한 글 이외에 조선학운동과 연동된 조선 역사와 문화 연구의 필요성을 언급한 그의 사설은 아래와 같다.

　① 문일평, (사설)「전설(傳說)의 조선」,「조선일보』, 1934.1.15.
　② 문일평, (사설)「역사교육의 요체」,『조선일보』, 1934.1.29.
　③ 문일평, (사설)「조선 문화의 연구」,『조선일보』, 1934.4.9.
　④ 문일평, (사설)「고적 보존의 요체(要諦)」,『조선일보』, 1934.5.4.
　⑤ 문일평, (사설)「조선 문화의 과학적 연구」,『조선일보』, 1934.5.10.
　⑥ 문일평, (사설)「문화애(文化愛)와 공덕」,『조선일보』, 1934.10.15.
　⑦ 문일평, (사설)「조선 정조(情調)와 문학」,『조선일보』, 1934.10.22.
　⑧ 문일평, (사설)「사료수집의 필요」,『조선일보』, 1934.10.29.

문일평은 사설 ①, ④, ⑧ 등을 통해 조선학은 과학적으로 이루어져야 함을 강조했다. 앞에서 언급했듯이 진단학회의 설립은 그에게 조선 문화의 과학적 출발이라는 한 단계로 이해되었다.

----

26) 이병도,「사가(史家)로서의 고(故) 호암」,『조광』5-8, 1939.6, 308~309쪽.

문일평에게 "역사는 사회의 거울"이었다. 그는 역사를 모르고 어찌 치란성
쇠를 말할 수 없으며, 역사학이 아직까지 하나의 과학으로 완성을 보지 못한
가장 큰 이유 가운데 하나가 사료를 수집하기 곤란한 데 있다고 밝혔다.[27]
나아가 사료의 범위를 신화와 전설 등 무형의 민속과 신앙까지 확대해야 한
다고 주장했다. 사료의 확장은 조선 역사와 문화를 적극적으로 평가할 수
있는 다양하고 폭넓은 역사해석을 위해 요구되었다.

문일평은 사설 ②, ③ 등을 통해 조선 문화 연구는 조선인에 의해 진행되어
야 함을 강조했다. 그는 "조선인에게 조선사를 가르침은 조선인으로 하여금
자기 자체를 이해케 하려함이 아닌가. … 재래의 교과서는 흔히 정치 군사
방면에 치중한 경향이 있음은 확실히 일대 결함이 아닌 것이 아니다. … 경제
문화 방면에 좀 더 치중하여 그 질과 양을 확충하는 것이 또한 현대 요구에
순응하는 것 … 이에 의하여 우리는 선조를 숭앙하고 옛날을 존상(尊尙)하는
전통적 정신이 일면으로 대두하게 되는 것을 보게 된다."[28]라고 밝혔다.

조선의 역사를 조선인이 가르쳐야 한다고 강조한 점은 조선인의 손으로
조선의 역사와 문화를 독립적으로 연구하자는 조선학 연구의 기본적인 방향
과 연결된다. 이와 함께 문일평은 정치와 군사 중심에서 경제와 문화 연구에
비중을 높여야 한다는 점을 강조했다. 당시 그에게 조선의 문화에 관한 연구
가 지닌 의미는 아래와 같았다.

> 만일 조선 문화의 연구를 남에게 맡기고 우리는 모르는 척하는 방관적
> 태도를 취할진대 이처럼 불충실하고 무책임한 일이 또 어디 있겠는가. 그러
> 나 나는 조선 문화의 연구는 반드시 조선인에게 국한함을 의미하는 것이

---

27) 문일평, (사설)「사료수집의 필요」,『조선일보』, 1934.10.29.
28) 문일평, (사설)「역사교육의 요체(要諦)」,『조선일보』, 1934.1.29.

아니요, 조선인도 조선 문화의 연구에 좀 더 충실하여야 하겠다는 말이다. 조선인이란 관념을 뚝 떼어 놓고 다만 문화애(文化愛)에 타는 일 학도로 볼 때 황무한 가시덤불에 버린 아직도 개척의 괭이를 대지 아니한 조선 문화에 대하여 연구하려는 욕망이 생기지 아니할 수 없으며 … 우리가 연구를 하지 않는다면 그어니와 연구를 할진대 조선 문화를 버리고는 그보다 좋은 대상을 발견하지 못할 것이니 알기 쉽게 말하면 조선 문화의 연구는 조선인이 그 특권을 가졌다고 할 수 있다. 지금 이 특권을 버린다면 그야말로 그 어리석음을 불가급(不可及)이다. … 오늘날 우리는 조선 그것을 한번 되돌아볼 필요에 다닥쳤다. 조선 문화란 어떤 것인가 함을 과학의 새 눈으로 다시 관찰하는 것이 우리 자체를 정해(正解)함에 있어서 불가결한 일 급무임을 알아야 하겠다. 이것을 함에는 개인 개인의 독자적 연구도 좋지마는 될 수 있으면 유지가 모이어 일 기관을 만들어 가지고 서로 마탁(磨琢)하며 서로 면려(勉勵)하여 혹은 학보도 간행하고 또 혹은 강연을 개최하여 먼저 조선 문화의 연구에 대한 분위기부터 지펴 놓을 필요가 있는 줄로 믿는다.[29]

1930년대 후반 조선학에 관한 이러한 인식과 평가는 1930년대 전반기와는 일정한 차이점을 보이고 있음이 확인된다. 조선학운동이 전개되던 1934~5년의 시점에서 문일평은 향후 조선학운동에 관한 낙관적인 전망을 피력했다. 그는 민간 차원에서의 조선 문화 연구에 관해 최근 학계에 있어서 고서(古書) 출판이 차차 유행하려는 조짐이 보인다. … 작금에 와서 민간학자들 사이에 조선사의 잡지가 생기게 되었고 또 다시 조선사의 강좌까지 꾀하는 중이라 하니 참말 현하 우리 학계에 있어서 문화적으로 가장 의미 깊은 일이라 하겠다."[30]라고 보았다. 이러한 기대감은 오래 지속되지 못했다.

---

29) 문일평, (사설) 「조선문화의 연구」, 『조선일보』, 1939.4.9.
30) 문일평, (사설) 「문화애(文化愛)와 공덕」, 『조선일보』, 1934.10.15.

문일평의 입장에서 1930년대 후반에도 조선인 연구자들의 "불충실하고 무책임"한 상황 속에서 조선 문화에 관한 별다른 성과가 나오지 않았음이 주목되고 있다. 그는 같은 글에서 "신과학을 배운 지도 이미 반세기에 많은 수재가 있었음에도 불구하고 오늘날까지 조선 문화의 연구에 대하여 하등의 볼만한 업적이 없는 것은 환경 관계 이외에 우리네 자각력의 부족에 기인한바 또한 크다."[31]라고 주장했다.

심지어 "조선 문화의 연구는 조선인이 그 특권을 가졌다고 할 수 있다. 지금 이 특권을 버린다면 그야말로 그 어리석음이 큰 것이다."라고 하여, 일본 관학자(官學者)의 연구와 경쟁하기 위해 서양적 혹은 근대적 학문방법론에 입각한 그들의 성과를 쫓아가서 극복해야 한다는 '초조함'을 함께 피력했다. 1930년대 문일평의 실학에 관한 재평가로 연결된 조선 문화에 관한 재평가가 그의 조선시대에 관한 인식과 서술에 어떻게 반영하는지 살펴보고자 한다.

IV. 중세사 인식의 변화와 '실사구시의 학풍' 주목

하나의 민족 단위 역사를 통시대적으로 정리하는 것은 근대적인 현상이었다. 신채호는 1908년 「독사신론(讀史新論)」을 통해, 아(我)와 비아(非我)를 나누고, 주족(主族)인 '부여계' 중심의 역사 서술을 주장했다. 이러한 새로운 역사 쓰기는 "한국사를 한국민족사와 등치시킨 역사 서술"[32]로 평가다.

---

31) 문일평, (사설) 「조선문화의 연구」, 『조선일보』, 1939.4.9.
32) 헨리 임, 「근대적·민주적 구성물로서의 '민족': 신채호의 역사 서술」; 신기욱·마이클 로빈슨 엮음, 도면회 옮김, 『한국의 식민지 근대성』, 삼인, 2006. 473쪽.

그렇다면 한국사를 민족사란 형식으로 고대로부터 당대까지 어떻게 정리해야 하며 무슨 내용을 담아야 할 것인가의 여부가 물음이 된다. 구체적으로 중세와 근세로 일컬어지는 고려시대와 조선시대에 관해 어떻게 의미 부여하는가에 관한 모색이 요구되었다.

공간적으로 한반도를 중심으로 민족사를 구성하기 위해, 문일평은 고려시대와 조선시대란 시공간 안에서 다양한 가능성을 찾고자 했다. 역사가로서 그는 한국사 가운데 특히 중세사 연구에 주력했다.

전문으로 연구하는 시대와 분야에 관한 기자의 질문에 문일평은 "고대에서 근세로 넘어서는 그 중턱 때의 일"[33] 즉 고려사에 연구의 중점을 둔다고 밝혔다. 나아가 그는 후삼국을 통일하고 고려를 건국한 왕건을 '대조선(大朝鮮) 정신'을 계승한 인물로 보는 등 고려시대에 관해 긍정적으로 이해했다. '대조선'은 신채호가 즐겨 사용한 용어였다.

민족사 서술의 측면에서 문일평에게 고려 건국은 민족의 통일을 의미했다. 그는 "남북 양조(兩朝)의 문화를 동시에 함께 수렴하여 진정한 의미 아래에서 전적(全的) 통일의 물심(物心) 두 요소가 벌써 고려 태조 때에 결합된 것"[34]이라고 밝혔다. 다시 말해 신라와 발해란 남북조가 고려의 건국으로 인해 하나로 되었으며, 이를 통해 민족사가 본격적으로 시작되었다고 인식했다.

아울러 최영의 요동정벌 계획이 위화도 회군으로 수포로 돌아간 데에 관해 "자강 자조의 존엄한 대조선 정신이 최영의 죽음을 따라 거품으로 사라지게 된 것"[35]으로 평가했다. 이렇듯 고려시대는 '대조선 정신'을 지닌 왕조로

---

33) 일기자, 「문일평씨와의 문답기」, 『신생』, 1929.5; 『전집』 5, 391쪽.
34) 문일평, 「고려의 국가적 이상」, 『한빛』, 1929.1; 『전집』 4, 220쪽.
35) 문일평, 「최영과 조선정신」, 『조선일보』, 1928.7.6.

높게 평가되었다. 반면 고려시대와 대비되어 조선시대는 부정적으로 묘사되었다.

> 숭유수문(崇儒修文)에 치우친 조선 국책(國策)이 항상 부질없이 이학(理學)의 공론과 사대의 허례로써만 입국의 기본을 삼으려고 하였으므로 저수와 당 나라에 대치하던 고구려의 웅위(雄偉)한 패도는 말하지 말고 만주로 나가 발전하려는 고려의 적극적 공략(政略)을 꿈도 꾸지 못하게끔 나라에는 무비(武備)가 없고 사람들은 문약(文弱)에 흐르게 되었다. 더욱 중세에 당론(黨論)이 발생하매 조정과 신하 사이에 분쟁, 배제, 알력이 심해져 천하고금에 유례없는 붕당화(朋黨化)한 국가를 이루었다.[36]

문일평은 1920년대 일관되게 '사대주의', '당론' 등으로 대표되는 조선시대 정치사를 부정적으로 평가했다. 또한 대외관계사 연구에 장점을 지니고 있던 그는 개항이후 근대사의 전개과정에서 보인 조선 '지도자의 국제적 문맹(文盲)'을 비판했다.[37] 물론 조선시대 외교와 정치 영역에서 문일평이 높이 평가한 시대적 인물이 존재했다.

문일평은 세종의 4군 6진 개척에 관해 "이 때에 한하여서만 다소 적극적 활동"을 한 것으로 보았으며, 효종의 북벌을 높게 평가했다.[38] 하지만 그의 역사인식 속에서 전반적으로 조선시대 초기부터 한말까지의 정치사는 발전과 진화의 맥락에서 벗어난 것이었다. 따라서 그는 부정적인 정치 영역 대신 문화 영역에서 민족사의 발전과 희망을 찾고자 했다.

---

36) 문일평, 「정묘호란」, 『조선일보』, 1927.1.2~4; 『전집』 1, 304쪽.
37) 문일평, 「조선인과 국제안(國際眼)」, 『조선일보』, 1929.5.22~6.27; 『전집』 1, 256쪽.
38) 문일평, 앞의 글, 278~281쪽.

문명의 샘이 신라에서 다시 발원하여 가지고 고려의 시내를 흘러서 조선의 저수지로 모여 들어 왔다. 이로 보면 조선은 신라 이래 모든 문명을 집대성한 자이라 하겠다. … 이용후생의 견실한 문명에 이르러서는 조선의 독보적으로 신라와 고려의 쫓음을 허락하지 않는다. 이조 문명을 상징한 자는 진실로 훈민정음이니 세계 문자 위에 뛰어나는 실용적인 이기(利器)인 점에서 이것이 어찌 저 신라예술의 걸작인 석굴암이나 또는 고려불교의 결정인 장경판에 비할 바이랴.[39]

이 글은 1933년에 발표되었는데, 문명과 문화의 측면에서 조선시대를 강조했다. 이전시기 문화사학자인 안확과 최남선 등이 석굴암과 고려대장경을 적극적으로 평가한 데 비하여, 문일평은 훈민정음과 그것이 지닌 실용적 요소를 강조했다. 앞서 언급했듯이 조선어로 표현된 것 대상으로 연구하는 것을 협의의 조선학이라고 할 때 문일평에게 세종과 훈민정음은 중요한 의미를 지닌다.

실학에 주목한 1930년대 중반 이후 그는 조선시대를 긍정적으로 이해할 수 있는 근거를 '이용후생'에서 찾았다. 앞서 살펴보았듯이 이용후생은 실학과 정약용을 적극적으로 평가하는 중요한 지표였다. 같은 글에서 문일평은 조선의 고유한 것을 찾는 것을 자신을 지키는 것이라고 보았고 이를 조선심(朝鮮心)이라고 했는데, 세종은 조선심을 대변한 존재였다.

중국 사상 그것도 아니요 인도 사상 그것도 아니요 조선사상은 어디까지 조선 사상이다. 비록 예로부터 조선이 지나, 인도사상의 감화를 많이 받았으나 특수한 환경에서 특수한 생활을 하게 된 조선인은 구원한 역사를 통하여

39) 문일평, 「사안(史眼)으로 본 조선」, 1933; 『전집』 2, 9쪽.

일종 특수한 조선심을 형성함에 이른 것으로서 그것이 세종에게 의하여 가장 구체적으로 표현된 것이다. 이러한 의미에서 세종은 조선심의 대표자라 부르고 싶다.[40]

문일평이 세종을 조선심의 대표자라고 규정한 것은 훈민정음의 창제와 밀접하게 관련되어 있다. 그는 "조선 글은 조선심에서 생겨난 결정인 동시에 조선학을 길러주는 비료"라고 평가했다.[41] 그렇다면 실사구시와 이용후생을 강조하는 실학은 어떠한가? 이를 협의의 조선학의 범주에 포함될 수 있는가 여부가 물음이 된다.

문일평은 실학과 관련해서 "영조·정조 시대에 성행하던 실사구시의 학풍은 조선 사상사에서 자못 주목할 현상으로서 그것이 반도 유학의 공리(空理) 편중에 대한 일종의 반동으로 생겨난 것 … 실사구시의 근본정신은 곧 말하자면 자아를 재검토하여 재수립하려 함인데 그 방법에 있어서는 먼저 근본 문제되는 경제적 시설에서부터 착수하자 함"에[42] 있다고 보았다. "자아를 재검토하고 재수립하려 함"은 일제강점기 조선학 연구의 기본 과제였다.

문일평은 정인보와 안재홍이 주동한 조선학 운동이 지속되던 1935년 7월 '정다산 선생 서세(逝世) 백년 기념회'의 발기인으로 참가했다. 그리고 같은 해 조선 역사와 문화에 관한 다양한 글을 신문과 잡지 등의 언론매체에 지속적으로 발표했다. 『조선일보』에 게재했던 연재물을 보면 7월 6일부터 8월 16일 「고건물순례」(18회), 8월 11일부터 26일까지 유명한 폭포를 다룬 「조선의 명폭(名瀑)」(5회), 9월 18일부터 11월 3일까지 「근교산악사화(近郊山岳史

40) 문일평, 앞의 글, 14쪽.
41) 문일평, 앞의 글, 29쪽.
42) 문일평, 「이조 문화사의 별항(別項)」, 『조선일보』, 1938.1.3.

話)」(28회) 등을 연재했다. 또한 1938년 준비한지 5년 만에 『여유당전서』가
완간되고 정약용의 학문과 생애가 재조명될 때, 그해 12월 출판기념회의 발
기인으로 참가했다.

문일평은 정약용을 실학을 집대성한 인물로 보았다. 정약용에 관해 "영
조 · 정조 시대를 지배하던 실사구시의 학풍의 최고조 · 최고봉을 이룬 사람"
이라고 평가했다. 그리고 "선생이 일찍이 학문을 하는 종지를 갈파했으니
'백성의 일용에 보탬이 안 되면 학문이 아니다'라고" 한 점을 강조했다.

그리고 이러한 그의 학문적 태도는 "번쇄한 예설(禮說)을 간단히 만들고
심오한 역학(易學)을 평이하게 만들어서 유교국 사람의 골수에 사무친 고질
을 근본적으로 퇴치해 보려고 하였다"라고 보았다.[43] 문일평은 정약용이 집
대성한 실사구시의 학문에 강조점을 두면서 영조와 정조의 시대를 중심으로
한 조선시대를 재조명할 수 있는 계기를 만들었다.

또한 1938년의 「실사구시파의 학풍」이란 글에서도 문일평은 실학에 관한
깊어진 이해를 피력했다. 그는 '실용 · 실증의 학'이란 실학적 학풍을 역사파,
지리파, 언어파, 경제파로 구분하고, 정약용에 의해 경제파가 '최대 완성'을
이루었다고 보았다. 특히 이글에서 정약용보다 홍대용에 관해 재조명하고
있다는 점이 주목된다. 학문적으로 정약용을 높게 평가하지만 사상사의 관
점에서는 홍대용을 더욱 높게 평가했던 것이다.

구체적으로 문일평은 유형원, 이익, 박지원, 정약용까지 "대명 의리에 대해
서는 감히 건드리지 못하던 것을 홍대용은 한 마디로 부인"했다고 보았다.
나아가 이러한 홍대용의 신념과 사상을 "진정한 의미에서 자아의 발견이요
자아의 개조이니, 이로 보면 실사구시의 근본정신이 이에 이르러 아주 잘

---

43) 문일평, 「고증학상으로 본 정다산」, 『조선일보』 1935.7.16.

표시되었다"라고[44] 평가했다. 정약용과 홍대용을 대비해서 후자를 높게 평가한 점은 조선시대를 고정적인 것이 아닌 변화의 관점에서 이해할 수 있는 계기를 제공한 것이다.

한편 1930년대 중반 조선학운동이 전개된 시점에 문일평은 한국 역사의 대중화 사업에 참여했다. 1934년 당시 진단학회에 참가했던 역사학자들은 한국사 관련 통사(通史)를 기획했다. 그는 10월 13일자 일기에서 "오후에 화신식당에 가서 조선사 편찬을 의논해서 정했다. 김상기는 상고사 즉 단군부터 신라통일시대까지를 맡고, 이병도는 중세사 즉 고려시대를 담당하고 나는 근세사 즉 조선시대를 담당하기로 했다. 이선근은 최근세사 즉 고종 이후를 담당하고, 손진태는 역사 이전 시대를 맡았다."[45]라고 밝혔다.

진단학회가 기획한 한국사 통사 가운데 문일평은 조선시대 집필을 담당했다. 그리고 책이 나왔다면 그가 이전에 발표한 내용 가운데 세종의 훈민정음, 효종의 북벌, 영조와 정조시대의 실학적 학풍 등을 강조했을 것으로 판단된다. 하지만 이러한 기획은 일제강점기에 성사되기 어려웠다. 한국사 통사는 해방 이후가 되어서야 가능했고, 1939년 사망한 문일평은 이에 참가하지 못했다.

요컨대 실학과 실용적, 근대적 변화상에서 조선적인 것의 가치를 찾고자 했던 문일평의 학술활동은 조선학 연구의 일환이었다. 조선학 연구는 중국과 인도 그리고 일본과 구별되면서 동시에 동양문화 속에서 독자적인 영역을 확보하는 것이 주된 과제였다. 이러한 특수성이 당대와 미래라는 시간대 속에서 어떻게 존속되는지와 관련해서 문일평은 정약용과 홍대용의 재조명을 통해 조선시대를 쇠락과 후퇴가 아닌 발전과 진보의 측면에서 재평가할

---

[44] 문일평, 「실사구시의 학풍」, 『조선일보』, 1938.1.3~5.
[45] 이한수, 앞의 책, 135쪽.

수 있었다.

발전의 강조는 시간적 흐름에 따라 민족사를 구성할 때 중요한 의미를 지닌다. 1920년대와 달리 문일평은 1930년대 조선시대를 발전의 관점에서 재구성했다. 구체적으로 조선학연구의 일환인 실학과 정약용 연구를 토대로 영조와 정조 시대에 관해 긍정적인 측면을 강조하게 되었다. 나아가 정약용과 홍대용 등의 실학자를 통해 자아의 발견과 개조의 가능성을 찾고자 했다. 이러한 근대적 가치관이 투영된 역사인식을 통해 민족의 미래에 낙관적인 전망을 찾고자 했다.

V. 맺음말

일제강점기인 20세기 전반기는 근대 서구 문명이 확고하게 세계적으로 전파된 시기이면서 동시에 사회주의를 통해 근대 자본주의에 대한 비판이 병행된 시기였다. 근대 문명의 전파와 비판을 병행한 자본주의와 사회주의 모두 보편성을 강조한 사상과 주의였다. 나아가 이러한 물질적 문명의 영역의 논의는 압도적인 영향력을 바탕으로 조선의 역사와 문화 연구인 조선학 연구에도 영향을 미쳤다.

한국 혹은 조선적 정체성에 관한 연구는 일본 제국주의의 지배에 대응한 형태로 대두되었다. 그 대표적인 사례가 1930년대의 조선학 운동이었다. 문일평은 조선학운동의 핵심 주제인 정약용과 실학 연구를 계기로 1920년대 자신의 조선 역사와 문화 연구를 재인식하는 계기를 만들었다.

1930년대 전반기 정인보, 안재홍, 문일평 등 조선 역사와 문화 연구자는 정약용 연구를 매개로 '조선적인 요소'를 찾는 조선학운동을 전개했다. 특히 문일평은 조선학 연구의 일환인 실학과 조선 역사 연구에 관해 주목했다. 그는 1930년대 전반기 조선학을 다시 정의하고, 조선학운동에 적극 참가했던 인물이었다.

한국 사학사(史學史)에서 문일평은 대표적인 민족주의 사학자로, 세분화된 분류 기준에 따르면 후기 문화사학자로 평가되고 있다. 일제에 대한 저항과 문화사의 강조는 이러한 분류 기준에 부합된다고 볼 수 있다. 하지만 1930년대 전반기 폭넓은 인적 관계망이 그의 조선학 연구에 영향을 미쳤다. 특히 이병도와의 교유와 진단학회 관련 활동은 그에게 조선 문화의 과학적 연구와 민간 차원의 학문적 대중화를 모색하는 계기를 제공했다.

조선학 운동을 적극 주도했던 정인보와 안재홍처럼, 1930년대 문일평의 저술 활동은 일본제국주의에 대항한 식민지 지식인의 학문적 대응과정의 일환이었다. 그를 포함한 조선학 연구자들의 학문 활동은 일제의 관학(官學) 연구에 대응하면서도 동시에 그들의 근대적 학문 방법론을 공유하고 있었다.

이러한 긴장관계가 민족주의 사학자와 문화사학자의 조선 역사와 문화 연구 속에 내재된 화두였다. 즉 타자인 일본 제국(帝國)의 문명 담론에 대한 보편성의 강조는 항상 주체인 피식민지의 문화 연구를 통해 특수성의 도전이란 쌍방향성으로 진행된 것이다.

1930년대 들어와서 실학의 재조명은 문일평에게 조선시대를 재인식하는 계기를 제공했다. 그는 1920년대 '대조선주의'를 지향한 고려와 대비된 '당쟁', '사대주의' 등으로 대표되는 부정적인 조선시대에 관한 인식을 견지하고 있었다. 하지만 과학과 실용을 강조한 그의 학문적 입장은 단군과 훈민정음에 주목했고, 1930년대 전반 조선학운동과 연동해서 실학의 실사구시적 요소 강조와 연결되었다.

실학의 재조명은 문일평의 조선학 연구의 중요한 전환점이 되었다. 따라서 일제강점기 문일평의 학문적 학술 활동에 관한 접근은 현재에도 수행되고 있는 한국학 연구의 기원과 정체성에 관한 연구는 물론 향후 미래지향적 과제 해결 방안을 찾는 작업과 연동된다는 점에서 의의가 있다.

참고문헌

〈사료〉

『동아일보』, 『조선일보』

『동광』, 『조광』

〈논저〉

김광남, 「문일평의 인물론에 대하여」, 『사학연구』 36, 한국사학회, 1983.

류시현, 『최남선 연구』, 역사비평사, 2009.

박걸순, 「문일평의 고려사 서술과 인식론」, 『충북사학』 11 · 12합집, 충북대학교 사학회, 2000.

신기욱 · 마이클로빈슨 엮음, 도면회 옮김, 『한국의 식민지 근대성』, 삼인, 2006.

윤해동, 「문일평」, 『한국의 역사가와 역사학』 하, 창작과비평사, 1994.

이광수, 최종고편, 『나의 일생 춘원 자서전』, 푸른사상, 2014.

이균영, 『신간회연구』, 역사비평사, 1993.

이완재, 「1930년대 민족주의사학의 발전」, 『한국학논집』 21 · 22, 한양대학교 한국 학연구소, 1992.

이지원, 「1930년대 '조선학' 논쟁」; 『역사비평』 편집위원회, 『논쟁으로 본 한국사회 100년』, 역사비평사, 2000.

_____, 『한국 근대 문화사상사 연구』, 혜안, 2007.

이한수 옮김, 『문일평 1934-식민지 시대 한 지식인의 일기』, 살림, 2009.

정연수 외, 『근대 국학자들의 '전통' 이해』, 소명출판, 2014.

정해렴 편역, 『호암사론사화선집』, 현실실학사, 1996.

조동걸, 『현대한국사학사』, 나남출판, 1998.

채관식, 「1930년대 '조선학'의 심화와 전통의 재발견」, 연세대학교 대학원 석사학
　　　위논문, 2006.

최기영, 『식민지 시기 민족지성과 문화운동』, 한울 아카데미, 2003.

최영성, 「일제시기 반식민사학의 전개」, 『한국사상과 문화』, 한국사상문화학회,
　　　2000.

1930년대 안재홍의 '조선학'론

김인식 (중앙대학교 교양학부대학 교수)

I. 머리말

1922년과 1927년 최남선이 '조선학'이란 용어를 사용하여 '조선학 수립'을 제안한 이래, 1934년 9월 다산 정약용 '逝世' 99주년을 기념하여 다시 '조선학'을 주장하는 움직임이 일어났다. 정인보·문일평·안재홍 등 민족주의사학자로 불리는 인사들은 '茶山 先生'을 향한 관심과 열기를 고조시키면서, 이에 비례하는 열정으로 '조선학'을 제창하였다. 이러한 조선학 연구의 기운을 오늘날 학계에서는 '조선학운동'의 출발점으로 인식하였다. 여기에는 조선학운동을 하나의 역사현상으로 파악하는 시각이 전제되어 있다.

1934년 무렵 정약용에 대한 세간의 뜨거운 반응을 '조선학'과 연결시켜 고양시킨 논자는 안재홍이었다. 통상 조선학운동의 주도자로 평가받는 정인보는 조선학에 대한 세심한 정의와 규정을 시도하지 않았다. '조선학'에 대해 나름의 정의를 내리면서 조선학을 주장한 문일평은 정작 조선학을 조선후기의 실학과 관련시키지 않았다. 정인보와 문일평 두 사람의 예만 보더라도, 요즈음 '조선학운동'으로 통설화된 역사인식[1]이 여러 가지 면에서 사실과 차이가 있음을 발견하게 된다.

조선학운동을 한 시기의 역사현상으로 인식하는 관점에서는, 연구의 논리상 순차에서 조선학의 개념을 추적하는 데에서 출발해야 마땅했다. 이러한 수순을 무시한 채, 1934년 이후의 조선연구에 대한 기운을 '조선학운동'으로 일반화했으므로, 역사사실과 역사인식 사이에 괴리가 생겨났다. 안재홍이 '조선학'론을 본격 개진하는 1934년 9월 이전, 민족주의사관을 지닌 최남선·정인보·문일평 등을 비롯하여, 유물사관론자인 김태준·신남철 등이 이미 '조선학'론을 피력하였다. 필자는 위에서 제기한 문제의식을 갖고, '조선학'이란 용어를 사용한 이들 주요 인물들의 조선학 개념을 추적한 바 있다.[2]

이 논문은 1930년대 중반 이후 '조선학' 논쟁에 가세한 유물사관론자들의 '조선학'론까지 재검토하려는 의욕을 갖고, 유물사관과는 다른 관점에 입각하여 '조선학' 개념을 정립한 안재홍에 주목하였다. 안재홍은 최남선~신남철에 이르는 논자들과 이청원·홍기문 등 1930년대 중반 이후 유물사관에 입각

....

[1] 한영우는 조선학운동을 다음과 같이 개념화하였다. "민족주의 역사가들 사이에서 이른바 '조선학'(朝鮮學) 운동이 전개되었다. 다산 정약용(丁若鏞) 서거 99주기를 맞이하는 1934년에 시작된 이 운동은 안재홍·정인보·문일평 등이 주동이 되어 과거 민족주의 역사학이 지나치게 국수적·낭만적이었음을 반성하고, 민족과 민중을 다 같이 중요시하면서 우리 문화의 고유성과 세계성을 동시에 찾으려는 것이었다. 이에 따라 이들은 조선후기 실학을 주목하고 고대사뿐 아니라 조선시대를 발전적으로 이해하려고 노력하였다."(한영우, 2004, 『다시 찾는 우리역사-근대·현대』 3, 경세원, 156쪽) 위의 서술은 '조선학운동'이라는 용어의 정합성 문제를 제외한다면, 이 논문에서 규명할 안재홍의 '조선학'론과 일치한다.

[2] 김인식, 「1920년대와 1930년대 초 '조선학' 개념의 형성 과정-최남선·정인보·문일평·김태준·신남철의 예」, 『崇實史學』 33, 崇實史學會, 2014, 115~116쪽. 개념어로서 '조선학'이 안재홍에게 착상되는 과정은 이들 논자들의 '조선학'론에 대해 안재홍이 반응하는 논지를 확인해야 한다. 안재홍이 실명을 거론한 예로는 최남선이 보일 뿐이지만, 조선학에 대한 신남철의 비판과 제언도 안재홍에게 일정한 자극을 주었으리라 추측된다. 이 점에서 최남선과 신남철의 '조선학'론은 안재홍에게는 직접 肯否(수용·반성·비판)의 자료로 작용하였으리라 생각한다.

하여 '조선학' 논쟁에 뛰어든 논자들의 중간 지점에 위치한다. 이들 모두의 '조선학'론을 규명해야만 '조선학운동'이었는가 또는 '조선학 논쟁'이었는가 하는 실태를 드러낼 수 있다.

조선학운동에 대한 기존의 통설에 또 하나의 의문이 든다. 조선학운동을 제창한 한 사람으로 평가받는 안재홍은 조선학의 개념규정을 비롯하여, 이에 대해 세심한 설명을 시도하였지만 정작 '조선학운동'을 주창하지는 않았다. 그렇다면 1930년대 중반 안재홍의 민족운동의 주류 경향을 조선학운동으로 표현함이 과연 타당한가 하는 의문이 든다. 여기서 더 나아가, 1934년 이후의 조선연구에 대한 기운을 가리켜, 과연 조선학운동이라는 역사현상으로 일반화할 수 있을 만큼, 이것이 '운동'의 성격과 성향을 충분히 함축하고 또 표출하였느냐 하는 근본 질문을 던지게 한다. 이는 앞에서 제기한 문제와도 연관된다.

이 논문은 필자 자신이 '조선학운동'이란 용어로써 1930년대 안재홍의 민족운동의 특징을 설명[3]하였던 해석상의 오류를 반성하는 지점에서 출발하였다. 1934년 이전에도 안재홍은 조선학이란 용어를 사용하였지만, 그가 조선학의 개념을 정립한 시기는 1934년 9~12월 무렵이었다. 1934년 이전 그의 민족운동론 체계에서 조선학은 비중 있는 개념어가 아니었다. 1934년 들어서 안재홍은 조선학이란 용어를 적극 수용하여 민족운동론의 핵심어로 삼고 "조선학을 천명"하였으나 조선학운동을 제창하지는 않았다. 조선학은 이 시

3) 나는 1930년대 안재홍의 민족운동을 '조선학운동'으로 간주하고, "안재홍에게 정약용 연구를 비롯한 조선학운동은 단지 학문 이상의 요구로서, 새로운 민족운동의 이념을 '조선적' 영역에서 도출하려는 민족운동의 한 영역이었다."고 이해하였다. 김인식, 「안재홍의 신민족주의 이념의 형성 과정과 조선정치철학」, 『韓國學報』 93, 一志社, 1998a, 210~214쪽. 조선학운동 전체를 이해하기 위한 전제로 안재홍의 조선학운동을 독립된 주제로 다룬 연구로, 류시현, 2011, 「1930년대 안재홍의 '조선학운동'과 민족사 서술」, 『아시아문화연구』 22, 경원대학교 아시아문화연구소가 있다.

기 그가 주창한 '조선문화운동'의 하위 범주로서 이를 실천하는 방법론의 하나였다.

1930년대 중반 들어 안재홍은 유물사관에 대항할 자신의 역사관을 정립하려고 노력하였다. 이는 8·15해방 이후 그의 저서 「신민족주의와 신민주주의」(1945년 9월 소책자로 탈고)·『한민족의 기본진로』(1949년 5월 발간)의 기초를 이루면서 '종합적 유물사관'으로 완성되었다. 본문에서 보겠지만, 1930년대 중반 안재홍은 역사관 또 문화운동의 목적의식을 함께 하는 식자층·유지·연구자들과 연계하여 일종의 연구 단체를 결성하여 민족의 진로를 탐색하려 하였다. 이러한 의도는 정인보와 『여유당전서』를 校刊하는 정도의 연계성을 형성하는 데 그치고 말았지만, 이 시기 안재홍은 '조선문화운동'을 제창하면서 '문화건설'을 주장하였다.

이 논문은 1930년대 중반 안재홍의 민족운동론인 '조선문화운동'론을 규명하는 전단계의 작업으로, 먼저 그의 '조선학'론을 규명하는 데 목적이 있다. 그의 조선학 개념을 잘게 분석함으로써, 그가 천명한 조선학이 조선문화운동의 하위범주로서 하나의 방법론이었음을 지적하고, 그의 '조선학'론이 민족운동사에서 차지하는 의미도 살펴보려 한다.

제Ⅱ장에서는 1934년도 이전에 안재홍이 조선학을 어떠한 의미로 사용하였는지 살펴보았다. 이 시기는 그가 조선학 개념을 수용하는 과정에 해당한다. 이때 그는 '조선학'으로 조선후기의 실학을 가리키기도 하였으나, '조선연구'라는 용어로써 연구의 목적과 방법론을 언급하면서 1934년 정립되는 조선학 개념의 일부분을 형성하였다.

1934년 정약용 '서세' 99주년을 기념하는 행사를 계기로, 안재홍은 조선학의 개념화와 성격규정을 시도하였다. 그는 조선학의 뜻매김부터 시작하여, 이의 배경·타당성·방법론·목적과 의의까지 포괄하는 체계를 갖추고, 조

선문화운동의 한 갈래로 조선학을 천명하였다. Ⅲ장에서는 이러한 그의 '조
선학'론의 논리 체계를 살펴보았다.

식민지시기 '조선학'이란 개념을 검토하려면, 이것이 일본의 國學운동 등
과 어떠한 영향 관계가 있는지도 추적해야겠지만, 안재홍에 한정하여 보면
기존의 자료만으로 이를 규명하기는 어렵다. 그러나 식민지 조선의 '조선학'
개념과 조선학 논쟁이 일본의 국학 또 국학운동과 어떠한 동질성·차별성을
지니는지는 이 분야의 연구자들이 모두 시야에 넣고 있어야 할 과제라고 생
각한다.

Ⅱ. 1934년 이전 안재홍의 조선학 개념 수용 과정

1. 1927년 조선학과 사회과학의 竝存共就論

안재홍이 '조선학'이란 용어를 처음 사용한 때는 1927년 10월 무렵으로 보
인다. 그는 최남선의 『白頭山觀參記』에 대한 일종의 서평—안재홍은 '讀後
感'이라 표현하였다—을 쓰면서, 최남선과 관련시켜 조선학이란 말을 여러
차례 사용하였다. 아마 이는 1922년에 이어 1927년에도 최남선이 "조선학을
세울 것"을 선언하였으므로,[4] 최남선의 표현으로써 최남선을 이해하려 한

---

4) 류시현에 따르면, 최남선이 '조선학'이란 용어를 처음 사용한 때는 1916년이었다. 류
   시현, 「1920년대 최남선의 '조선학' 연구와 민족성 논의」, 『역사문제연구』 17, 역사문
   제연구소, 2007, 156~158쪽. 그러나 최남선이 조선학에 일정한 개념과 목적성을 부여
   한 시기가, 잡지 『東明』에 「朝鮮歷史通俗講話」를 연재할 무렵인 1922년이라는 데에
   는 이론이 없다. 필자는 1922년 최남선이 "조선학을 세울 것이다"로 선언한 시기를
   그의 제1차 '조선학 수립(건설)' 선언으로, 1927년 3월 '朝鮮學의 硏究 及 建設'을 주장

때문이라 생각한다. 달리 말하면, 안재홍은 자신의 주관과 동기에서 조선학을 내세우지 않았으며, 이때 조선학이란 용어는 모두 최남선과 관련시킨 용례였는데, 글 자체가 최남선의 저술에 대한 서평이라는 성격에서 말미암은 특징이라 하겠다.

안재홍은 백두산에 대한 최남선의 서술을 설명한 뒤, 최남선을 가리켜 "古朝鮮에 관하여 朝鮮學的으로 縱橫硏究한 자"라고 표현하였다. "六堂은 學者이다. 朝鮮學·國學의 學者이다. 그가 朝鮮을 위하야 執着 煩惱하느니 만치, 朝鮮學을 위하여는 往往이 科學的 冷靜을 잃는 때가 있다는 것은, 그를 가장 잘 아는 자의 善意의 評이요, 나도 또 그렇게 評하려 한다."는 구절에서도, 모두 최남선과 관련시켜 조선학을 사용하였다. 안재홍은 최남선의 단처를 지적하기도 하였지만, "가장 잘 아는 자의 善意의 評"으로서 "이때에 朝鮮學을 홀로의 己任으로써 하는 자는 도리어 稀貴하다. 위하여 讀後感을 쓰는 것이다."라고 끝맺으면서, 최남선의 '조선학'의 가치를 높이 평가하였다.[5]

최남선과 안재홍의 관계를 생각할 때,[6] 최남선이 조선학을 의미부여한 선례는 안재홍에게 긍정과 부정의 자료로서 일정한 영향을 주었음은 분명하다. 안재홍이 위의 서평에서 조선학을 직접 정의하지 않았으므로, 전체의 논지와

한 때를 제2차 '조선학 수립(건설)' 선언으로 이해하였다. 김인식, 앞의 논문, 2014, 117~125쪽.

[5] 「崔六堂의 ≪白頭山觀參記≫를 읽음」(上)·(中)·(下), 『朝鮮日報』(1927.10.13·15·18) [安在鴻選集刊行委員會 編, 『民世安在鴻選集』 4, 知識産業社, 1992, 221~226쪽]. 앞으로 『民世安在鴻選集』을 『選集』으로 줄인다.

[6] 안재홍은 일본 유학을 마치고 귀국(1914년 7월)한 뒤, 1살 연상인 최남선이 운영하는 新文館에 자주 출입하였다. 그는 최남선과 함께 문화사업을 일으킬 뜻으로 자금을 조달하려 시도하기도 하였다. 柳光烈, 「安在鴻論」, 『東光』 總三十五號·第四卷第七號(1932년 7월호), 東光社, 517쪽. 안재홍은 최남선에게서 『百八煩惱』의 '讀後感'을 써달라는 부탁을 받을 만한 사이였고, 詩에 문외한이란 이유로 사양하였던 글빚을 『白頭山觀參記』의 '독후감'으로 갚을 만큼 최남선과 지기였다.

용례를 통하여 이 시기 그의 조선학 개념을 유추할 수밖에 없지만, 최남선에 대한 인식·평가에서 조선학의 개념이 반영되는 과정은 확인할 수 있다.

안재홍이 '조선학'과 '국학'을 병렬하였음을 보면 조선학을 국학으로 이해하였다. 다만 표현의 제약 때문에 국학을 단독으로 정면에 내세우지 못하였다고 보인다. 그런데 동 서평의 첫 부분에 나오는 "『尋春巡禮』는 그(최남선을 가리킴 : 인용자)가 己任으로 삼는 朝鮮土·朝鮮精神을 찾아냄을 위한 挽近 最初의 作이라 할 것이오."라는 구절을, 위의 "朝鮮學을 홀로의 己任으로써 하는 자…"와 연결시키면, 조선학은 "朝鮮土·朝鮮精神을 찾아냄"을 목적으로 삼는다. 한편 아래의 (자료 A)를 보면 '古文化의 자취'를 천명함이 조선학의 내용이었다.

(자료 A)

現下의 朝鮮은 急激한 變動의 途程에 있다. 그는 必然이거니와 또 當爲의 일이다. 現代的으로 科學的으로 또 革命的으로 이렇게 부르짖는 것이 現代人의 時代的 要求이다. 그는 매우 옳다. 그러나 悠悠 五千年, 激甚한 風霜을 지내온 百劫餘土의 朝鮮에서 劫火에 타다 남고 激浪에 쓸리다 남은 古文化의 자취에 관하여, 戀慕敬重하고 讚嘆闡明함을 己任으로 하는 것이 또한 竝存共就할 天地는 自在하는 것이다. 모든 마르크스의 學徒, 레닌의 學徒, 革命文學者, 그의 戰鬪의 鼓吹者가 輩出 또 輩出함을 要함이 緊切하냐, 그 緊切하냐. 이때에 朝鮮學을 홀로의 己任으로써 …

위에서 보듯이, 안재홍은 최남선을 옹호하는 가운데, 마르크스주의·유물론의 현실상의 요청과 병행시켜 조선학의 '긴절'함을 강조하였다. 안재홍은 마르크스주의나 유물사관 자체를 거부하지는 않았으며, 오히려 이의 시의성과 현실성을 인정하는 상태에서, 이를 수용한 '급진론자'들에게 민족문화를 경시하는 사조·조류를 경계·충고하였다. 안재홍이 아직 '조선학'론을 적극 개진하지는 않았지만, 이때부터 그의 논점에는 굳이 표명하지 않더라도 식민 주의사관에 대한 배격이 의당 전제되어 있었다. 동시에 그가 '급진론자'로 규정하는 마르크스주의자들의 편향된 현실인식과 사관에 대한 저항감도 동반하였다.

(자료 A)에서 보듯이, 안재홍은 조선의 변화(=혁명)를 기도하는 學을 인정 하면서, '고문화의 자취'를 탐구하는 조선학이 '竝存共就'할 필요성을 제기하 였다. 이때 고문화에 대한 탐구를 뜻하는 조선학은 민족현실에 대한 학문(뒷 날 그가 廣義의 조선학으로 분류한)을 포함하지 않은 채, 민족의 과거에 대한 학문(뒷날 그가 狹義의 조선학으로 분류한)의 의미로 국한시켜 사용하였다. 안재홍이 보기에, 마르크스·레닌의 학이나 혁명문학이 조류를 이루는 데 반해서, 민족의 과거를 탐구하는 조선학은 소수자가 '己任'으로 자임해야 할 만큼 희귀한 영역이었다.

안재홍이 최남선을 평하면서 조선학이란 용어를 사용하였으므로, 그의 조 선학 개념도 최남선의 조선학을 검토하는 지점에서 출발하였다. 최남선은 조선학의 연구 대상으로 과거만을 설정하였고 현재는 포함시키는 않았다.[7] 이 무렵 안재홍도 조선학에 대한 사고를 크게 진전시키지 못하였으므로, 조 선학의 대상을 과거로 설정하였고, 현실의 대상화는 사회과학의 영역으로 돌렸다. 이 시기에는 민족의 과거만을 조선학의 영역으로 간주하였으나, 1934년에는 민족의 현실까지 조선학의 범주에 포함시키면서 조선학을 적극 천명하게 된다.

한편 1927년 무렵 안재홍은 조선의 '급진론자'들을 향하여, 최남선이 제창

....

[7] 김인식, 앞의 논문, 2014, 122~125쪽.

한 조선학의 목적을 존귀하다 옹호하였으나, 최남선의 방법론이 가끔 '과학적 냉정'에서 벗어났다고 지적하였다. 이는 안재홍에게는 반성할 자료였다. 그는 최남선이 단군·백두산을 표현하는 구절들을 읽으면서, 최남선의 조선학이 과학을 넘어 신앙의 영역으로 들어서는 한계를 보았으므로, '과학적 냉정'을 잃지 않는 자세를 유지하려 노력하였다.

안재홍이 최남선의 단점으로 '과학적 냉정'을 잃고 주관에 빠지는 태도를 지적할 때, 여기서 '과학적'은 역사학·인류학 등 근대학문의 객관성을 말하지만, 민족현실에 대한 사회과학의 통찰력도 포함하였다. 1927년 무렵, 안재홍은 조선학의 범주에 민족현실에 대한 탐구를 포함시키지는 않았지만, 현실을 인식·파악하고 실천론으로 이어가는 사회과학의 필요성을 누구보다도 인정하였다. 그에게 마르크스주의는 현 사회에 미치는 영향력과 파급력이 다른 사회사상에 비하여 강하기는 하였지만, 이러한 사회과학의 한 영역일 뿐이었다.

안재홍은 식민지조선의 마르크스주의자들이 민족문화에 소홀함을 경계하는 정도에 비례하여, 그도 현실에 대한 사회과학의 탐구를 멈추지 않았다. 이 점은 매우 중요하다. 그는 조선학을 제창하는 1934년 9~11월에도 사회과학 공부를 게을리 하지 않았다.[8] 이는 조선학의 실천성과도 밀접한 관련이 있으며, 1934년 들어 그가 조선학에 현재(식민지조선의 현실)의 영역을 포괄하게 되는 배경이었다.

----

[8] 1934년 잡지『新東亞』는 사회 인사들에게(李如星·權憙奎·全弘鎭·李吉用 등)「讀書樣態」라는 제목으로 설문을 실시했는데, 네 가지 질문 가운데 세 번째가 "三. 무슨 冊을 普通 보십니까?"였다. 이에 안재홍은 "主로 朝鮮文獻을 읽기도 하고 社會科學을 때때로 봅니다."고 답하였다.「讀書樣態(設問)」,『新東亞』第卌五號·第四卷 第十一號(1934年 11月號), 118, 123~124쪽. 안재홍이 '조선문헌'과 '사회과학'을 함께 언급한 대목은 눈여겨보아야 한다.

이후 안재홍이 정립하는 조선학에는 위와 같은 문제의식이 항상 병행하였
다. 그는 조선학의 목적이 조선정신을 탐구하는 데 있음에 동의하였지만, 조
선정신을 '조선심'·'얼' 등의 일원화된 단일개념으로 결코 추상화·신비화하
지 않았다. 그의 조선학은 근대 역사학과 보조과학의 방법론을 비롯하여, 사
회과학의 개념과 시대의식·목적의식을 동반하였다. '竝存共就'라는 용어는
이러한 자세를 가리키는 제안이었다. 사회과학과 고문화 탐구를 병행하자는
'竝存共就'론은 안재홍의 일관된 견해이자 자세였다. '竝存共就'의 논리는 외
견상 급진론자·유물론자를 향한 충고였지만, 어찌 보면 현실을 도외시한
채 과거에만 몰입하는 민족주의사관에 대한 반성이기도 하였다.

2. 1929년 이후의 '조선학'론 : 조선학과 실학

1929·1930년에도 안재홍은 조선학을 정의하지 않은 채 사용하였는데, 이
무렵에는 조선후기의 실학을 염두에 두었다. 그는 "英宗正祖의 代를 史家가
朝鮮의 文藝復興時代라 하니 歷史 地理 政治 經濟 言語風俗其各種에 치여
盛多한 著述이 자못 蔚然可觀인 者잇 서서 朝鮮學의 成長時期이라고보겟다"
고 하였는데, 이때 조선학은 오늘날 우리가 '실학'이라고 통칭하는 조선후기
의 학풍과 관련시킨 개념이었다. 이 문장 앞에, 조선시대의 학풍에 대하여
"그것이 漸次로 朝鮮我를 發見하고 그의 鄕土生命을 創成함에 갓가히 들어
가는 傾向을 가지지 아니함은 아니나 …"[9]라고 서술하였는데, 이 구절은 바
로 실학의 특징이었다.

---

9) 「最近朝鮮文學史序(上)·(下)」, 『朝鮮日報』(1930.2.27·28). 이 글은 八峯 金基鎭과 麗
水 朴八陽의 공저 『最近朝鮮文學史』에 대한 서평이었다 글 말미에 '一九二九年六月
十一日 朝鮮日報樓上에서'라고 적었는데, 이를 보면 글을 탈고한 때는 1929년 6월
11일이고, 발표한 시기가 1930년 2월 27일이었다.

비슷한 시기에 안재홍은 '조선학'이라고 표현하지는 않았지만, 조선후기 실학의 특징과 관련하여, "그러나 壬辰의 亂 丙子의 役에 官庭을 中心으로 한 權貴의 威信이 全然히 땅에 떨어지자 民衆은 蔚然히 興起하야 스스로 光明을 開拓하려 하엿스니 英祖正祖의 代를 中心으로 朝鮮의 特殊性을 爲한 前記各種의 學이 勃興한 것이오 이 潮流를 타고서 胚胎勃興하는 勢力이 다시 民衆反抗의 形式으로 나타나니…"[10]라고 서술하였다. 여기서 보듯이, 안재홍은 '특수성'의 개념을 결합시켜, 실학의 특징·성향을 조선학의 범주로 인식하기 시작하였다. 이렇게 실학과 조선학을 관련시키면, 조선학은 조선의 특수성을 규명하는 學으로 규정된다. 이때 조선학은 조선아를 발견하고 조선의 향토생명을 창성하는 학문 경향을 가리켰다.

여기서 한 가지 짚어야 할 사실이 있다. 조선후기의 실학을 염두에 두고 조선학이란 용어를 최초로 사용한 사람은 안재홍이었다. 정인보가 실학을 가리켜 조선학으로 지칭하였음은 이미 알려진 사실이다. 그가 조선학을 명확하게 정의하지 않았으나, 이러한 의미로 조선학을 사용한 시기는 1929년 12월 또는 1931년 1월이었다는 두 가지 주장이 있다.[11] 1931년 1월이 타당성 있다고 보이지만, 설사 정인보가 1929년 12월에 '조선학'을 사용하였다 하더라도, 안재홍은 이보다 앞서 실학의 학문성향을 조선학의 내용으로 포함시켰다. 물론 이 시기까지 안재홍도 정인보와 마찬가지로 조선학을 자신의 말로

[10] 「過去의 先驅者와 將來의 先驅者」, 『三千里』 第二號·第一卷第二號(1929年 9月號), 5~8쪽. '前記 各種의 學'은 "歷史 地理 言語 風俗 天象 地理 經濟 山林 等 各科目"을 가리켰다.

[11] 洪以燮, 「爲堂 鄭寅普」, 『韓國史의 方法』, 探求堂, 1968, 313~325쪽; 이황직, 「위당 조선학의 개념과 의미에 관한 연구」, 『현상과 인식』 112, 한국인문사회과학회, 2010, 22~32쪽; 최선웅, 「정인보의 〈동아일보〉를 통한 조선학운동」, 『(1934년 조선학운동 80주년기념 제8회 민세학술대회) 1930년대 조선학운동 참여인물 연구』, 사단법인 민세안재홍선생기념사업회 주최, 2014, 29쪽; 김인식, 2014, 앞의 논문, 129~133쪽.

써 직접 정의 내리지 않았다. 안재홍이 이러한 용례를 글로 발표한 시기는
다소 늦었더라도, 이미 1929년 6월 무렵 실학을 조선학의 내용 범주로 이해하
고 있었다.

1930년에도 안재홍은 실학을 가리켜 조선학이라고 표현하였는데, 내포하
는 의미가 좀 더 명확해갔다. "… 蔚興하는 民衆의 憤이 혹은 朝鮮學의 構成
發表도 되고, 暴力으로써 일어나는 자는 前에는 洪景來의 粗率함이 있었고,
…"12)에서 조선학은 실학을 가리켜 한 말이었다. "世宗大王의 文敎上의 偉業
과 英宗正祖의 代의 朝鮮學의 勃興도 미처 그 大成을 보기 前에…"13)라는
구절도, 위의 인용문과 같은 의미에서 조선학을 사용하였다.

그런데 앞서 몇 차례의 인용문에서 보았듯이, 안재홍이 실학을 가리켜 조
선학으로 지칭하는 전후 문맥을 보면, 표현상의 차이는 다소 있더라도 논지
가 정형화된 듯 동일하다. 임진 · 병자의 두 차례 전란 ― 민중들의 분노 ―
영조 · 정조대의 문예부흥 ― 19세기의 민중봉기로 이어지는 역사상의 전개
를 서술하였다. 그러는 가운데서도 실학에 대한 진전된 인식과 표현이 그의
조선학 개념에 함축되어 가는 과정이 보인다. 아래의 (자료 B)는 이를 보여준
다.

(자료 B)
丙子以後國民的忿憤의氣勢가 적이놉헛섯고英宗正祖의代에 文藝復興을
일컷는新氣運이돌아 朝鮮我에눈쓰고民衆的自衛를企劃하는氣風이生動되
엇스나 積弊의남어지가 大成하기에는오히려고되엇스니 안에잇서洪景來가

─────────

12) 「史眼에 비치는 天道敎-그의 七十年紀念을 듣고」(1930. 朝鮮日報 社說)[『選集』 4, 236쪽].
13) 「≪朝鮮最近世史≫의 卷頭에 書함(三)」, 『朝鮮日報』(1930.5.1). 이 글은 李瑄根의 『朝
鮮最近世史』에 대한 서평이었다.

關西에叛하고三政의亂이란 者 南北各地를騷然케한것은 時代의變動이 이미
單純한바아니오.[14]

위의 인용문을 보면, 안재홍이 조선후기 실학을 지칭하여 조선학으로 표
현하는 의중이 그대로 드러난다. 영정조대의 문예부흥기의 '신기풍' = 실학의
특징은 "朝鮮我에 눈쓰고 民衆的 自衛를 企劃하는 氣風"이었다. 이것이야말
로 안재홍이 1934년 '천명'하는 조선학의 기반이자 목적이었고, 뒷날 정약용
을 '祖述擴充'하는 자세였다.

안재홍은 실학의 학문 경향이, 민족과 민중의 視座에서 조선 현실의 모든
방면을 학문의 대상으로 설정하고, 이의 해법을 찾기 위하여 민족현실(과거
와 현재를 모두 포함)을 탐구하였다고 이해하였다. 안재홍이 실학의 실천성
을 조선학으로 인식함은, 그가 설정한 조선학의 범주가 현실에 대한 탐구까
지 확대되는 과정을 반영한다. 1930년까지도 안재홍은 조선학이란 용어를
주개념으로 사용하지 않았으므로 이를 명확하게 정의 내리지 않았지만, 이때
까지 그가 사용한 조선학 용례는 이후의 조선학 개념 속에 용해되었다.

3. 1931년 조선학 개념의 원형 형성

1931년 이후부터 1934년 10월 무렵 안재홍이 조선학 개념을 정립하기까지,
그의 '조선학'론은 네 차례 정도의 진전 과정을 거쳤다. 1931년 조선학 개념의
原形을 형성하였고(첫째 단계), 1934년 들어서는 定義를 표명한 뒤(두 번째
단계), 이를 더욱 구체화시켜 정립하였으며(셋째 단계), 나아가 조선학의 위
상을 민족운동사의 한 갈래로 자리매김하는 발전 단계에 이르렀다(넷째 단

14) 「≪朝鮮最近世史≫의 卷頭에書함(三)」, 『朝鮮日報』(1930.4.30).

계). 이러한 심화 과정은 그의 민족운동론의 변화와도 밀접한 관련이 있었다.

먼저 1931년 안재홍이 조선학 개념의 원형을 제시하는 논리를 살펴본다. 1931년 6월 발표한 「朝鮮研究의 衝動」[15]은 그의 '조선학'론을 파악할 때 매우 중요한 자료이다. 이 논설은 조선학이라는 용어를 사용하지는 않았지만, '조선연구'를 핵심어로 삼아 조선학의 개념 틀을 형성하였으며, 이때의 견해는 1934년 9월 이후의 조선학 개념에 그대로 이전되었다. (자료 C)는 '조선연구'의 의미를 천명하였는데, 이것이 1934년 형성된 조선학 개념의 원형을 이루었다.

   (자료 C)

   조선에 돌아오라, 조선을 알라는 것은 識者가 한 가지 부르짖는 바이다. … 그것은 무슨 배타적인 偏小한 민족적 주아관에 스스로가 치우치자 함이 아니요 국제 생활의 圈內에서 명확한 자기 독자의 처지를 인식하자는 가장 진보적인 견지에서 필연으로 이 요구가 자아내임이다. 조선에 돌아와서 조선을 아는 데는 두 가지 방면이 있으니, 하나는 우리가 지금까지 지리적 또 역사적 인연 계기의 밑에 생존하여온 과거의 자취를 가장 진정하게 연구 및 인식하자 함이요, 또 하나는 현대 조선의 각 방면으로 생동하고 있는 숫자적, 통계적 사회상황을 검색 討究하자 함이다. 이 두 가지가 서로 結着하는 곳에 조선인은 비로소 조선 그것을 엄정하게 感省 인식하면서 현대 세계에서 국제적 일민족으로서의 妥當正經한 생활을 할 수 있는 것이다.

---

[15] 「朝鮮研究의 衝動-縱橫으로 뒤지는 新舊朝鮮」(1931.6.13 『朝鮮日報』) [高麗大學校博物館 編, 『選集』 6, 2005, 139~141쪽]. 아래에서 달리 출처를 밝히지 않으면, 위의 논설에서 인용하였다. 『選集』에서는 '조선 연구'로 띄어서 표기하였으나, 본래 원문은 붙여 표기하였다. 이 시기에는 안재홍뿐 아니라 거의 모든 논자들이 '조선연구'를 붙여서 적었다. 앞으로 보겠지만, 이 용어는 단순한 보통명사가 아니라, 중요한 의미가 들어간 개념어였으므로 '조선연구'로 붙여씀이 옳다.

(자료 C)에서 보듯이, '조선연구'는 일반명사로 두 가지를 포괄한다. 아주 단순화시켜 말하면, 조선의 현재와 과거를 알려는 연구이다. 인용문 뒤에 나오는 서술에서는, 각각의 분야를 '조선지식'과 '조선사'로 표현하기도 하였다.

안재홍은 조선연구의 방면을 논하기 이전에 이것의 의미 또는 위상부터 설명·설정하였다. 그는 조선연구가 조선민족을 '국제적 일민족'으로서 파악하는 '가장 진보적인 견지'에서 출발하였으므로, '배타적 편소한 민족적 주아관'에서 벗어나 '국제 생활의 권내'에서 '명확한 자기 독자의 처지를 인식'하자는 요구라고 의미를 부여하였다. 달리 말하면, 조선연구는 세계 속에서 조선 독자의 지위를 인식함으로써 현대 세계에서 '국제적 일민족'으로서 생활하려는 목적성을 지니고 있었다. 이러한 인식은 1934년에 가서는 '세계적 자아관'이라는 한 마디로 정립되었다(자료 K를 참조).

안재홍은 이상과 같은 의미·목적성을 지닌 조선연구의 분야를 두 가지로 나누었다. 과거 역사 = 조선사 연구와 현실 연구 = 조선지식이다. 1934년에는 이러한 두 분야를 각각 '협의'의 '조선학'과 '광의'의 '조선학'으로 규정하게 되므로, 그의 논지를 하나씩 짚어 볼 필요가 있다. 안재홍에게 역사학 = 조선사 연구는 아카데미즘이 아니라 실천론의 성격을 지녔다. "과거를 정당히 해석하는 것이 현재를 엄정히 인식하는 한 가지 중요한 素地로 되는 것"이라는 말에는, 과거의 역사를 연구함이 현실 속에서 매우 중요한 실천 요소라는 역사의식이 반영되었다.

이러한 시각에서 볼 때, 역사학의 목적은 과거를 해석함으로써 현재를 인식하는 데 있다. 안재홍은 조선사를 해석하는 두 가지 사관을 배격 또는 경계하였다. 그는 조선사 연구의 중요성을 강조하면서, '곡학적 견지'에서 출발하는 일제 식민주의사학을 철저하게 배격·비판하였지만, "과학을 센다고 도리어 공막과 虛妄에 빠지"는 유물사관론자들의 '폐단'도 경계하였다. 그는 유물사관의 일부는 수용하기도 하였지만, 과학의 이름을 내걸면서도 획일화된 유물사관을 '기계적'·'공식적'이라 비판하였으며, 이를 '경제주의적 숙명론'이라 규정하고 일관되게 거부하였다.[16]

안재홍은 과거의 조선을 연구하는 방면을 언급할 때, "돌아보아 조선사의 閱讀 耽求 및 그 애착과 조선 그것의 견학·답사 및 조사·연구 등이 퍽은 긴절한 일로 될 것이다."고 지적하면서, 청년 학생들과 학교교육에 관심을 촉구하였다. 그런데 조선의 현실 연구에 대해서는 관점을 달리 하여, '국가적 기획'의 대안으로 '민간 기획 시설'을 제안하였다. "현대 조선의 그리고 현실 조선의 엄정한 인식 때문에 숫자적, 통계적 검색·토구의 필요는 누구나 그 시급한 사업인 것을 깨닫고 있다."는 안재홍의 지적은 식민지 지식인 모두의 공감대였다. 이러한 연구가 조선민족이 생존하기 위한 현재의 절대 과제임을 아무도 부인하지 않는다. 고민은 이를 실천하는 일이 재정 문제를 비롯해 곧바로 난관에 부딪힌다는 사실에 있었다.

안재홍이 지적하였듯이, 이러한 연구·사업은 "국가적 재력 및 그 기구가 아니고서는 그 구전(具全)적인 성과를 드러내기 어려운 것"이므로, 조선민족 자신의 국가권력이 부재한 식민지조선의 조건에서는 도저히 불가능한 여건이었다. 그가 "이러한 기획 시설이 민간에서 일어났다가 얼마 안 되어 넘어지고 중단되어 간헐적인 작용밖에는 큰 업적을 나타내지 못함이 필연이라면 또 통석할 필연이다."고 개탄함도, 이러한 기획을 꿈조차 꾸기 어려운 식민지 현실에 대한 토로였다.

그렇지만 안재홍은 "지금까지 각 단체와 기관에서 전후하여 관심 및 기획한 바"를 다시 촉구하였다. 조선민족의 생존을 위해서 포기할 수 없는 실천이

16) 鄭允在, 「民世 安在鴻의 신민족주의론 연구」, 愼鏞廈 編, 『韓國現代社會思想』, 지식산업사, 1984, 345~348쪽; 김인식, 앞의 논문, 1998a, 226~230쪽.

었기 때문이다. "그러한 관심·기획만으로도 우선 각 개인과 사회를 과학적으로, 합리적으로, 또 정책적으로 세련의 한 걸음씩을 나아가게 하는 것이다."는 호소에는, '민간 기획 시설'을 제안하는 절박감이 배어 있었다.

사실 이러한 기획은 뜻 있는 사람들의 갹출·모금, 무엇보다도 재력 있는 유지자들에게 의존할 수밖에 없음을, 누구보다도 안재홍 자신이 잘 알았다. 그렇지만 민족현실에 대한 정확한 지식·인식이야말로 조선민족의 생존과 생활이 달린 과제였으므로 방치·포기할 수 없다는 인식이 호소의 형태로 나타났다. 이러한 구상은 1934년에도 그대로 이어져 일본의 大原硏究所와 같은 민간연구소의 설립을 제안하였으며,[17] 1936년 3월에도『조선일보』지상을 통하여「독지·유력자에 촉하는 書」를 써서 자신의 주장을 이어갔다.

III. 1934년 이후 안재홍의 조선학 개념과 논점

1. 조선학 개념의 정립

안재홍이 조선학 개념을 진전시킨 두 번째 단계는 1934년 9월 8일 정약용 逝世 99주년 기념강연회 바로 직후 조선학을 정의·표명한 때였다. 이 무렵 안재홍이 조선학을 개념정의하게 된 배경을 알기 위해서는, 同 강연회가 개최되기 전후의 상황을 파악할 필요가 있지만, 이는 기존의 연구에서도 많이 서술하였으므로 중복을 피하고 요점만 지적하겠다.[18]

---

17) 大原硏究所에 대해서는 이지원,『한국 근대 문화사상사 연구』, 혜안, 2007, 346~347쪽.
18) 자세한 내용은 김인식, 앞의 논문, 2014, 126~128쪽, 133~135쪽 참조.

同 강연회가 성황리에 진행되는 가운데 정인보가 '조선학'이란 용어를 제기하였고, 청중들의 이목을 끌었으나, 정작 정인보는 이 날 강연회와 이후 발표한 글에서도 조선학의 개념정의를 시도하지 않았다. 그런 가운데 강연회를 통하여 '조선연구의 기운'을 확인한『동아일보』의 T記者(申南澈)는 불명확한 조선학의 개념을 확립하기 위하여, 사계의 권위자인 白南雲・安在鴻・玄相允 세 사람을 찾아가 "조선학은 무엇인가?"를 질문하였다. 안재홍은 이에 답하면서 조선학의 개념을 정립하였다.[19]

1934년 9월 안재홍은 T기자와 인터뷰하면서 조선학이란 용어를 처음 정의하였다. 이때 그는 1931년 자신이 '조선연구'의 방향으로 제시하였던 제안들을 기초로 삼고, 방법론・방향성과 목적 등을 포함시켜 조선학의 개념을 정립하여 언급하였다. 그의 '조선학'론이 진전하는 두 번째 과정이었다.

안재홍을 향한 T기자의 첫 번째 질문도 역시 "朝鮮學이라고하면 무엇을 말하는 것이겠습니까." 하는 정의의 문제였고, 안재홍은 이에 답하여 다음과 같이 조선학을 뜻매겼다.

　　　(자료 D)
　　　朝鮮學이라고 할것같으면 두가지 잇다고 생각합니다. 卽 하나는 廣意의
　　朝鮮學이니 왼갓 方面으로 朝鮮을 硏究探索하는것을 云謂하는것이겟고 다
　　른하나는 朝鮮의 固有한것 朝鮮文化의特色, 朝鮮의 獨自한傳統을 闡明하야
　　學問的으로 體系化하야보자는 말하자면 本來의意味에잇어의 朝鮮學―狹義
　　의 그것이라고 할가―이 그것이겟지요.

----

[19] T記者가 문답하는 내용의 기사가 'T記者'의 명의로 3회에 걸쳐 연재되었는데, 안재홍과 인터뷰한 기사는 다음과 같다. 「朝鮮硏究의 機運에 際하야(二) 世界文化에 朝鮮色을짜너차-安在鴻氏와의 一問一答」,『東亞日報』(1934.9.12). T記者는 바로 신남철이었다. 全胤善,「1930年代 '朝鮮學' 振興運動 연구-方法論의 모색과 民族問題 認識을 중심으로」, 연세대학교 석사학위논문, 1998, 8쪽.

이전의 논자들이 조선학이란 용어를 사용하면서도 개념정의가 불명확하였음에 비하면, 안재홍의 조선학 정의는 명쾌한 편이었으나, 사실은 이전 1931년 '조선연구'의 두 방면을 언급한 내용을 기초로 하여 좀더 진전시켰을 뿐이다. (자료 D)에서 정의한 조선학은 조선연구와 등치할 수 있는 개념이었다. 실지 인터뷰 내용을 보면, 안재홍은 조선연구라는 표현을 여러 차례 사용하였다.[20] 그는 1931년 조선연구의 두 가지 방면(현재와 과거의 영역)으로 언급하였던 내용을 각각 광의와 협의의 조선학으로 정의하였고, 협의를 본래 의미의 조선학으로 규정하면서, 조선의 '고유'·'특색'·'독자'한 면을 밝히는 데 초점을 두었다.

이때 '고유'·'독자'는 "花郎道야말로 外國文化侵入以前에 잇서서의 朝鮮의 固有한 文化形態입니다."는 말에서 보듯이, 외래문화의 요소가 섞이기 이전의 문화형태였다. 물론 안재홍도 인접 국가의 문화 침식과 교섭을 배제할 수 없음을 인식하였지만, 궁극에서는 조선 '고유'·'독자'의 영역을 설정하고 있었다. "朝鮮의 獨自性을 究極的으로 指摘하는것은 좀困難하지만 亦是 固有한것을 가지고 잇다고 봅니다."는 말에서, 머뭇거림이 곧바로 확신의 斷言으로 이어짐을 본다.

안재홍이 한국사 가운데 고대사 연구에 치중한 이유의 하나는, 외래문화와 융합하기 이전 조선 '고유'의 영역이 존재한다는 전제—이는 가설보다는 확신에 가깝다— 아래, 이를 천착해야 한다는 의무감의 반영이기도 하였다. 뒤에서 보겠지만, 이는 그가 설정한 조선학의 목적이자 방법론으로서 '祖述'

---

[20] 이를테면 정약용의 저술을 가리켜 "牧民心書, 經世遺表, 欽欽心書等 모다貴重한 硏究인同時에 朝鮮硏究에잇서서의 好個의 文獻이지요"라고 말한 데에서도 볼 수 있다. 인터뷰어가 대담 내용을 윤색했는지는 모르겠지만, 기사 말미에 '文責在記者'라고 책임 소재를 밝힌 양식을 감안한다면, T기자는 대담자의 발언을 그대로 옮겨 적었으리라 생각한다.

이라는 개념과도 연관되었다.

조선학에 대한 정의 다음에 이어진 문제는 연구방법론이었다. 조선의 "獨自한 傳統과 文化가 闡明"되기 위해서 "어떠한 方式으로 硏究를 해야" 하느냐는 질문에, 안재홍은 "朝鮮人의 見地에 서서" "朝鮮歷史를 基礎로 하야 硏究"해야 한다고 답한 뒤, 이를 부연하여 "政治, 經濟, 法制, 思想, 敎育의變動을 部門的으로 究明하야 朝鮮의 歷史及 思潮의 變化發展의 자최를 더듬어보는 것"이라고 설명하였다. 인터뷰한 원문에는 여기 '部門的'에 방점이 찍혔는데, 이는 정치ㆍ경제ㆍ법제 등의 각 부분의 변동을 세부화해 구명함으로써 조선의 역사와 사조 등의 변화ㆍ발전 과정을 고찰한다는 뜻이었다.

조선역사를 기초로 조선인이 주체가 되어 조선인의 견지에서 연구하는 주체성은, 최남선의 '조선학 선언' 이래 조선학을 언급한 논자들의 공통점이었다. 안재홍은 조선학을 연구하는 자료로 '문헌' 즉 '朝鮮 歷史의기록을 中心'으로 진행해야 함을 지적하면서, "文集이야 말로 朝鮮에 잇어서는 아조 重要한 文獻들"이라고 강조하였다. 그에게는 민속ㆍ토속도 중요하였지만, 역시 관심의 초점은 정신사에 있었음을 보여준다.

이상에서 살펴본 바, 안재홍이 제기한 조선학의 정의ㆍ방법론ㆍ내용들은 어찌 보면 다른 논자들에게서도 발견할 수 있는 평범한 상식선의 견해였다. 다른 논자들과 구별되는 안재홍다운 '조선학'론은 조선학의 목적과 의의를 천명하는 데에서 뚜렷이 드러났다. 이 점이 그의 '조선학'론에서 가장 중요한 특징이며, 실천으로 이어진 조선학의 목적이었다. 아래의 (자료 E)는 이를 보여준다.

(자료 E)

　　어떠튼 朝鮮學이라고하면 그것은 先人의것을 祖述擴充하야 朝鮮의 文物 의研究에잇어서 獨特한 要素를攝入하도록 하는것이라 하겟지요. 그리하야 世界文化에朝鮮色을짜넛는것이우리에게 賦與된任務라고 하겟지요.

　　위의 인용문에서도, 최남선·문일평 등의 논지와 동일한 단어를 발견할 수 있지만, 여기서 눈여겨볼 곳은 "先人의것을 祖述擴充"한다는 말이다. 안재 홍은 동양전통의 '述而不作'의 태도를 넘어 '祖述擴充'을 내세웠는데,[21] 이는 조선 '고유'·'독자'의 영역을 상정하는 논리에 기반을 두고 출발하였다. '祖述 擴充'은 말 그대로, 先人이 說한 바를 근본으로 삼아 서술하고 밝힌 뒤, 이를 넓혀서 충실토록 한다(채워넣는다)는 뜻이다.

　　실지 안재홍은 조선학을 천명한 이후, 이의 목적성을 달성하는 방법론으 로 '조술확충'을 실천하였다. 그는 「夫婁'神道와 '不咸文化論」(1938), 『不咸哲 學大全』(1940), 「三一神誥 註」(1944) 등[22]에서 '붉道'와 '비·씨·몬의 哲理'와 '數의 哲理'를 캐내어 '조선정치철학'을 정립하려 하였고, 다시 이를 기반으로 해방 후 신민족주의를 제창하였는데 "先人의것을 祖述擴充"한 典型이었다. 안재홍은 자신이 先人의 '哲理'를 조선정치철학으로 '조술'하고 신민족주의로 '확충'하였음을, 「신민족주의와 신민주주의」에서 다음과 같이 밝혔다.

---

21) "凡有四端於我者, 知皆擴而充之矣, 若火之始然, 泉之始達. 苟能充之, 足以保四海, 苟 不充之, 不足以事父母" 『孟子』, 「公孫丑」上, 不忍人之心章 第六. 안재홍이 '확충'이란 말을 『孟子』에서 원용하였는지 확실하지 않지만, '조술확충'이란 말 자체가 '述而不作' 과 '擴而充之'를 결합하였다는 느낌을 준다.

22) 이 세 논설은 모두 미발표 원고이다. 「불함철학대전」은 산실되었고, 나머지 두 원고 는 『選集』 4에 실려 있다.

(자료 F)

眞理는 영원히 묵었고 또 영원히 새롭다. 吾人은 이제 새로운 社會科學의
칼로, 古朝鮮의 文化의 陳奔을 헤치고, 久遠한 生命을 담고 있는 先民 創成의
生活理念을 뒤져 내어, 써 新時代 建造의 指針을 삼고자 한다. 朝鮮의 先民이
맨 처음에 발견한 世界觀的 哲理는 「비」요, 「씨」요, 「몬」의 그것이었다.[23]

위의 인용문은 안재홍이 말한 '祖述擴充'의 의미를 단적으로 보여준다. 그
는 조선 고유의 전통사상을 새로운 사회과학의 칼로 다듬어 민족의 비전을
제시하고자 하였다. "世界文化에 朝鮮色을 짜 넣는 것"도 같은 맥락에서 이해
할 수 있다. 안재홍은 '조선 고유'의 '붉'·'빅어' 사상을 고대 아시리아의 문화
양상과 비교하면서 헤겔의 사상까지 병행하여 조명하였다. 이로써 그는 "震
方 古史를 통하여 볼 수 있는 全人類 歷史의 고대사회적 단계 과정을 천명하
여 주는 바"임을 규명함으로써 '인류문화의 단계적 공통성' 속에[24] 조선문화
의 색을 첨가시키면서, 조선문화를 세계문화의 한 요소로 자리매김하려 하였
다.

안재홍이 '조술확충'하고자 한 조선 고유의 영역은 先民의 조선정치철학과
정약용의 학문이 주를 이루었다. 나아가 그는 조선 '독자'의 사상에 기반을
둔 새로운 정치 이념·이상을 창안함으로써 '民世主義'를 형성하는 세계사의
보편성에 참여하려 하였다(자료 L을 참조). 그가 신민족주의론를 창안하여
제창함도 이 같은 목적의식성에서 출발하였음은 물론이다.

안재홍이 '조술확충'하고자 한 대표 인물은 정약용이었다. 안재홍은 1934

---

[23] 「新民族主義와 新民主主義」(1945.9.22 탈고), 『選集』 2, 29쪽. (자료 F)의 인용문은 위
의 「新民族主義와 新民主主義」의 '第二章 朝鮮 政治哲學과 新民族主義'의 '一. 物心
兩元의 朝鮮哲學'에 나오는 말이다.
[24] 「夫婁'神道와 '不咸'文化論」(1938 未發表), 『選集』 4, 106~111쪽.

년 10월 무렵에는 조선후기 실학을 조선학과 맞바로 등치시켰는데, 이러한 논리의 배경에는 정약용을 '조술확충'하려는 의도가 깔려 있었다. (자료 G)에는 정약용을 평가하는 안재홍의 시각이 그대로 보인다.

(자료 G)

그 實學追求와 富國利己의 道를 다하려던 意圖의 一斑을 表出하였었다. … 그의 가장 光彩나고 價値있어 朝鮮學界의 至寶이오 民族文化의 자랑인 것은 現代 論客들이 朝鮮學이라고 하는 諸學이다. 그 代表的인 者로서는 經世遺表 牧民心書 欽欽新書 等은 政治, 經濟, 財政, 租稅, 刑政, 兵馬, 郡縣 城廓, 畜産, 鑛物, 交隣, 敎化, 行政, 臨民 治獄, 裁判 等 爲政百般에 뼈첫으되 朝鮮 古今의 歷史民度에 對應하야 具體實踐의 理論과 實際를 歷歷 指掌한 것이 그 斷然 拔群하는 內容의 特色이오.[25]

위의 인용문에서 안재홍의 조선학 개념이 확연히 드러난다. 안재홍에게 조선학의 자세·목적은 '실학추구와 부국이기'이며, 범주는 '위정백반'이며, 방법론은 조선의 옛날과 지금의 역사와 민도에 대응한 '구체실천 이론과 실제'를 파악하는 데 있었다. 정약용이 연구한 조선학의 모든 분야는 현재와 관련된 실학으로서 "富國利己의 道를 다하려던 意圖"였다는 지적은, 바로 안재홍이 제시하는 조선학의 목적과 일치하였다.

안재홍에게 실학자 정약용은 좁게는 조선학을 연구하는 전범이며, 넓게는 인생의 사표로서 '조술확충'할 롤모델이었다.[26] 1935년 8월 발표한 「다산의

---

25) 「朝鮮民의 運命을 反映하는 丁茶山先生과 그 生涯의 回顧」, 『新東亞』第卅五號, 第四卷·第十號(1934年 10月號), 44쪽.

26) 안재홍이 『與猶堂全書』를 교열·간행함은 정약용을 '조술확충'하려는 사업으로 조선문화운동의 실행이었다. 이는 좀 더 세밀하게 살펴보아야 할 과제이다.

경륜」에는,27) 뒷날 안재홍의 신민족주의를 구성하는 주요 용어·개념들이
정약용을 평가하는 데에서 이미 집약되어 나타났다. 어찌 보면 안재홍은 정
약용에게서 자신의 정치이상을 발견해 내었고, 역으로 말하면 현재 자신의
정치이상을 정약용에게 반사·투영시켜 표현하였다.

「다산의 경륜」에서 보이는 '경제민주주의=산업적 민주주의'라는 용어는,
안재홍의 사상체계의 도달점인 '신민족주의'론에서 정치민주주의와 함께 신
민주주의 체제의 두 축을 구성하는 한 기둥이었다. 안재홍은 '경제민주주의=
산업적 민주주의'를 '정치 건설의 토대'로 삼은 정약용을 '조술'하면서, 자신이
제시한 民世主義를 국가건설의 이론체계인 신민족주의로 '확충'시켜 나갔다.
이처럼 '조술확충'은 과거를 통하여 미래를 추단하고, 과거의 역사에서 현재
의 지향점을 찾아내는 작업을 가리켰다. 이런 의미에서 안재홍이 목적하는
조선학은 과거를 대상화하는 연구에 한정되지 않고, 현재 속에서 과거를 통
하여 미래를 지향하는 실천의 의미를 지니고 있었다.

안재홍이 정약용을 '조술'하면서 그의 신민족주의론도 농익어갔다. 그가
천명한 조선학은 유물사관에서 강조하는 만큼의 실천성을 수행하는 學이었
다. 단 그는 진단학회가 추구하는 세분화된 학의 영역으로서 전문성을 띤
조선학이 아니었고, 민중들에게 민족의식을 고양하는 '민중심화과정'의 임무
를 띤 조선문화운동의 한 영역이었다. 이는 뒤에 보기로 하겠다.

한편 (자료 F)에서 안재홍의 '조선학'론이 다른 논자들과 구별되는 한 가지
특징을 찾을 수 있다. 조선 고유의 사상과 사회과학을 결합시킨 시각과 방법
론은 오늘날의 관점에서는 비판하여 평가할 여지가 많다.28) 그러나 안재홍

27) 「茶山의 經綸」(1935.8 『朝鮮日報』)[『選集』 4, 141~145쪽].
28) 안재홍은 서구의 근대를 모방하기보다 조선 나름의 근대를 창출해야 하며, 이의 원천
   또한 조선의 고유한 역사와 문화전통·민족정신에서 구해야 한다고 믿었다. 이를 위

이 식민주의사관과 유물사관에 대항하여 민족의 진로를 고심하는 방편으로서 조선학을 연구하면서 근대 사회과학을 함께 천착한 태도는 중시해야 한다. 그의 조선학이 학으로서 전문성보다도 정치이념·정치철학으로서 사상성에 경도된 측면이 강함도 이에서 말미암았다. 바로 이 점이 사회과학의 이론 틀을 수반하지 않은 채 정신사관에 입각해 한국사 연구에 몰입하였던 조선학 연구와 구별되는 중요한 특징이었다.

2. '조선학'론의 구체화

이상에서 본 바와 같이, 안재홍은 T기자와 문답하는 가운데 조선학에 대한 정의를 시도하였으나 불충분하였다고 느꼈는지, 지면을 통하여 직접 자신의 문장으로 논지를 좀 더 진전시켰다. 그는 조선학 자체만을 정식으로 표제화하여 다루었으며, 자신의 사상체계 안에서 조선학의 개념과 의의를 명확하게 구체화시켜 천명하였다. 이는 안재홍의 조선학 개념이 진전되는 세 번째 과정이었다. 그는 조선학의 개념정의에서 더 나아가, 조선학을 비판하는 시각까지 포함하여 '朝鮮學의 問題'를 모두 포괄하려는 일종의 조선학 담론을 제시하였다.[29] 기존에 조선학을 제창한 논자들이 "그 眞的 正鵠한 目標를 뒤져내지 못한" 한계를 무엇보다도 의식하면서, 그 자신이 '眞的 正鵠한 目標를

해 그는 상고사와 신비주의에 가까운 '고대' 철학을 자신의 신민족주의론에 접목시켰다. 박한용, 「안재홍의 민족주의론 : 근대를 넘어선 근대」, 정윤재 외 공저,『민족에서 세계로·민세 안재홍의 신민족주의론』, 봉명, 2002, 203·207·223·226쪽.
[29] 樗山,「朝鮮學의 問題-卷頭言을 代함」,『新朝鮮』7(1934년 12월號), 2~4쪽. 이 글은 말미에 '十月 三日稿'라고 적었는데, T기자와 인터뷰한 이후 안재홍이 이 문제를 숙고하였음을 보여준다. 이하 출처를 따로 밝히지 않은 인용문은 위의 글에서 인용하였다.

제시하는 임무를 자담했다(뒤의 자료 L을 참조).

안재홍은 조선학을 크게 '목적론적 방면'과 '방법론적 방면'으로 나눈 뒤, 먼저 '목적론적 방면'을 선행시켜 길게 설명하였다. 이 중 '방법론적 방면'은 조선학에 대한 정의와 방법론이라는 두 가지 측면에 한정되었으므로 이해하기가 쉽다. 반면 '목적론적 방면'에 대해서는, 안재홍 자신이 용어들을 세심하게 정의하지 않은 채, 여러 가지를 내포하여 서술하였으므로 찬찬히 분석해야 한다. 이해의 편의를 위해서, 먼저 '방법론적 방면'을 살펴본다.

안재홍은 조선학이란 용어가 부적절하다고 문제 제기하는 시각을 인정하면서도, '조선학이란 熟語'의 타당성을 다음과 같이 변호하는 데에서 논지를 출발하였다.

> (자료 H)
> 『朝鮮學』의 외침이 가끔 노픈 것이 이 지음 우리 社會의 한 傾向이다. 埃及學 支那學 하는 싸위로 朝鮮學이란 것은 좀 當치 안흔 말이라고 主張하는 분이 잇스니 그의 말이 올타. 그러나或은 國學 쏘 무슨 學 하면서 一個의 同一文化體系의 單一化한 集團에서 그 集團 自身의 特殊한 歷史와 社會의 文化的 傾向을 探索하고 究明하려는 學의 部門을 무슨 學이라고 한다면 그런 意味에서 朝鮮學이란 熟語를 우리가 마음노코 쓸 수 있다.

안재홍은 백남운을 비롯하여 현상윤 등이 조선학이란 용어의 문제점을 지적한 바를 일단 인정하였다. 그는 조선학이란 용어가 제국주의 관변학자들이 약소민족·피침략민족을 단순하게 대상화시켜 '지역학'의 의미로 명명한 예를 따랐다는 점에서 오해할 여지가 있음을 수긍하였다. 그러면서도 그는 일개 민족의 '문화적 경향'을 탐구하는 學이 가능하다면, 해당 민족의 명칭에 '學'을 합성할 수 있다는 의미에서 조선학이란 용어가 적합성이 있음을 주장하였다.

여기서 안재홍이 조선학이란 용어의 타당성을 인정한 이유는, 그의 조선학 개념이 민족 개념을 전제로 삼아서 연구 주체와 목적성을 조선민족으로 설정하였기 때문이다. 한 마디로 표현하면, 민족주체성을 근거로 삼았기 때문이다. (자료 H)에서 보면, 안재홍은 조선학의 정의를 내릴 때 민족에 대한 정의를 전제로 깔았다.[30] "一個의 同一文化體系의 單一化한 集團"은 민족을 가리키며, '특수한'은 '독특한·독자한'의 뜻을 지녔다. 그렇다면 조선학은 한 민족=조선민족의 독특한·독자한 문화의 경향을 탐색·구명하려는 學이다. 이러한 관점에 서서, 안재홍은 정신사관을 배격하는 유물론자의 비판을 수용하여 다시 조선학을 규정하였다.

(자료 I)

朝鮮學이란 무엇이냐? 朝鮮魂이나 朝鮮精神을 取扱하는 學이냐?고 미리부터 근심스런 생각을 하는 분도 잇다. … 그러나 아무리 國際化를 高調하는 超新進의 學徒일지라도 一定한 地域에서 一定한 社會的 團結的 또 文化的 有機한 生活의 歷史를 가지고 온 同一言語와 同一文化의 集團이 그 鄕土的 傳統的의 一定한 趣味와 俗尙과 情調와 또는 그 大體로서 同一한 意圖의 動向을 가짐이 가장 妥當한 必有이오 또 緊切한 當爲인 것은 호츠로 否認할 수 업슬 것이니 이것을 否認한다 하면 그는 善意의 過誤가 아니면 誠意를 缺한 淺薄한 思究의 傾向일 것이오.

---

30) 1934년도에는 민족과 민족주의에 대한 안재홍 나름의 개념정의가 완결되어 있었다. 이는 김인식, 「안재홍의 민족주의와 신민족주의론」, 『白山學報』第50號, 白山學會, 1998b, 256~258; 266~270쪽.

안재홍은 조선학이 '조선혼'·'조선정신'을 들먹이는 관념론·국수주의가 아니냐는 유물론자·국제주의자들의 비판도 일단 수용하였다. 그리고 민족을 부인할 수 없다는 전제에서 출발하여, 다시 민족에 대한 정의를 깔고 조선학 개념을 더 구체화시켰다. 이때 조선학은 한 민족(=조선민족)이 그들의 자연과 전통 속에서 형성한 일정한 취미·속상·정조와 동일한 의도의 동향을 연구함이라고 정의할 수 있다. 안재홍이 자주 사용하는 '의도'라는 말은 많은 포괄성을 지니는데, 목적의식성을 주로 뜻하며,[31] 여기서는 민족의식을 의미하였다. 그는 조선민족의 현 단계에서 민족의식은 '필유' 또 '당위'라는 데에 조선학의 근거를 두었다.

지금까지 보았듯이, 안재홍은 조선학의 정의·대상(내용)을 이야기할 때 반드시 자신의 민족 개념에서 출발하였다. 이러한 의미에서 조선학은 조선민족의 생존을 위한 학으로 외연이 넓어지면서, 조선학이 요청되는 배경과 연결되는데, 이때 조선학은 狹義를 본래 의미로 보았던 강조점에서 광의의 영역으로 이동하게 된다. 안재홍은 조선학이 요청되는 배경을 다음과 같이 언급하였다.

---

31) 일찍이 1924년에 안재홍은 "人生은 짧고 藝術은 길다고 嗟嘆하였다. 인생은 짧으나 意圖는 길다."고 말하였다. 「아아, 그러나 그대는 朝鮮사람이다」(1924.5.20 『時代日報』) [1999, 『選集』 5, 33쪽]. 예술을 대치한 '의도'를 한 단어로 표현하기 어렵지만, 본문의 맥락과 그의 사상의 진전 과정을 반영할 때 이데올로기의 의미로서 '主義'도 아니며 '의식'이라고 말하기에는 부족하며, 목적의식성이 가장 적합하다. 앞의 (자료 G)의 첫 구절은 이를 뜻한다. 목적의식성은 안재홍의 신민족주의 이론에서 인간과 사회에 대한 근원의 규정성을 표현하는 핵심어였다. 그의 역사관의 귀결점인 종합적 유물사관에서도 목적의식성을 역사 발전의 동력으로 설정하였다. 김인식, 「앞의 논문」, 1998a, 225~230쪽.

(자료 J)

　웨 그러냐 하면 朝鮮과 가티 百事에 後進的인 特殊한 社會에서 … 國際生
存場에 나서(進立)잇는 오늘날의 情勢에서 그 品格과 動作이 매우 어설픈
不成品으로 된 者에게는 그는 一個의 生活集團으로서──一個의 民族으로서
그 純化 深化 또 淨化의 努力思索 操束 및 運動이 잇서야 할 것이 그 自身들
의 義務인 것이오 쓴 아니라 오늘날 國際的 交互作爲의 一方의 文化的 主體
로서 또 相對的 및 對外的인 義務로도 되는 것인 까닭이다.

　위에서 보듯이, 안재홍은 조선학이 요청되는 배경으로 크게 두 가지를 들
었다. 하나는 현 조선사회의 사회경제상의 특수성 즉 조선사회가 '後進的인
特殊한 社會'라는 민족 내의 조건이다. 또 하나는 국제화라는 시대조건 즉
세계화의 측면으로서 민족 밖의 조건이다. 첫 번째 논리는 '후진특수사회'라
는 조건에서는 민족생존의 차원에서 민족의 심화·순화·정화의 과정이 필
요하다는 뜻이었다. 이는 안재홍이 민족운동 도정에서 일관되게 강조하였던,
근대민족의식의 고양을 통한 '민족주의적 세련과정'이었다.[32] 두 번째는 인
류사의 세계화·국제화 과정에서 조선민족의 책무를 가리켰다. 이는 국제연
관성이라는 세계사의 조건에서 조선민족도 세계문화의 한 주체·요소로서
참여해야 한다는 논리였다. 여기서부터 그의 '조선학'론이 확장된다.

　안재홍에 따르면, 조선학이 요청되는 두 가지 배경·논리는 다시 하나로
회통되어, 조선인에게 새로운 생존 양식을 요청하였다. 이것은 새로운 이념
에 기반을 두어 새로운 사회를 건설해야 하는 민족사의 과제이며, 다시 이를
인류 사회에 제시해야 하는 세계사의 속의 사명이기도 하였다. 이는 바로
조선학의 목적이기도 하며, 조선학의 유용성과 실천성의 측면을 강조한 대목

---

[32] 김인식, 앞의 논문, 1998b, 266~270쪽.

이다. 안재홍은 민족사·세계사의 좌표에서 조선학의 위상과 지표를 제시하
였다.

　(자료 K)

　… 그리하야 우리 自身의 文化 밋 그 思想에서 朝鮮人的이면서 世界的이
오 世界的이면서 朝鮮 밋 朝鮮人的인 第三新生的인─現代에서 洗鍊된 새로
운 自我를 創建하고 아울러 그들의 自身에게 具全妥當한 新生的인 社會를
그의 適當한 將來에 創建하자는 崇高하고 嚴肅한 現實의 必要에서 出發 把
握 持續 또 高調되는 것이다.

　그리고 上述의 必然한 歸着은 … 外他 人民과의 相互的 交換的 或은 並存
的 째로는 또 協進的의 開放된 世界的 自我觀에 立場하여서의 일로 되는
것이다. 오늘날 二十世紀 上半期에 가장 穩健妥當한 各國民 各民族의 態度
는 卽 民族으로 世界에─世界로 民族에 交互되고 調劑되는 一種의 民世主
義를 形成하는 狀勢이오 이를 細分하야 말한다면 …

　(자료 K)는 이 시기 안재홍 사상의 핵심을 압축해 놓은 正言으로, 오늘날도
귀담아들어야 할 경구와 선견을 담고 있다. 여기서 중심어는 '세계적 자아
관'·'제3신생적'과 '민세주의'이며, 조선학의 입각지·출발점은 바로 이 '세계
적 자아관'이었다.

　조선학이 요청되는 제1차·근원의 동기는 두말할 여지없이 식민지라는 조
건 아래서 조선민족의 생존의 방편을 찾는 데에서 출발한다. "이런 것은 그
(조선인을 가리킴 : 인용자)의 品性과 情感의 方面에서 또 그 氣魄과 意欲의
方面에서 그의 意識的 昂揚을 要하는 要求로 되는 바이오 그것은 곳 自己自
身을 落伍된 衰頹의 구렁에서 躍進하는 生存의 征途에로 鞭韃하는 底力으로
되는 것이다."라는 지적은 바로 이를 가리켰다. 그러나 안재홍은 이 문구에

앞서 "그 交互되고 相對되는 人民集團과의 사이에도 그 日常의 接觸에서 항상 向上과 躍進의 意圖를 동무하는 自己承認을 要하는 것이다."라는 인식을 선행시켰다. 조선민족은 세계 속에 홀로 존재하는 個別單位가 아니라, 상대하고 교호하는 민족집단과 함께 병존하는 構成單位였다. 그는 민족집단의 이러한 존재 양식을 가리켜 "相互的 交換的 或은 並存的 째로는 또 協進的의 開放"이라고 표현하였다.

세계 구조 속에서 모든 민족집단은 상호간 교환하며 또 병존·협진해야 한다는 역사의식은, 당연히 '조선인적'과 '세계적'을 통합하는 과제를 제기한다. 민족을 正으로 내세우는 민족주의에, 세계를 反으로 대립시키는 국제주의·세계주의, 이 양자를 다시 함께 止揚(안재홍은 '會通'이런 표현을 자주 썼다)하는 綜合이 바로 '제3신생적'이었다. 민족주의로 편향하였던 과거를 국제주의(세계주의)가 거부하는 현실 속에서, 안재홍은 다시 단일직선론의 세계주의(즉 공산주의를 인류 진화의 보편성으로 강요하는)를 부정하고 새로운 미래상을 제시해야 했다. 그에게 이는 민족사·세계사의 현실이 요청하는 과제였다. 그런데 '제3신생적'은 '조선적' 요소를 결여한 세계문화를 기반으로 할 수 없기에, "우리 自身의 文化 밎 그 思想에서" 찾아내어, 이를 외래사상의 보편요소와 결합시켜야 했다.

안재홍에게는 '제3신생적'이라는 조선학의 목적성이 바로 조선학의 출발지점이었다. 조선의 역사를 바탕으로 '조선적 요소'가 주체가 되어 세계의 사조를 섭취함으로써, 미래에 새로운 사회를 창건해야 한다는 현실의 필요에서 조선학이 출발한다는 지적을 주시할 필요가 있다.[33] 이처럼 조선학의 목적은 조선의 문화와 사상을 기반으로 하여, 제3신생적인 朝鮮我(民族我 : 세

---

33) 김인식, 앞의 논문, 1998a, 213쪽.

계적 자아관에 근거하여 人類我·世界我를 전제로 한)를 창건하여 이에 합당한 '제3신생적인' 사회를 창건하는 데에 있었다.

새로운 자아를 기반으로 새로운 사회를 건설한다는 논리는[34] 안재홍에게는 매우 중요한 사상의 기저였다. 그가 이 사회의 具體像—이는 앞으로 해결해야 할 과제였다—을 제시하지 않았지만, 큰 틀은 '조선적' 요소를 주체로 삼아 '세계적' 추세를 '수용'한 사회였다. 그렇다면 學으로서 조선학은 이러한 이념을 창안·정립하는 데 목적성이 있었고, 그는 民世主義로써 정합성을 제시하였다. 민세주의도 앞으로 정립해야 할 과제였으므로 구체상을 제시하지 못하였지만, 이후 안재홍은 '민족적 국제주의'와 '국제적 민족주의'를 병렬하여 의미를 진전시켰다. 여기서 그가 내걸은 민세주의가 민족주의(민족애)와 세계주의(인류대동의 이념, 인류애)를 통합한 이념이었음을 알 수 있다.[35] 그는 자신의 아호를 따와 20세기의 과제를 이렇게 압축하였다.

그럼 안재홍은 조선학의 연구 주체·범위를 조선민족 안에서 어떻게 설정하였는가.

(자료 L)

朝鮮學은 두 가지 方法이 잇슬 것이니 하나는 그 現代現實에 卽한 統計的 數字的의 社會動態的인 方面이라 이도 嚴正한 科學的 調査研究의 素材로 되는 者이오 쏘 하나는 그 歷史的 傳統的 文化的 特殊傾向의 方面이니 이것

도 嚴正한 科學的 調査研究의 對象으로 되는 者이다. 이제 前者는 現代의
進步 或은 急進的인 士女들이 明白하게 關心하며 잇는 바이로되 … 後者에
關하야는 이를 提唱하고 高調한 者 만코도 오랜 셈이면서 여지껏 그 眞的
正鵠한 目標를 뒤저 내지 못한 者라. … 이 일(후자를 가리킴 : 인용자)은
어느 一部士女거나 或은 더구나 어썬 特殊部類의 사람들만 專擔하거나 또
는 獨擅할 性質의 일이 아니오 모든 識者와 學徒와 先駈者들이 각각 모다
關心討究할 바이며 特히 生長되는 靑少年의 學生諸君에게도 그 새로운 注
意를 불러일으킬 바이다. … 吾人은 微力이나마 이에서 한번 더 외처서 大衆
의 쪽으로 보내두는 것이다.

앞서 본 T기자와 문답에서, 안재홍은 조선학을 광의와 협의로 나눈 바 있
었다. (자료 L)에서는 그러한 구분을 시도하지는 않았지만, 이곳에서는 앞서
협의(=본래 의미)의 조선학으로 표현하였던 부면을 더욱 강조하였다. 안재
홍은 급진론자들이 이에 무관심함에서 더 나아가 오히려 '말살'하려는 시도
까지 있음을 비판하는 동시에, 또 기존의 조선연구자들의 연구 자세와 태도
에 나타나는 문제점도 지적하였다. 후자 쪽은 무엇보다도 "그 眞的 正鵠한
目標를 뒤저 내지 못한" 한계가 너무 뚜렷하였다. 안재홍은 양자를 다 넘어서
는 '조선학'론을 제시하려 하였다.

그런데 (자료 L)에서 눈여겨볼 대목이 있다. 안재홍은 조선학 연구자의 범
위를 이른바 전문가의 영역으로 설정하지 않았다. 이때 이미 진단학회 등과
같은 전문 학회가 창립되었고, 대학에서 특정한 학문 분과를 전공한 연구자
들이 전문 영역을 설정하여 연구를 본격 시작하였다. 그러나 안재홍은 이러
한 경향에는 언급하지 않았다. 그는 대학에서 한국사를 전공한 학자는 아니
었으나, 관심도와 열정은 이들에게 뒤지지 않았다. 그는 한국 고대사 분야에
서는 나름 전문성도 확보하였지만, 진단학회 등과는 구별되는 연구단체를

의도하였다. 안재홍은 자신과 동일한 목적성을 추구하는 사람들과 함께, 국내외 정세를 주시하면서 민족의 진로를 '사학적'으로 연구하는 단체로서 '학구적 연구단체'를 결성하고자 하였다.[36] 물론 이는 실현되지 않았지만, 안재홍의 조선학이 목적의식성 아래 실천성을 띠고 있었으며, 이는 진단학회 등과는 한국사를 연구하는 '意趣'가 달랐음을 말한다.

안재홍의 조선학은 '정치적 동작'은 아니었지만, 민족정신을 정립하고 민족의식을 고취하려는 정치 의도를 내포한 '문화적 공작'으로서 민족의 진로와 관계 있는 연구 영역이었다. 따라서 전문가의 전문성을 전제로 삼아 전문가들만이 공유할 과제가 아니라, 민족 구성원 모두가 인식해야 할 차원이었다. 이러한 점에서 안재홍이 천명하는 조선학은 전문 영역의 독립된 장으로서 學이 아니라, 관심과 토구로 넓혀나가는 학습까지 포함하는 學이었다. 안재홍은 '特殊部類'가 '專擅 · 獨擅'하는 조선학을 추구하지 않았다. 그는 조선학 연구자의 범위를 특수한 전문 영역에 한정시키지 않고, 식자 · 학도 · 선구자에서 더 나아가 '청소년 학생제군'으로 확대하려 하였다. 그가 구상하는 연구자의 범위는 전문 연구 능력을 갖춘 전문가들을 비롯하여, 이들의 연구 결과를 이해하고 공유할 수 있는 범주를 포함하였다.

그런데 안재홍이 자신의 趣意를 실천하려면, 연구결과를 공유하는 방법이 또 문제가 된다. 이 점에서 그의 '조선학'론은 문화운동론으로 논의의 영역이 다시 확대될 수밖에 없었다. 안재홍은 자신이 제기한 논의를 조선인의 '문화적 정진'을 촉구하는 '조선문화운동'론으로 이어갔다. 그가 "朝鮮文化運動에

---

[36] 앞서 본 바 있는 『新東亞』의 「讀書樣態」는 설문의 네 번째로 "四. 요새 느끼신 問題가 무엇입니까?"라고 물었는데, 안재홍은 "意趣가 딱 맞는 사람들끼리 學究的 研究團體를 맨들어서 한동안 政治的 喧騷를 곁눈으로 보면서 우리의 갈길을 史學的으로 研鑽하여 보앗스면 합니다."고 답하였다. 앞의 「讀書樣態」, 118 · 124쪽.

로! 朝鮮文化에 精進하자! 朝鮮學을 闡明하자!"[37]는 구호를 제창한 데에서, 조선문화운동·조선문화·조선학 이 3자가 매우 중요한 상관관계임을 확인할 수 있다. 이때 조선학은 조선문화를 규명하는 學으로서 조선문화운동을 선도하는 분야였다.

안재홍은 조선학을 조선문화운동의 한 영역으로 설정하고, 조선문화운동을 제창하는 하나의 방안으로 조선학을 '천명'하였다. 그가 1930년대 들어 조선문화운동을 주장하는 이유는 당시 그의 정세인식과도 깊은 관련이 있었다.[38] 유물사관론자들은 그가 제기한 '조선문화운동'론·'조선학'론까지 포함하여 조선연구를 둘러싼 논쟁을 확대하였다. 이러한 현상을 오늘날 학계에서 '조선학운동'이라 통칭하는 결과는, 그의 '조선학'론이 긍정평가를 받아 한국근대사에 자리매김되었다는 의의를 보여준다.

IV. 맺음말

1934년을 전후한 무렵, 안재홍은 신간회와 같은 정치단체를 결성하는 형태로 일제를 향하여 정치투쟁을 실천할 수 없다고 정세판단하였다. 파시즘 체제가 강화되는 정세에서, 그는 민족생존의 한 방법으로 민족의 현실과 과거를 탐구하고, 민중들에게 근대 민족의식을 고양시키려는 목적에서 '조선문화운동'을 제창하였다. 그리고 "조선문화에 정진하자"는 구호로 조선문화운동

---

[37] 樗山, 「朝鮮과 文化運動-卷頭言에 代함」, 『新朝鮮』第八號 新年號(1935年 1月號), 1~3쪽.
[38] 1930년대 안재홍의 '조선문화운동'론은 별도의 논의가 필요한 큰 주제이며, 조선문화운동과 조선학의 관계도 위의 주제 아래 좀 더 세밀하게 다루어야 할 소주제이므로 상세한 서술은 다음 과제로 남겨둔다.

을 구체화하면서, 이의 한 갈래·방안으로 "조선학을 천명하자"고 주장하였다. 이때 조선학은 조선문화운동의 하위 범주로서 조선문화에 정진하는 하나의 실천 분야였다.

안재홍은 조선학 자체를 운동의 차원에서 수립하자고 제창하지는 않았다. 그가 제창한 구호는 '운동'→'정진'→'천명'으로 하향 구체화되었다. 그는 조선학을 한 분야의 매개로 삼는 조선문화운동을 제창하였고, 이때 조선학의 궁극 목적은 조선의 '독자적인 특수성'에 입각해 '독자적'인 정치문화체제의 가능성을 '과학적'으로 제시하려는 데에 있었다.

흔히 '비판적 조선학' 계열로 불리는 논자들이 일제의 관학을 비난하는 동시에, 일군의 민족주의 사학자들을 '관념적'·'신비적'·'비과학적'이라 규정하여 비판하였듯이, 안재홍도 일제 관학을 배격하는 동시에 유물사관의 역사의식과 방법론을 비판했다. 이 점에서 본다면, 안재홍이 천명한 조선학은 양자를 동시에 비판하는 조선학이었다. 그는 누구보다도 '과학적'을 강조하면서, 식민주의사관을 비롯하여 유물사관뿐만 아니라, 선배·동료 민족주의사학자들의 정신사관까지도 극복하려 하였다. 그가 직접 '과학적 조선학'을 표방하지는 않았지만, 조선학을 과학으로 인식·발전시키려 하였으며, 이러한 자신의 목적의식과 방법론이 과학에 입각하였음을 자부하였다.

안재홍의 '조선학'론은 일제의 식민주의사학에 대항하여 민족정체성을 확보한다는 의미가 컸지만, 어찌 보면 그가 '급진론자'로 표현한 사회(공산)주의자들의 운동 목표와 세계관에 대항하는 측면이 더 강하였다. 그가 '조선학'론을 피력하던 시기는, 식민지조선의 특수성에 입각하여 민족국가건설의 이념을 정립하려는 실천론, 이를 뒷받침하는 세계관으로서 역사관의 정립을 모색하던 때와 일치하였다. 그의 '조선학'론을 크게 보면, 사회(공산)주의자들의 국가건설론을 극복할 새로운 국가건설론의 대안을 제시하며, 좁게 보더라도 유물사관을 대체할 역사관을 정립하려는 목적의식을 지니고 있었다. 언론사의 현직을 떠나 있던 1930년대 중반의 안재홍은 역사와 문화에 대한 생각을 심화시켜 나갔으며, 이는 8·15해방 후 '종합적 유물사관'으로 표현되는 역사관의 기초를 이루었다.

안재홍은 새로운 이념과 이에 기반을 둔 사회를 창건하는 데 조선학의 목적성을 설정하였고, 先人들의 사상·문화를 '祖述擴充'함으로써 이를 달성하려 하였다. 조술확충은 과거를 통하여 미래를 추단하고, 과거의 역사에서 현재의 지향점을 찾아내는 작업을 가리켰다. 그는 조선 고유의 영역으로서 先民의 조선정치철학과 정약용의 학문을 조술확충하였으며, 이는 이후 그가 제창하는 신민족주의의 이론 기반을 이루었다. 이런 의미에서 안재홍의 조선학은 과거를 대상화하는 연구에 한정되지 않고, 현재 속에서 과거를 통하여 미래를 지향하는 실천의 의미를 지니고 있었다.

참고문헌

〈자료〉

高麗大學校博物館 編,『民世安在鴻選集』6, 知識産業社, 2005.

安在鴻選集刊行委員會 編,『民世安在鴻選集』1 · 2 · 4 · 5, 知識産業社, 1981 · 1983 · 1992 · 1999.

六堂全集編纂委員會,『六堂崔南善全集』5, 玄岩社, 1973.

鄭寅普,『薝園 鄭寅普全集』2, 延世大學校出版部, 1983논저

김인식, 「안재홍의 민족주의와 신민족주의론」,『白山學報』50, 白山學會, 1998.

_____, 「안재홍의 신민족주의 이념의 형성 과정과 조선정치철학」,『韓國學報』93, 一志社, 1998.

_____, 「1920년대와 1930년대 초 '조선학' 개념의 형성 과정 -최남선 · 정인보 · 문일평 · 김태준 · 신남철의 예」,『崇實史學』33, 崇實史學會, 2014.

류시현, 「1920년대 최남선의 '조선학' 연구와 민족성 논의」,『역사문제연구』17, 역사문제연구소, 2007.

_____, 「1930년대 안재홍의 '조선학운동'과 민족사 서술」,『아시아문화연구』22, 경원대학교 아시아문화연구소, 2011.

박찬승, 「1930년대 安在鴻의 民世主義論」,『한국근현대사연구』20, 한국근현대사학회, 2002.

박한용, 「안재홍의 민족주의론 : 근대를 넘어선 근대」, 정윤재 외 공저,『민족에서세계로 · 민세 안재홍의 신민족주의론』, 봉명, 2002.

이황직, 「위당 조선학의 개념과 의미에 관한 연구」,『현상과 인식』112, 한국인문사회과학회, 2010.

全胤善, 「1930年代 '朝鮮學'振興運動 연구-方法論의 모색과 民族問題 認識을 중심으로」, 연세대학교 석사학위논문, 1998.

鄭允在, 「民世 安在鴻의 신민족주의론 연구」, 愼鏞廈 編, 『韓國現代社會思想』, 지식산업사, 1984.

최선웅, 「정인보의 〈동아일보〉를 통한 조선학운동」, 『(1934년 조선학운동 80주년 기념 제8회 민세학술대회) 1930년대 조선학운동 참여인물 연구』, 사단법인 민세 안재홍선생기념사업회 주최, 2014.

조선학 운동과 백남운의 사회사 인식

이준식 (민족문제연구소 연구위원)

Ⅰ. 머리말

'조선학 운동'은 1934년 안재홍에 의해 시작된 것으로 널리 알려져 있다. 실제로 조선학 운동 하면 많은 사람이 안재홍을 떠올린다. 조선학 운동을 주도한 안재홍은 주지하듯이 한때는 이른바 민족주의 좌파 세력의 기관지 역할을 하던 『조선일보』의 이사, 부사장, 사장을 역임한 『조선일보』 사람이었다. 그런데 안재홍이 조선학 운동을 제창할 때 여기에 가장 적극적으로 호응한 것은 『조선일보』의 경쟁지이던 『동아일보』였다. 1920년대 중반 이후 민족주의 우파의 기관지와도 같던 『동아일보』와 민족주의 좌파의 핵심 인물이던 안재홍이 1930년대 중반에는 조선학 운동에서 손을 잡은 것이다.

손을 잡은 것은 과거의 민족주의 좌파와 우파만이 아니었다. 비록 '비판적'이라는 단서를 붙이기는 했지만 사회주의 진영의 일부 지식인도 조선학 운동에 관여했다. 1930년대 중반 조선학을 매개로 민족주의 진영과 사회주의 진영이 학술 운동에서 부분적으로 그리고 일시적으로나마 연대하는 모습이 나타난 것이다. 이러한 상황을 어떻게 이해할 수 있을 것인가? 이 글은 백남운을 중심으로 그 답의 일단을 찾아보려는 것이다.

조선학 운동이란 원래 민족주의 좌파의 안재홍이 1930년대 신간회가 해소되면서 정치 운동의 장이 사라지자 그 대안으로 1934년부터 추진한 문화·학술 운동을 가리킨다. 그러나 이는 조선학 운동에 관한 가장 좁은 규정이다. 실제로 조선학 운동이 전개되는 동안에 안재홍 등 민족주의 진영과는 다른 입장에서 조선학을 바라보는 또 다른 흐름도 존재했다. 백남운을 필두로 하는 '비판적' 조선학[1) 또는 '과학적' 조선학[2)이 바로 그것이다. 따라서 여기서는 조선학 운동을 백남운 등의 비판적 조선학까지 아우르는 의미에서 사용하려고 한다.

백남운은 맑스주의 지식인 가운데 예외적으로 조선학 운동에 깊이 관여했다. 그는 분명히 안재홍 등이 주도하는 조선학 운동에 비판적인 입장을 취하면서도 조선학 운동의 의의 자체는 부정하지 않았다. 아니 오히려 조선학 운동의 한 핵심 과제로 1934년부터 본격화된 정약용 기념사업에서는 안재홍, 정인보 등에 못지않게 적극적인 역할을 했다. 백남운의 조선학 운동 관여는 민족 운동으로서의 조선학 운동을 이해하는 데 중요한 의미를 갖는다. 당시 백남운은 『조선사회경제사』(1933)[3) 발간을 계기로 일부 맑스주의 지식

1) 비판적 조선학이라는 개념을 처음 정립한 것은 백남운의 학문과 사상을 한국 근·현대사의 흐름과 관련해 종합적으로 파악한 최초의 연구서를 낸 방기중이었다. 방기중, 『한국근현대사상연구』(역사비평사, 1992), 119~125쪽 볼 것. 방기중은 백남운과 함께 비판적 조선학에 합류한 인물로 김태준, 신남철, 홍기문을 들었다.
2) 이하에서 살펴보겠지만 백남운은 민족주의 진영의 조선학을 비판할 때 '신흥과학' 곧 맑스주의의 역사적 유물론을 내세웠다. 그런 의미에서 백남운이 추구한 조선학은 과학적 조선학이라고 부를 수 있다. 다만 이 경우 안재홍 등도 다른 의미이기는 하지만 조선학 운동의 과학성을 부정하지는 않았다는 사실을 고려할 필요가 있다.
3) 이 책은 원래 도쿄(東京) 개조사(改造社)에서 일본어로 출간되었고 나중에 우리말로 옮겨졌다. 『조선사회경제사』(윤한택 옮김)(이성과 현실, 1989) 이하 이 책의 인용은 우리말 번역본에 따른 것이다.

인들에게 '공식주의자'라는 비판을 받고 있었지만 동시에 맑스주의를 따르던 일부 지식인으로부터는 강력한 지지를 받고 있었다.[4] 그러면서 백남운과 뜻을 같이 하는 일군의 맑스주의자들이 비판적인 입장에서 조선학 운동에 관여하게 된 것이다.

II. 조선학 운동과 백남운

1. 민족 운동으로서의 조선학 운동

조선학 운동이 시작될 무렵 백남운은 신남철과의 대담에서 조선학이란 용어는 최남선이 일본이나 서양의 지나(支那)[5]학자에 의한 '지나학'을 모방해 제시한 것으로 과학적으로 정제되지 못했다고 지적한 바 있다.[6] 실제로 '조

---

[4] 보기를 들어 이 글에서 구체적으로 다루지는 않지만 조선학 운동의 지형을 이해하는 데 중요한 의미를 갖는 인물인 신남철은 "새로운 세대의 조선에 대한 과학적 지식을 획득하려는 노력은 당연히 종래 거의 고루하고 관념적인 방법에 의하여 연구되어 오는 조선의 역사적 문화에 대한 재음미를 요구"한다고 전제하고, "역사학 연구의 진정한 의미는 (중략) 과학적 필연성의 법칙을 객관적 발전의 속에 발견하여서 제형태의 교호관계를 조직하고 이해하는 데 있"다고 보았다. 신남철, 「최근 조선연구의 업적과 그 재출발-조선학은 어떠케 수립할 것인가(1)」, 『동아일보』, 1934년 1월 1일. 이러한 신남철의 입장은 백남운이 『조선사회경제사』 등에서 밝힌 역사 인식과 같은 것이었다. 결국 신남철이 백남운을 적극 지지하면서 과학적 조선 연구라는 입장을 따랐음을 알 수 있다.

[5] 지나는 중국을 가리키는 일본어 표현이다. 중국에서는 지나라는 말을 일종의 차별어로 간주하고 있다.

[6] T기자, 「조선 연구의 기운에 제하여」, 하일식 엮음, 『백남운전집 4: 휘편』(이론과 실천, 1991), 466쪽. 이 글은 원래 『동아일보』, 1934년 9월 11일에 실린 것이다. T기자는 신남철의 필명이다.

선학[7]이라는 말을 처음으로 쓴 것은 최남선이었다. 최남선은 1922년 "정신부터 독립할 것이다. 사상으로 독립할 것이다. 학술에 독립할 것이다. 특별히 자기를 옹호하는 정신, 자기를 발휘하는 사상, 자기를 구명하는 학술의 상으로 절대한 자주, 완전한 독립을 실현할 것이다. 조선인의 손으로 '조선학'을 먼저 세울 것이다"[8]라고 주장했다.

최남선이 '조선학'을 처음 거명한 이후 특히 역사 연구에서 민족사를 문화사로 파악하려는 시도가 활발하게 이루어졌다. 종래에는 정치를 중심으로 역사 서술을 하던 데 비해 예술, 풍속, 학술 등을 중심으로 하는 문화사의 영역이 성립되었다. 실제로 안확의 『조선문학사』(1922), 『조선문명사』(1922), 최남선의 『조선역사통속강화개제』(1922), 『불함문화론』(1925), 장지연의 『조선유교연원』(1922) 등 문화사 저서가 대거 출간되었다. 대표적인 문화사가이자 스스로 문화 운동에도 깊이 관여하고 있던 안확은 『조선문학사』를 통해 조선의 역사를 정신사 또는 사상사의 관점에서 파악하려고 했다. 그리고 『조선문명사』에서는 '생활사'의 관점을 도입해 기존의 정치사 서술을 문명사로 대체하려는 시도를 보였다. 이외에도 장지연, 황의돈, 권덕규, 최남선 등이 통사서에 각 시대별로 문화면을 별도 항목으로 설정하는 등의 방법으로 문화사 서술을 도입하고 있었다. 그러면서 고려 이래의 인쇄 문화, 대장경, 훈민정음 등이 세계에 자랑할 만한 고유한 민족 문화로 부각되었다.

그러나 1920년대 문화 운동론의 조선 연구는 분명한 한계를 갖고 있었다. 최남선은 조선학이라는 말을 들고 나오면서 정신·사상·학술의 '절대한 자

---

7) 이하 1930년대의 조선학 운동과 구분하기 위해 최남선이 주창한 조선학은 '조선학'으로 표기한다.

8) 최남선, 『조선역사통속강화개제』(1922), 고려대학교 아세아문제연구소 편, 『육당최남선전집 2』(현암사, 1976), 416쪽.

주, 완전한 독립'에 한정했다. 이는 최남선이 표방한 '조선학'이 비정치 내지
는 탈정치의 성격을 갖고 있었음을 의미한다. 말하자면 일제 강점기 우리
민족이 처한 현실을 애써 회피함으로써 결과적으로는 일제 지배 권력이 표
방하고 있던 '문화 정치'의 논리에 매몰될 가능성을 스스로 보이고 있었던
것이다. 최남선의 '조선학'은 민족의 독립이란 구체적인 실체가 결여된 지극
히 추상적이고 감상적인 수사에 지나지 않았다.

그런 가운데 1930년을 전후한 시기에 이와는 다른 의미의 조선학을 추구하
는 움직임이 등장했다. 여기에 앞장선 것은 안재홍이었다. 1930년 대 초 신간
회 해소론이 등장하고 결국 신간회가 해소되자 안재홍 등 신간회 유지론자
들은 '민족적 표현 단체'의 재건을 주장했다.9) 여기에는 신간회에 참여하지
않은 민족주의 세력도 가세했다.10) 민족적 표현 단체의 주체와 조직형태 등
에 대한 이들의 생각이 같았던 것은 아니지만 사회주의자들이 민족주의 진
영과의 일체의 협동을 폐기한 상황에서 신간회에의 참여와 비참여 또는 일
제에의 타협과 비타협이라는 구분을 넘어 민족주의 세력이 하나로 결집하려
는 움직임을 보인 것이다. 1932년 1월에는 안재홍, 서정희, 이종린 등이 동우
회의 김성업, 이광수, 조만식11) 등과 더불어 민족단체통제협의회를 조직할
것을 협의했다.12) 이어 1932년 7월 말에는 평양에서 건중회가 창립되었다.

9) 당시 사회주의 진영에서는 민족주의 세력만으로 '대중 운동의 중심적 조직 세력'을
갖추자는 안재홍의 입장을 '안재홍 코스'라고 부르면서 맹렬하게 비판했다. 보기를
들어 진영철, 「표현단체 재수립의 정체, 안재홍 코-쓰 비판」, 『삼천리』, 4권 3호(1932),
38쪽 볼 것.
10) 『동아일보』, 1932년 1월 1일~4일; 『조선일보』, 1932년 1월 3일.
11) 조만식은 동우회 회원은 아니었지만 동우회 활동에 깊이 관여하던 동지였다. 조배원,
「수양동우회·동우회 연구」(성균관대학교 석사학위논문, 1998), 54쪽.
12) 조선총독부경무국, 『일제하 조선의 치안상황』(1933), 『1930년대 민족해방운동』(거름,
1984), 65쪽.

건중회는 겉으로는 '조선 사람의 현실에서 생활 권익을 옹호신장함'이라는 목적을 내걸었지만 실제로는 '민족 유일 통제 단체'의 조직을 지향했다. 건중회의 창립을 주도한 것은 동우회의 조만식, 김동원 등이었다.[13] 그러나 정작 건중회가 출범하자 친일파인 이기찬[14]이 회장을 맡고 이에 조만식 등이 탈퇴[15]한 데서도 알 수 있듯이 신간회를 대체할 '민족 유일 통제 단체'를 만들겠다는 동우회의 구상은 이내 현실의 벽에 부딪힐 수밖에 없었다.

이는 『동아일보』 그룹의 움직임을 통해서도 확인된다. 신간회가 해소된 다음 해 초 『동아일보』는 '민족적 중심 단체 재조직의 필요와 방법'이라는 제목 아래 각계 인사들의 의견을 게재하며 민족적 중심 단체의 결성에 대한 여론을 환기하려고 했다.[16] 이와 관련해 『동아일보』 그룹은 두 가지 문제를 제기했다. 하나는 민족적 중심 단체의 결성이고 다른 하나는 민족 운동의 방향을 결정할 지침과 이론의 확립이었다. 물론 둘은 밀접하게 연관된 문제였다. 그러나 현실적으로 『동아일보』 그룹을 포함한 민족주의 진영에서는 전자의 문제를 해결할 역량도 의지도 결여하고 있었다. 결국 『동아일보』 그룹은 후자의 문제를 중심으로 민족주의 세력의 재정비를 모색할 수밖에 없었다. 그러면서 『동아일보』 그룹은 민족 운동에 대한 구체적인 지침을 내릴 수 있는 행동 이론으로 '장래를 위한 의(意)를 튼튼히 할 원천'이 물질적인 것, 정치적인 것이 아니라 정신적인 것, 문화적인 것에서 온다고 주장하게 되었다.[17]

---

13) 『동아일보』, 1932년 8월 2일.
14) 이기찬은 당시 평양부 부회의원이었고 1936년에는 중추원참의가 되었다.
15) 조선총독부경무국, 앞의 책. 65쪽.
16) 「민족적 단합의 문제」, 『동아일보』, 1932년 1월 8일.
17) 「역의 원천」, 『동아일보』, 1932년 2월 1일.

어쨌거나 신간회해소 이후 민족주의 세력이 전개한 표현 단체 재건설 운동은 민족주의 진영의 통일체를 결성해 실력을 양성하고 이를 바탕으로 대중적 기반을 확보하려는 운동이었다. 그러나 신간회 해소 과정을 통해 사회주의 세력과 결별한 안재홍도 자치운동과 신간회의 경계를 오가던『동아일보』그룹도 신간회를 대체할 만한 새로운 민족 단체를 결성하는 데는 실패했다. 대중적 기반을 결여한 민족주의 세력으로서는 일제가 허용하는 합법 공간 안에서의 활동만 가지고는 자신들이 추구한 민족 역량의 결집을 이룰 수 없었던 것이다. 그러면서 이제 남은 것은 문화와 경제밖에 없었다. 실제로 만주사변 이후 민족주의 세력의 민족 운동은 문화와 경제 두 부문을 중심으로 전개되었다.『동아일보』그룹이 대표적인 보기이다.『동아일보』그룹이 1932년 초에 이미 민족운동노선으로 정치 대신에 문화를 중시하겠다는 뜻을 밝혔다.[18]『동아일보』그룹은 1932년부터 정신적 개혁, 문화적 혁신이 당면 운동의 기초 작업이라는 문화 혁신론을 주장하기 시작했다.[19] 송진우도 신간회 해소에서 알 수 있듯이 사상의 불일치는 정치적 결사의 내홍을 야기하므로 앞으로 민족 운동이 나아가야 할 코스는 정치 운동의 기본 운동, 준비 운동으로서 문화 운동이라고 주장했다.[20]

　　문화 혁신의 주요 목표는 부르주아적 의식과 정신적인 것의 결합을 통해 조선의 지도 원리를 창출하는 것이었다. 그리고 이를 위한 구체적인 방법으로 중시된 것이 조선 고유의 문화와 사상을 부르주아적 관점에서 부흥시키

[18] 1930년대 문화 운동·학술 운동에 대한 자세한 논의로는 이지원,『한국 근대문화사상사 연구』(혜안, 2007) 볼 것.
[19]「문화혁신을 제창함」,『동아일보』, 1932년 4월 18일.
[20] 송진우,「무풍적인 현하 국면 타개책」,『삼천리』1932년 4월호. 정치 운동의 준비 운동으로서의 문화 운동에 대해서는 윤덕영,「일제하·해방직후 동아일보 계열의 민족운동과 국가건설노선(연세대학교 박사학위논문, 2010), 4장 3절 볼 것.

고 선양하는 일이었다. '역사를 가진 민족, 고유독특한 민족 문화를 완성하는 주체로서 민족'21)을 내세운 문화 혁신론은 민족과 민족의 고유성을 부각시키기 위한 방법으로 민족 문화의 선양 사업을 강조했다. "모든 조선인으로 하여금 바른 조선 말과 글을 쓰게 하자"22)는 표어를 내걸고 한글 선양 운동을 전개한 것이라든지 이순신을 비롯한 민족 영웅을 기념하는 사업과 고전 보전 운동을 벌인 것이 모두『동아일보』그룹의 문화 혁신론의 구체적인 표현이었다.

이러한 문화 혁신론을 구체적으로 조선 연구에 결합시킨 것이 바로 안재홍 등이 표방한 조선학 운동이었다. 조선 연구가 하나의 학문 체계인 조선학이라는 명칭으로 학술 운동의 대상으로 부상한 것은 1934년부터였다. 안재홍, 정인보 등이 실학의 집대성자인 정약용의『여유당전서』간행 계획 발표를 계기로 다산 기념 사업을 벌인 것이 조선학 운동이 촉발되는 계기가 되었다. 1934년은 정약용이 죽은지 99년이 되는 해였다. 이를 기념하기 위해 1934년 9월 8일『신조선사』가 주최하는 강연회가 열렸고(연사 안재홍, 정인보, 문일평, 현상윤)『신조선』과『신동아』등에도 정약용에 관한 글이 여러 편 실렸다. 그리고『동아일보』는 1934년 초 신남철의 조선학 관련 기획 기사를 4회에 걸쳐 연재23)한데 이어 같은 해 9월 안재홍이 조선학 운동의 기치를 올린 것을 계기로 당시 비판적 조선학을 주장하던 백남운, 조선학 운동을 주도하던 안재홍, 그리고 '조선 문화 연구'가 아닌 조선학 운동에는 반대하던 현상윤과의 기획 대담 기사를 차례로 실었다.24) 1934년 9월『동아일보』대담

---

21) 「민족과 문화」,『동아일보』, 1934년 1월 2일.

22) 「조선 말, 글과 조선문화」,『동아일보』, 1932년 8월 1일.

23) 신남철, 「최근 조선연구의 업적과 그 재출발-조선학은 어떠케 수립할 것인가」,『동아일보』, 1934년 1월 1일~7일.

24) T기자, 「조선연구의 기운에 제하여 (1) 조선학은 어떠케 규정할가-백남운씨와의 일문

기사의 구성이 보여주듯이 당시 조선학 운동에 대해서는 이념적, 정치적, 학문적 입장 차이가 나타나고 있었다. 그럼에도 불구하고 민족주의 진영과 사회주의 진영의 일부 지식인이 정약용 연구라는 공통분모 아래 조선학에 대한 열띤 관심을 보인 것이 조선학 운동의 계기로 작용했다.

　조선학 운동은 분명히 탈정치화된 문화 운동·학술 운동이었다.[25] 그러나 제한된 의미에서이지만 정치 운동이 가능했던 1920년대에 탈정치화된 문화 연구를 들고 나온 최남선류의 조선학 연구와 이미 정치 운동이 불가능해진 1930년대 중반 이후 조선학 운동은 그 지향성에서 방법론에서나 중요한 차이를 갖고 있었다. 한마디로 1934년에 시작된 조선학운동은 이전 시기 민속이나 토속적인 것의 문화 가치를 현양하는 데 그친 조선 연구와는 달리 보편적이고 주체적인 근대 민족국가의 가능성을 과거 전통에서 찾는 데 집중했다.[26]

　일답」, 『동아일보』, 1934년 9월 11일; 「조선연구의 기운에 제하여 (2) 세계문화에 조선색을 짜너차-안재홍씨와의 일문일답」, 『동아일보』, 1934년 9월 12일; 「조선연구의 기운에 제하여 (3)-조선학이란 '명사'에 반대- 현상윤씨와의 일문일답」, 『동아일보』, 1934년 9월 13일.

[25] 필자가 굳이 '운동'을 강조하는 데는 이유가 있다. 최근 조선학 내지는 조선학 운동의 외연을 확대하려는 경향이 나타나고 있다. 대표적인 보기로 전윤선, 「1930년대 '조선학' 진흥운동 연구-방법론의 모색과 민족문제 인식을 중심으로」(연세대학교 석사 학위 논문, 1998); 김성보, 「비판적 한국학의 탐색」, 『역사와 실학』, 44(2011); 신주백, 「조선학운동'에 관한 연구동향과 새로운 시론적 탐색」, 『한국민족운동사연구』, 67(2011); 「1930년대 초중반 조선학 학술장의 재구성과 관련한 시론적 탐색」, 『역사문제연구』, 25(2011) 등을 볼 것. 물론 조선학 또는 조선 연구가 조선학 운동에만 국한되지 않는다는 점에서 다양한 입장과 관점의 연구 경향을 종합적으로 검토해야만 일제 강점기 지식·학문 체계 곧 '학술장'의 지형을 올바로 파악할 수 있다는 문제의식에는 경청의 여지가 있다. 그러나 '조선학 운동 진영 밖의 움직임 곧 교조적 맑스주의 입장에서 조선학을 부정한 움직임과 식민 통치 이데올로기 기구인 경성제국대학이나 조선사편수회를 중심으로 한 관학의 조선 연구마저 조선학(운동)에 포괄시키는 데는 쉽게 동의할 수 없다. 참고로 1930년대 초에는 당시 조선 총독이던 우가키(宇垣一成)조차 스스로를 '조선학도'로 지칭하고 있었다.

[26] 이지원, 앞의 책, 336쪽.

2. 백남운의 비판적 · 과학적 조선학

조선학 운동은 민족주의 좌파로 알려진 안재홍에 의해 시작되었지만 당시 사회주의 진영의 대표적인 지식인으로 꼽히던 백남운은 조선학 운동의 초기부터 적극 관여했다. 정약용 100주년 기념사업에 적극 참여한 것이 이를 단적으로 보여준다. 1935년 7월 16일 정다산선생서세백년기념회가 출범했는데 백남운은 발기인 44인 가운데 한 사람으로 이름을 올렸다.[27] 44명의 발기인 가운데는 범 좌파라고 할 수 있는 이여성을 제외하고는 사회주의 진영에 속한 인물이 거의 보이지 않았기 때문에 그만큼 백남운의 이름은 이채를 띠었다.

백남운이 정약용 기념사업에 동참한 이유는 무엇이었을까? 가장 먼저 생각할 수 있는 것은 이미 정약용 연구를 주도하고 있던 정인보와의 특수한 관계이다. 연희전문학교 '삼보(三寶)'라고 불리던 세 명의 교수 가운데 두 사람인 정인보와 백남운[28] 사이에는 이념, 출신 배경, 나이를 초월한 우애 관계가 형성되어 있었다. 세상에 잘 알려진 것처럼 정인보는 유학(양명학)과 한문학에 정통한 민족주의자[29]이고 백남운은 일본에서 근대 학문을 배운 맑스주의 경제학자였다. 그런데 두 사람은 세상 사람들이 모두 '불가사의'라고 여길 정도로 친밀한 관계를 쌓고 있었다.[30] 백남운이 1930년대 이후 일련의

---

27) 『조선일보』, 1935년 7월 17일.

28) 나머지 한 사람은 수물과 교수인 이원철이다.

29) 정인보에 대해서는 민영규, 「위당 정인보 선생의 행장에 나타난 몇 가지 문제」, 『동방학지』, 13(1972); 김용섭, 「우리나라 근대역사학의 발달」, 이우성 · 강만길 편, 『한국의 역사인식 하』(창작과비평, 1976) 등을 볼 것.

30) 백남운은 『조선사회경제사』를 출간하면서 "고문헌 수집에 관해 존경하는 벗 정인보 교수가 시사해준 바가 많다"고 적은 바 있다. 『조선사회경제사』, 13쪽.

저작을 통해 민족의 정신과 얼을 강조하는, 이른바 '문화 사관'을 비판하는
가운데 신채호와 최남선에 대해서는 언급하면서도 정인보에 대해서는 일체
언급을 하지 않는가 하면, 정인보, 안재홍 등이 주도하던 조선학 운동에 대해
비판적 입장을 견지하는 가운데서도 조선학 운동의 일환으로 전개된 정약용
연구에 대해 스스로 깊은 관심을 기울인 것 등은 두 사람 사이의 관계를 이해
하는 데 시사적이다.

물론 두 사람 사이의 친숙한 관계를 단지 인간적인 것만으로 한정할 수는
없다. 두 사람이 일차적으로는 경성제국대학으로 상징되는 일제 관학 아카
데미즘을 배격하고 나아가 궁극적으로는 식민지 조선의 현실을 구명하고 민
족 해방의 전망을 수립한다는 문제의식에서 공통점을 갖고 있었기에 이념과
배경을 초월한 학문적 동지 관계가 가능했을 것이다.

이와 관련해 정인보가 당대 최고의 정약용 연구자였다는 사실을 다시 상
기할 필요가 있다. 백남운은 원래 방대한 사회경제사를 완성할 계획을 갖고
있었다. 그런데 고대 사회를 다룬『조선사회경제사』에 이어 고려 시대를 다
룬『조선봉건사회경제사(상)』까지는 펴냈지만 조선 시대를 다룰『조선봉건
사회경제사(하)』는 끝내 출간하지 못했다. 백남운이『조선사회경제사』서문
에서 밝힌 전체 사회경제사의 구상은 '원시 씨족 공산체의 양태-삼국 정립
시대의 노예 경제-삼국 시대 말기부터 최근세에 이르기까지의 아시아적 봉
건 사회의 특질-아시아적 봉건 국가의 붕괴 과정과 자본주의의 맹아 형태-외
래 자본주의 발전의 일정과 국제적 관계-이데올로기 발전의 총 과정'으로 짜
여 있었다. 여기서 적어도 조선 시대를 거쳐 일제 강점기까지 아우르는 사회
경제사 서술 체계를 구상하고 있었음을 짐작할 수 있다.

백남운의 구상에 따르면 아시아적 봉건제의 정점은 고려 시대였으며 조선
시대는 그러한 봉건제의 해체 과정에 해당했다. 여기서 봉건제의 해체란 다

른 말로 근대 자본주의로의 이행을 준비하는 시기를 의미하는 것이었다. 따라서 백남운은 당면한 조선 시대 사회경제사 집필을 위해서라도 자본주의의 맹아 문제의 해명에 온힘을 기울일 수밖에 없었다. 실제로 백남운은 1934년에 발표한 글에서 다음과 같이 거듭거듭 '맹아'라는 표현을 사용하고 있었다.

> 생산관계가 상당히 발전하는 경우에는 그에 적응할 만한 사회 제도의 맹아가 이미 발생된 것으로 볼 수 있다.[31]
>
> 보가 발생할 만한 생산관계는 식리를 아는 경제 사회가 아니면 안 될 것이다. 따라서 보의 발생기는 대부 자본의 맹아 형태를 발견할 수 있는 역사적 단계일 것이고 또한 소비 대차의 법률적 관계가 보장되는 계급 사회일 것이 분명한 일이다.[32]
>
> 이조 중엽 이후는 조선 봉건 국가의 붕괴 과정인 동시에 민간의 이식 자본의 맹아가 터지게 된 역사적 계단일 것이다.[33]

이는 백남운이 조선 후기 이후 자본주의 맹아 문제로 고민하고 있었음을 시사한다. 그리고 그 답을 찾는 과정에서 정인보의 도움으로 실학과 정약용에 주목하게 되었을 것이다. 실제로 1927년에 계에 관한 글을 쓰면서 백남운은 "정다산의 논술"[34]을 인용하고 있었다. 1927년이라는 시점에서 근대 학문

---

31) 「조선 특유의 사회제도」, 『백남운전집 4: 휘편』, 101쪽. 이 글은 원래 『동아일보』, 1934년 10월 20일~28일에 발표된 것이다.
32) 「조선 특유의 사회 제도」, 102쪽.
33) 「조선 특유의 사회 제도」, 109~110쪽.
34) 「조선계의 사회사적 고찰」, 『백남운전집 4: 휘편』, 15쪽. 이 글은 원래 『현대평론』, 1권 6호·7호(1927)에 「조선계에 대한 사회사적 고찰」이라는 제목으로 발표된 이후 『동방평론』, 2·3호(1932)와 『학해』, 1936년 1월호에 「조선계의 사회사적 고찰」이라는 제목으로 다시 발표되었다. 아래에서는 『백남운전집 4: 휘편』에 따라 「조선계의 사회사적 고찰」이라는 제목으로 통일한다.

의 세례를 받은 학자가 정약용을 직접 인용하는 것은 이례적일 뿐만 아니라
시대를 앞선 것이었다. 따라서 백남운의 이른 정약용 인식에 정인보의 도움
이 있었음을 짐작하기란 어려운 일이 아니다.

이뿐만이 아니다. 『조선사회경제사』에서도 자신의 역사 인식이 다듬어지
는 데 실학이 적지 않은 영향을 미쳤음을 다음과 같이 당당하게 적고 있다.[35]

> 돌이켜보면 조선에서 학문 발전사는 대개 삼국 시대(고구려 · 백제 · 신
> 라) 이래의 한문학, 불학(佛學), 노장학(老莊學), 유학 등을 포함한 방대한
> 부문을 형성하고 있는데 모두 사회 경제의 역사적 발전과 내면적 관련을
> 맺고 있었음은 물론이다. 그 가운데 근세 조선사에서 유형원, 이익, 이수광,
> 정약용, 서유구, 박지원 등 이른바 '현실학파'라고도 불러야 할 우수한 학자
> 가 배출되어 우리 경제학적 영역에 대한 선물로 남겨준 업적은 결코 적지
> 않은 것이었다.

곧 정약용을 비롯한 여러 실학자의 이름을 거명하면서 '사회 경제의 역사
적 발전과 내면적 관련'을 밝히는 데 '선물'을 주었다고 극찬한 것이다. 물론
이 책이 조선 후기를 다룬 것은 아니었기 때문에 자신의 역사 인식에 영향을
미친 실학자들의 '업적'이 무엇이었는지에 대해서는 구체적으로 언급하지 않
았다. 그러나 문맥으로 보아서는 자본주의 맹아에 관련된 것으로 보아도 좋
을 것이다. 실제로 백남운이 조선학 운동에 관여하고 있던 무렵에 발표한
정약용 관련 글[36]에서 이를 유추하는 것이 가능하다.

---

35) 『조선사회경제사』, 2쪽.
36) 대표적인 보기로 「정다산백년제의 역사적 의의」, 『신조선』, 12(1935); 「정다산의 사상」,
   『동아일보』, 1935년 7월 6일 등을 볼 것.

또 하나 주목되는 것은 실학을 '현실학파'라는 독특한 이름으로 불렀다는 사실이다. 백남운이 실천 지향적인 학문을 추구했다는 점에서 실학의 현실 지향성을 높게 평가하고 이를 통해 자신의 연구에 하나의 입론을 마련하려 했다고 유추하는 것도 가능하다. 현실학파의 인식에서 자본주의 맹아의 근거를 찾아내겠다는 생각을 백남운은 갖고 있었을 것이다. 그리고 여기에 큰 영향을 미친 것이 정인보였다. 정인보와의 토론을 통해 봉건제에서 자본주의로의 이행 과정에서 실학이 갖는 의미에 천착하게 되었을 것이다. 다만 정인보가 성리학적 학문의 영향을 벗어나 주체적 학문을 확립하려고 한 모범으로서의 실학에 주목한 데 빈해 백남운은 근대 자본주의로의 이행을 보여주는 과도적 사상으로서의 실학에 주목한 것이 두 사람 사이의 차이라면 차이였다.[37]

실제로 백남운은 정약용 기념사업에 참여하면서 정약용의 여전제(閭田制) 이론에 주목해 "조선의 근세적 자유주의 일 선구자"[38] 또는 "세정에 밝고 사회의 호흡을 이해하는 경세적 석학"[39]으로 평가하는 가운데서도 정약용을 "양반 출신이면서도 '양반'은 아니고, 유학의 출신이면서도 '순유학자'는 아니며, 서학의 신도이면서도 '익혹(溺惑)'이 아니라 섭취였고 '배교자'이면서도 실천자였던 것이며 봉건 시대의 출생이면서도 소극적이나마 봉건 사회를 저

---

[37] 정인보의 도움을 통해 백남운은 정약용과 실학에 대해 일정한 수준 이상의 관심과 지식을 갖고 있었을 것이지만 더 이상의 논의를 진전시키지는 못했다. 그러나 백남운이 정약용과 실학에 보인 관심은 이후 사회주의 진영에서 실학을 본격적으로 논의하는 데 중요한 계기로 작용했다. 백남운보다 더 구체적으로 실학에 관심을 보인 사회주의 지식인으로 최익한과 김태준을 들 수 있다. 두 사람의 실학 인식에 대해서는 송찬섭, 「최익한의 다산연구의 성과와 한계」, 『한국실학연구』, 27(2014); 김인호, 「백남운과 김태준의 '근대화'와 '전통' 인식」, 『역사와 실학』, 53(2014) 등을 볼 것.

[38] 「정다산백년제의 역사적 의의」, 20~23쪽.

[39] 「정다산의 사상」.

주하였던 것이다. 그러나 전적으로 보아 봉건사상을 완전히 해탈한 것도 아니고 근세적 자유사상을 적극적으로 제창한 것도 아니다. 이것은 과도적 존재의 반영으로 이해하지 않으면 안 될 것이다"[40]라고 해 봉건 사회에서 근대 사회로의 이행기에 존재했던 과도적 사상가로 정의했다. 백남운이 볼 때 봉건 사회의 한계 안에서 활동한 정약용은 근대적 사상가가 아니라 '과도적' 내지는 '선구적' 사상가로 평가되어야 할 존재였던 것이다. 이에 비해 정인보는 정약용의 실학을 우리 민족의 주체적 학문 체계의 정점으로 보았다. 당연히 정인보가 상정한 조선학의 학문적 계통성은 실학에서 비롯되는 것이었다. 말하자면 실학의 정신을 되살리는 것이 일제 강점기 조선학 운동이 지향해야 할 바라는 것이 정인보의 믿음이었다. 맑스주의의 역사적 유물론을 자기 학문의 입론으로 삼고 있던 백남운으로서는 정약용 등의 실학자를 조선학의 전면에 내세우는 데는 동의할 수 없었을 것이다.[41]

백남운과 정인보의 실학 인식의 차이는 조선학 운동을 주도한 안재홍, 정인보 등과 거기에 일정한 거리를 두면서 조선학 운동에 참여한 백남운의 조선학 인식의 차이를 보여주는 것이었다. 특히 조선학 운동을 주도하던 민족주의 진영에서 단군의 존재를 신화화하는 데 대해 백남운은 격렬하게 반발했다.

---

[40] 「정다산의 사상」.

[41] 백남운의 영향을 받은 김태준은 정약용을 "조선의 태양"이 아니라 "조선의 사람"으로 보는 것이 "진정한 정다산 연구의 길"이라고 주장했다. 그러면서 "다산몽(茶山夢)에 깨어나지 못한 완고들이 다산을 그대로 부흥하자"는 데 대해 다음과 같이 반대했다. "다산의 진면목을 외의(外衣)로 아름답게 화장시켜 놓은 다산이거나 그 시대적 의의를 떠난 다산의 '다산종(茶山宗)으로서의 다산'을 우리는 경계하며 배격하지 않으면 안 된다. 곧 필요한 부분에서 다산을 경앙할 것이요 필요 이외의 부분에서 다산을 앙양할 것은 아니다." 김태준, 「진정한 정다산 연구의 길-아울러 다산론에 나타난 속학적 견해를 비판함 (1)-(10)」, 정해렴 편역, 『김태준 문학사론선집』(현대실학사, 1997), 320쪽. 이 글은 원래 『조선중앙일보』, 1935년 7월 25일~8월 6일에 발표된 것이다.

물론 백남운은 일제 관학에 비해 민족주의 계열에 의해 추동된 조선학 연구가 상대적으로 진보성을 갖는다는 것을 인정했다. "근래에 과거의 조선을 알아보려는 기운이 생긴 것은 확실히 조선 인식에 관한 진보적 경향으로 볼 수 있다"는 것이었다. 나아가 "기회 있는 대로 힘 자라는 대로 그것을 조장"할 필요성도 인정했다. 그러나 거기에는 단서가 따랐다. 곧 "우리의 과거를 자랑거리로만 내세우려는 것은 조선을 알려는 진실한 태도"가 아니라는 것이었다. 따라서 "우리의 과거를 '자랑'하기보다는 그것을 엄정하게 '비판'"하는 것이 "실로 우리의 과거를 참으로 '사랑'하는 순정의 발로"라는 것이다.[42]

단군 신화를 중심으로 한 민족주의 계열의 역사관에 대한 비판의 요점은 결국 그것이 민족을 '초월적 · 절대적'인 것으로 간주함으로써 일제 관학과 마찬가지로 '특수성론'에 빠지고 말았다는 것이다. 백남운은 민족의 초월성을 강조하는 역사 연구[43]에 대해 민족이 계급 관계에 기초하고 있다는 점을 해명함으로써 형이상학, 윤리적 민족 관념 내부에 내포된 계급성을 밝히려고 했다. 백남운이 볼 때 문화사관에서 민족의 상징으로 강조하는 단군 신화도 결국 계급 사회에서 지배 계급의 이해관계를 반영하는 일종의 이데올로기에 지나지 않았다. 백남운은 역사적 유물론을 바탕으로 모든 종교와 신화의 출현을 계급 사회의 출현과 관련하여 이해했다. 곧 신화란 "계급 사회의 형성과 함께 형성된 관념 형태로서 인간의 인간에 대한 지배 또는 특권적 생산관계의 합리화로서 특수하고 신비하게 발전된 것"에 지나지 않는다는 것이 백남운의 생각이었다.[44]

---

[42] 「조선 특유의 사회제도」, 95~96쪽.

[43] 보기를 들어 다음과 같은 구절을 볼 것. "종래 많은 역사가는 (중략) 현대 사회를 공동사회로 규정하여 계급 국가를 형이상학적으로 윤리적인 초연한 이념 세계로 믿어버렸다. (중략) 그들 견해의 공통된 저류를 지적한다면 민족 · 사회 · 국가를 가족이 점차 확대된 통일체로 본다는 점이다." 『조선사회경제사』, 69쪽.

따라서 "그 무슨 초월적 절대적인 무엇이 (사람의 지력으로는 통찰 불능이나) 후면에서 조절 작용을 하여 이에 우리 조선 민족의 발전이 있었다"[45]고 보는 단군 신화도 일종의 계급 이데올로기에 불과하다는 것이었다. 이러한 맥락에서 백남운은 최남선에게서 단적으로 드러난 것처럼 "설화적 관념 표상의 독자성을 주장"하는 견해 곧 "단군 신화를 조선 인식의 출발점으로 삼아 그것을 독자적으로 신성화하는" 단군 신화론을 '특수 문화 사관'으로 끝나버리는 '환상적' 이론이라고 비판했다.[46] 오히려 신화를 "인간의 자연에 대한 또는 인간의 인간에 대한 생산관계의 행동의 반영 또는 지배 복종의 관념 형태로 규정"함으로써 단군 신화도 "계급 분열이 행해지고 계급 사회가 존속"하는 상황에서 계급적 임무를 수행하기 위해 만들어진 이데올로기로 보아야 한다는 것이었다.[47] 백남운은 단군 신화란 우리 역사가 '농업 공산체의 붕괴'를 거쳐 계급 사회로 변화했음을 상징하는 '역사 발전 과정의 한 지표'에 지나지 않을 뿐이며 따라서 우리 역사의 시작을 알리는 것이 아니라고 보았다.[48]

결국 백남운은 민족주의 계열의 문화 사관을 "우리 문화의 역사적이고 사회적인 각 시대의 내면적 특수성"을 이해하지 못한 '비역사적인 견해'로 비판하고 이러한 맥락에서 문화사관에 입각한 조선학 대신에 내면적 특수성을 이해할 수 있는 유일한 "과학적 방법을 통하여 보는 '조선학'"[49]을 주장한

---

44) 『조선사회경제사』, 32쪽.
45) 「조선 경제사의 방법론」, 『백남운전집 4: 휘편』, 91쪽. 이 글은 원래 『신동아』, 3권 2호(1933)에 발표된 것이다.
46) 그는 문화사관의 단군론과 대립되는 또 하나의 단군론 곧 문헌 고증을 내세워 "무조건 부정하든가 또는 고구려의 시조로서 거짓으로 꾸민 인물이라고 간주"하는 일본인 관학자들의 실증적 단군론에 대해서도 우리 역사의 존재를 근본적으로 왜곡하는 '합리주의적 가장'에 불과하다고 비판했다. 『조선사회경제사』, 26쪽.
47) 『조선사회경제사』, 27쪽.
48) 『조선사회경제사』, 31쪽; 「조선 경제사의 방법론」, 92쪽.

것이다.

백남운은 조선 인식에 대한 관심이 고조되는 것은 진보적 경향이므로 이를 촉진하되 그 인식 방법은 반드시 특수성을 일반성으로, 일반성을 특수성으로 추출할 수 있는 과학적 방법이어야 한다는 '비판적 · 과학적 조선학'을 대안으로 제기했다. 물론 백남운이 말하는 과학적 방법은 역사적 유물론이었다.

Ⅲ. 백남운의 사회사 인식[50]

1. 신흥과학으로서의 사회사

백남운이 쓴 두 권의 책 『조선사회경제사』와 『조선봉건사회경제사(상)』 (1937)[51]에는 모두 '사회경제사'라는, 당시로서는 특이한 제목이 붙어 있다. 백남운은 일본 유학을 통해 자신의 학문 체계를 만들어 나갔다.[52] 그런데 백남운이 본격적으로 학문 연구에 뜻을 두게 된 1920년대 초 일본 학계에서는 사회경제사라는 말이 거의 쓰이지 않았다. 따라서 백남운이 두 권의 책에서 당시만 해도 아직은 생소한 사회경제사라는 말을 거듭 쓴 데는 무엇인가

---

49) 「조선 연구의 기운에 제하여」, 466쪽.
50) 이 장은 이준식, 「백남운의 사회사 인식」, 『한국사회사연구회 논문집 제40집 한국사회사 연구의 전통』(문학과지성사, 1993); 「백남운의 사회경제사 연구체계 형성」, 『한국종교사연구』, 12(2004)를 바탕으로 재구성한 것이다.
51) 뒤의 책은 원래 도쿄 개조사에서 일본어로 출간되었는데 나중에 우리말로 옮겨졌다. 『백남운 전집 2: 조선봉건사회경제사(상) 1, 2』(하일식 옮김)(이론과 실천, 1993) 이하 이 책의 인용은 우리말 번역본에 따른 것이다.
52) 여기에 대해서는 이준식, 앞의 글(2004) 볼 것.

특별한 뜻이 있을 것이다. 그것은 단순한 경제사만이 아니라 사회사와 경제
사의 종합적 인식을 통해 우리 역사의 발전 과정을 체계적으로 파악하려고
하는 백남운 나름의 의지 표현이었다. 아울러 사회사에 대한 관심이야말로
백남운이 1930년대 중반 조선학 운동에 대해 갖고 있던 생각을 함축적으로
보여주는 것이기도 하다.

백남운은 일본 유학을 마치고 귀국해 연희전문학교 교수가 된 뒤 발표한
초기 논문에서부터 '사회사'라는 제목을 붙였다.[53] 이는 백남운이 경제사와
는 다른 차원의 역사로서의 사회사에 대해 인식하고 있었음을 시사한다. 실
제로 백남운은 1927년에 발표된 계에 관한 글에서 "조선 민족의 역사적 발전
을 사회사 방면으로나 경제사 방면으로 관찰할 때 계가 사회적 단위로서 또
는 경제적 단위로서 조선 사상에 범주적 지위를 점령한 것을 표명"[54]한다고
썼다. 경제사와 사회사 또는 경제적 단위와 사회적 단위를 분명하게 구분한
것이다.

이처럼 1920년대 중반부터 백남운이 사회사라는 분야에 대해 나름의 인식
을 정립하는 데는 일본 유학 시절 당시 일본에서 유행하기 시작한 사회사
연구가 큰 영향을 미친 것으로 보인다. 1920년대 초반 이후 일본 학계에서는
역사 연구가 경제사에서 사회사로 확대되고 있었다. 이러한 '사회사의 유
행'[55]은 계급이나 계급 투쟁 같은 맑스주의의 주요 범주가 일본의 사회 발전
에 적용되는 계기로 작용함으로써 이후 맑스주의 역사 연구 특히 맑스주의
사회사[56]가 발전하는 데 중요한 밑거름이 되었다.[57] 이러한 사회사 연구 경

---

[53] 「조선계의 사회사적 고찰」.

[54] 「조선계의 사회사적 고찰」, 13~14쪽.

[55] 伊豆公夫, 『新版 日本史學史』(校倉書房, 1972), 35쪽.

[56] 맑스주의 사회사란 경제, 정치, 문화의 총과정으로서의 사회의 발전을 계급 상호간의
투쟁의 관점에서 파악하는 사회사 또는 "변혁의 문제를 과제로 하는 사회구성체사로

향은 백남운의 지적 관심이 형성되는 데 일정한 영향을 미쳤을 것이다.

실제로 백남운의 회고에 따르면 그는 1922년 무렵부터 "조선사는 계급 투쟁사냐 아니냐 하는 문제"를 해명하기 위해『조선사회경제사』의 집필을 구상했다고 한다.[58] 그런데 역사를 계급 투쟁사로 파악하는 것 자체가 당시 일본 사회사 연구의 한 특징이었다. 특히 1922년 무렵만 해도 본격적인 의미에서 역사적 유물론을 바탕으로 해 일본 역사를 밝힌 연구는 없는 실정이었다. 따라서 1922년 무렵 계급투쟁의 역사라는 관점에서 우리 역사의 발전 과정을 밝혀보겠다는 애초의 문제의식 자체가 당시 유행하던 사회사의 영향을 받은 것임을 알 수 있다.

그런데 백남운이 본격적으로 사회사 연구를 진행하기 시작한 1920년대 중반에는 일본에서도 '맑스주의' 사회사가 대두하고 있었다. 따라서 백남운은 이 무렵 이후부터 본격적인 의미에서의 계급투쟁의 역사 또는 사회구성체의 역사로서의 사회사에 대한 관심을 정립할 수 있었던 것으로 보인다. 백남운은 본격적인 학문 활동을 시작하면서부터 자신의 학문적 입론의 근거가 '신흥과학'이라는 점을 분명히 밝혔다.

백남운은 사회적 생활 과정에 기초한 학문, 인식 방법이 통일된 학문, 당파성을 띤 학문을 진정한 학문이라고 보고[59] 그러한 학문을 신흥과학이라고 불렀다.[60] 1930년 무렵 '신흥'이란 수식어는 일반적으로 맑스주의를 가리키

서의 사회사"를 가리킨다. 伊豆公夫,『日本社會史講話』(白楊社, 1934); 佐佐木潤之介,『近世民衆史の再構成』(校倉書房, 1984), 147쪽.

[57] G. A. 호스톤,『일본 자본주의 논쟁』(김영호, 류장수 옮김, 지식산업사, 1991), 71~72쪽.

[58] 「백남운 원사의 토론 요지」, 과학원 력사연구소(엮음),『삼국 시기의 사회경제 구성에 관한 토론집』(일송정, 1989), 346~347쪽. 이 글은 원래 1957년 평양에서 출판된 것이다.

[59] 「이론경제학의 재건」,『백남운전집 4: 휘편』, 226~227쪽. 이 글은 원래『중앙』, 2권 10호(1934)에 발표된 것이다.

[60] 백남운의 신흥과학론은 맑스와 엥겔스의 과학론을 바탕으로 한 것이었다. 백남운,

는 것이었다. 따라서 신흥과학은 내용적으로 보았을 때 맑스주의 이론에 입
각해 계급 사회(특히 자본주의 사회)의 폐지를 전제로 민족 해방, 계급 해방,
인간 해방의 길을 제시하는 과학을 가리키는 것이었다.

백남운은 신흥과학으로서의 역사학을 강조했다. 백남운에 따르면 역사학
의 근본적 사명은 "인류 사회생활의 내면적 발전, 표현되는 제형태 그것을
내용 그대로 본질적으로 파악하는" 것이었다.[61] 백남운이 '역사과학'이라는
용어를 사용한 것도 바로 이러한 이유 때문이었다.[62] 백남운에 따르면 과학
적 역사 인식은 역사가 일정한 법칙에 의해 발전한다고 이해하는 것을 의미
했다. 곧 "우리 민족의 사회적 존재를 규정했던 각 시대의 경제 조직의 내면
적 관계, 내재적 모순의 발전 및 그것으로부터 일어난 생산관계의 계기적
전환의 법칙성과 불가피성을 과학적으로 논증하는 것"[63]이 백남운이 말하는
과학적 역사 인식의 핵심이었다.

결국 신흥과학에서 백남운이 보려고 한 것은 역사 발전의 세계사적 보편
성이었다. 백남운이 우리 역사를 연구하는 데 갖고 있던 기본자세는 역사
연구란 단순히 지나간 과거의 사실을 들추어내는 데 그쳐서는 안 된다는 것
이었다. 백남운은 과거, 현재, 미래를 꿰뚫을 수 있는 사관의 중요성을 끊임
없이 강조했다. '단순히 과거에 대한 자기비판'이 아니라 '미래에 대한 우리의
전망'을 확립한다는 점에서 '사학의 실천성'과 법칙성을 중시하고 있었던 것
이다.[64]

「사회학의 성립 유래와 임무」, 하일식 엮음, 윗글, 55쪽(이 글은 원래 『조선일보』,
  1930년 8월 20일~24일에 실린 것이다); 백남운, 「과학 발전의 역사적 필연성」, 하일식
  엮음, 윗글(이 글은 원래 『동방평론』, 2호(1932)에 발표된 것이다) 등을 볼 것.
[61] 「조선경제사의 방법론」, 89쪽.
[62] 『조선사회경제사』, 11, 19쪽; 「조선 특유의 사회제도」, 96쪽.
[63] 『조선사회경제사』, 21쪽.

백남운이 말하는 '유일한 과학적 방법론'이란 맑스의 『정치경제학 비판』
머리말에 정식화된 역사적 유물론의 방법론 곧 사회구성체론을 가리키는 것
이었다. 백남운은 역사적 유물론의 본질을 "세계사의 일원론적 역사 법칙"[65]
과 "내면적 법칙화"[66]라는 두 가지로 정리했다. 전자가 역사 발전의 세계사적
보편성을 의미한다면 후자는 사회구성체의 기본이 되는 경제적 토대의 역사
적 발전 과정을 의미했다. 백남운은 이러한 두 가지 법칙에 입각해 우리 사회
를 인식할 때 비로소 우리 민족도 "정상적인 역사 법칙의 궤도를 밟아 온
것"[67]을 알 수 있으며, 같은 역사 법칙의 운동 과정을 통해 민족 해방의 길을
전망할 수 있는 것으로 보았다.

2. 특수 제도의 사회사 인식

백남운의 사회경제사를 이해하는 데 중요한 것은 특수성의 문제이다. 『조
선사회경제사』가 출판된 이후 '백남운 = 공식주의자"라는 비판이 성행했다.
민족주의 진영은 물론이고 사회주의 진영에서도 백남운이 보편성에 사로잡
혀 특수성을 무시했다는 비판이 쏟아졌다. 이에 백남운은 1934년에 발표한
글에서 "우리는 사회를 인식할 때 각종의 생산 양식 시대에 공통되는 어떠한
분자를 간과할 수는 없으나 그렇다고 가장 본질적인 특수성을 망각하여서는
안 될 것이다. 그 이유는 그 특수성이야말로 역사적으로 규정된 각종 생산
양식의 본질적 성격이 되는 것이며 그것이 각종 시대의 표식이 되는 까닭이

[64] 『조선사회경제사』, 18쪽.
[65] 『조선사회경제사』, 20쪽.
[66] 「조선 경제사의 방법론」, 89쪽.
[67] 『조선사회경제사』, 367쪽.

다"라고 주장했다.[68]

백남운은 보편성 못지않게 특수성이 중요하다는 것을 인정하고 있었다. 다만 백남운에게 특수성이란 보편성과의 관련 속에서 이해되어야 하는 것이었다. "사회제도의 특수 형태에서 세계사적 일반성을 추상하고 그 일반성에서 각 시대의 특수성을 파악하는 것이 실로 과거 조선의 사회 제도를 과학적으로 이해하는 인식 방법"[69]이라는 생각 곧 특수성의 문제를 보편성과의 통일적 관련 속에서 파악해야 한다는 생각이야말로 백남운이 말하는 특수성론의 핵심이라고 할 수 있다.

1937년에 출간된『조선봉건사회경제사(상)』에서도 이러한 문제의식은 계속되었다. 실제로 백남운은 "고려는 구주 내지는 일본형과 구별되는 아시아적 봉건제의 유형으로서 일반적 기초조건과 함께 반도적 제 특징을 모두 갖추고 있었다"라고 단언했다. 고려 시대의 역사상을 제대로 이해하기 위해서는 보편성과 특수성을 함께 인식해야 한다는 것이었다. 그러면서 다른 사회와는 구분되는 "고려 봉건 사회의 아시아적 특수 양상"으로 "(1) 집권적 토지 국유제 및 하에라르키적(신분제-인용자) 과전제에 입각한 중앙집권적 관료 봉건국가란 점 (중략) (6)의창 및 상평창 제도에 의한 곡물 시장의 통제 또는 (7) 도시의 비독립성 및 공력(公力)의 집중, 잉여생산물의 분배 시장인 점, 그러한 특수 조건하에서 국가, 관리 = 지주, 상인 등의 삼위일체적인 상업 = 고리대의 상호 의존적 발전 (8) 농촌 공동체의 봉건적 제역(諸役)에 관한 연대적 = 예속적 존재 내지는 부가장적 = 집권제 가족 제도의 봉건적 체제"의 여덟 가지를 들었다.[70] 이처럼 백남운이 봉건사회로서의 고려의 세계사적

----

[68]「이론 경제학의 재건」,『백남운전집 4: 휘편』, 231쪽. 이 글은 원래『中央』2권 10호 (1934)에 실린 것이다.
[69]「조선 특유의 사회 제도」, 96~97쪽.

보편성 이외에 특수성을 의도적으로 강조한 이유는 역시 공식주의자라는 세간의 비판에 대해 무엇인가 답을 할 필요를 느꼈기 때문이었을 것이다.

그러나 무엇보다도 특수성에 대한 백남운의 관심을 집약적으로 보여주는 것은 우리 역사에서 독특하게 나타난 일련의 사회 제도 곧 '조선 특유의 사회 제도'에 대한 여러 글이다. 백남운이 발표한 최초의 역사 관련 논문이 계에 관한 것이라는 사실은 시사하는 바가 크다. 백남운이 일찍부터 특수성을 보편성과의 연관 속에서 이해하려는 시도를 하고 있었음을 보여주기 때문이다. 실제로 백남운은 특수 제도의 사회사를 통해 보편성과 특수성의 관계를 파악하려는 관심을 다음과 같이 정리한 바 있다.[71]

> 사회 제도의 전체성과 부분적 특수성을 또한 '보(寶)'와 '계'를 통하여서도 이해할 수 있을 것이니 가령 '보'는 '보'대로 '계'는 '계'대로 각기 모태로부터 때어 놓고 본다면 물론 특수한 사회 제도인 것이 분명하다. 그러나 이것을 그 발생된 모태와 관련시켜서 본다면 기본 사회 제도의 전체에 대한 부분적 표현 형태로서 특수성을 잃어버릴 것이다. 만일에 한 걸음 더 나아가서 동서양 각국의 유사한 제도와 비교하여 본다면 '보'와 '계'의 세계사적 유형을 얼마든지 발견할 수 있는 것이다. 따라서 '보'와 '계'는 세계사적 일반성을 포함한 조선의 특수한 사회 제도의 표본일 것이다.

백남운이 볼 때 보와 계는 분명히 특수한 사회 제도였다. 그러나 동시에 보편성을 갖는 사회 구성체 안에서의 한 특수성을 보여주는 사회 제도였다. 곧 보와 계는 특수성과 보편성이라는 두 가지 성격을 동시에 갖는다는 것이

70) 『조선봉건사회경제사(상)』, 15~16쪽.
71) 「조선 특유의 사회 제도」, 112쪽.

었다. 이러한 양면성을 갖는 특수 제도에는 계와 보 이외에도 향약, 환곡, 장꾼 등이 있었다. 백남운은 특수 제도에 관한 일련의 글을 1920년대 말부터 1930년대 초에 걸쳐 집중적으로 발표함으로써 보편성과 특수성의 문제를 종합적으로 해명하려는 적극적인 의지를 보였다. 여기서 중요한 것은 특수 제도에 대한 관심이 단지 지적인 데만 그치지 않았다는 사실이다. 백남운의 사회사 연구는 동시에 민족 해방의 전망을 마련하기 위한 실천이었다는 점을 간과해서는 안 될 것이다. 특수 제도의 사회사에 백남운이 관심을 기울인 이면에는 당시 일제가 식민지 지배 정책의 일환으로 '복고 경제' 정책 곧 전통 사회에서 존재하던 구 제도를 다시 살려 향약 장려,[72] 환곡 제도 도입,[73] 조세 공동 납부를 위한 계 조직 장려[74] 등의 정책을 실시하는 데 대한 비판의 뜻도 담겨 있었다.

이 가운데 향약 장려 정책이 당시 고조되고 있던 혁명적 농민 조합 운동 통제 정책[75]으로서의 성격을 갖고 있다는 데 백남운은 주목했다. 백남운은 1930년대에 쓴 여러 편의 짧은 글[76]에서 당시 일제가 추진하던 사상 대책 가운데 향약이 중요한 위치를 차지하고 있으며 특히 함경북도의 관북향약이

---

72) 일제는 1931년 11월 이른바 '사상 대책'이라는 것을 발표했는데 그 가운데 하나가 "향약 사업의 장려와 개선을 행하여 근검한 기풍을 양성할 것"이라는 항목이었다. 「향약의 부활에 대하여」, 『백남운전집 4: 휘편』, 311~312쪽. 이 글은 원래 『청년』 12권 1호(1932)에 발표된 것이다.

73) 「조선경제의 현단계론」, 『백남운전집 4: 휘편』, 219~220쪽. 이 글은 원래 『改造』 16권 5호(1934)에 발표된 것이다.

74) 「조선계의 사회사적 고찰」, 43쪽; 「조선 특유의 사회 제도, 110쪽.

75) 일제가 1930년대 초부터 추진한 향약 장려 정책에 대해서는 이준식, 「혁명적 농민조합 운동과 일제의 농촌통제정책: 함경북도의 관북향약을 중심으로」, 『일제 식민지 시기의 통치체제 형성』(혜안, 2006) 볼 것.

76) 「향약의 부활에 대하여」; 「조선 경제의 현단계론」; 「'복고 경제'의 임무」, 『백남운전집 : 휘편』(이 글은 원래 『동아일보』, 1935년 9월 29일에 발표된 것이다) 등을 볼 것.

대표적이라는 점을 언급한 바 있다. 나아가 향약이 복고적이고 반동적인 데
지나지 않으며 따라서 결국에는 조선 민중으로부터 외면을 받게 될 것이라
는 점도 지적했다.

> 장차 부활되려 하는 향약은 엇더한 역할을 할 것인가. 과연 교화 단체로
> 서 통치 목적에 적응한 역할을 할 수 잇스며 인민의 사상을 선도(?)할 역량
> 을 가질 수 잇슬가. 만일 효과가 잇슬 수 있다면 향약을 부활시킴으로 말미
> 암어 관극(觀劇)의 의미로 봉건적 유제를 여실하게 목도할 수 잇는 것, 향약
> 에 대하야 공적으로 사적으로 공헌이 만한 이퇴계, 이율곡, 조중봉 등 당시
> 의 명유들을 부질업시 끄으러내여서 조선사상에서 역사적 역할을 다한 유
> 도의 이데올노기를 고취하려는 것, 과거의 유풍을 감상적으로 회고하는 구
> 식 인사에게 일시적이나마 정신적 순안(苟安)을 주는 동시에 조효박주(粗肴
> 薄酒)의 순간적 감흥을 주는 것, 일부 인사에게 반동적 세력을 부여하는 것
> 등 이러한 효과는 기대할 수 잇슬는지 모르겠다.[77]

향약 보급 운동에 대한 백남운의 평가는 냉소적이었다. 향약을 부활시키
려는 일제의 정책이 결국 친일 유림을 중심으로 한 일부 유지층과 일제 지배
권력의 결합이라는 결과만을 낳을 뿐 민중의 사상 및 운동을 효과적으로 통
제하는 데 성공하지 못할 것이라는 사실을 정확하게 예견하고 있었던 것이
다.

향약 장려 정책을 포함한 일련의 복고 정책은 모두 일제의 사회 운동 통제
정책 내지는 식민지 지배 정책의 일환이라는 성격을 갖고 있었다. 백남운은
'석일(昔日)의 제도·관행'을 부활시켜 '봉건적 유풍'을 재현함으로써 '통치의

---

77) 「향약의 부활에 대하여」, 314~315쪽.

목적'을 수행하려는 '정치 공작'이 바로 복고 정책이라는 점을 정확하게 지적했다.[78] 그리고 이러한 정치 공작이 궁극적으로 "자본주의 경제 철학의 '혼령' (중략) 현존의 세계(자본주의 사회)는 합리적 세계이며 합리적 세계는 영겁의 세계(극락 세계)"라는 것을 선전하는 데 그 목적이 있다는 것도 충분히 인식하고 있었다.[79] 1920년대 말부터 특수 제도의 사회사에 대해 집중적인 관심을 기울인 이유도 일제의 복고 정책에 내포된 이데올로기성을 비판하려는 데 있었던 것이다. 이러한 의미에서 특수 제도의 사회사 영역은 백남운이 역사 연구에서 견지하던 기본 원칙 곧 연구와 실천의 결합이라는 문제의식을 밝히는 데 큰 의미를 갖는 것이었다.

여러 특수 제도 가운데서도 백남운이 가장 관심을 기울인 것은 계였다. 백남운은 1927년에 계에 관한 글을 처음 발표했다. 그리고 같은 내용의 글을 1932년과 1936년에 각각 한 차례씩 다시 발표했다. 게다가 1934년에는 계를 포함한 조선 특유의 사회 제도를 분석하는 글을 신문에 연재하기도 했다. 물론 1920년대 말 이후에는 계에 대한 새로운 논의가 진전되지 못했다. 『조선사회경제사』와 『조선봉건사회경제사(상)』의 집필에 전력을 경주했기 때문이다. 그러나 같은 내용의 글을 10여 년에 걸쳐 여러 차례 발표했다는 사실에 주목할 필요가 있다. 어떻게 보면 매우 이례적인 일을 백남운이 했다는 것은 그만큼 계 연구에 대해 애착과 자신감을 갖고 있었음을 보여준다. 실제로 백남운이 시종일관 추구한 역사 연구의 실천적 의미가 두드러진 것도 바로 계의 사회사였다.

백남운이 계 연구에 천착하게 된 이유로는 두 가지를 꼽을 수 있다. 첫번째는 특수성과 보편성의 변증법적 관계의 해명이라는 이론적인 관심이다.

---

78) 「향약의 부활에 대하여」, 311쪽; 「조선경제의 현단계론」, 219쪽.
79) 「'복고 경제'의 임무」, 265쪽.

두 번째는 일제 식민지 지배 정책의 본질을 폭로하고 민족 해방의 길을 제시한다는 실천적 문제의식이다. 첫 번째 관심과 관련해 백남운은 한편으로는 우리 역사에서 나타난 여러 특수 제도도 일정한 생산력의 발달과 생산관계의 성립을 전제로 한다는 점을 밝힘으로써 역사적 유물론이 우리 역사의 발전을 설명하는 데 적용될 수 있다는 것을 보여주겠다는 생각을 갖고 있었다. 그러나 백남운의 관심이 여기에 머문 것은 아니다. 다른 한편으로는 특수 제도의 역사와 현상에 대한 구명을 통해 민족 해방과 새로운 사회로의 전환의 필연성을 입증하겠다는 데 계 연구의 최종 목표가 있었던 것으로 보인다.

백남운은 역사적 유물론을 바탕으로 원시 공동 사회에서 이익사회로 그리고 다시 고급 공동사회로 전화해 나가는 것을 역사의 발전 과정으로 파악했다. 계의 성격도 이러한 발전 과정에 따라 변모해 나가는 것이 백남운이 말하는 '사회 단위 발전사'의 입장에서 보는 계의 발전이었다. 백남운은 계의 기원에서부터 일제 침략기까지의 발전 과정을 이 '원시 공산 사회에서의 계 원형의 발생 → 노예제 사회인 신라 시대의 형성기 → 전형적 봉건 사회인 고려 시대의 자유 생장기 → 봉건 사회의 해체기인 조선 시대의 보호기와 분화가 → 일제 침략기의 후견적 간섭기 또는 수난기'로 구분했다.[80]

백남운에 따르면 "계의 전신은 상고 이래의 인인(隣人) 동족의 관념과 제신 제천 의식과 토지 공산적 관행과 공동 가무 음식의 풍습 등"이었다고 한다. 또 원시 공산 사회에서 공동체 의식이 표현된 '사교적 또는 종교적 회합'이 '계 발생의 효모'가 되었다는 것이다.[81] 그리고 이러한 회합이 계급 사회인 노예제 사회에서는 주로 지배 계급의 상호 친목과 풍기 유지를 목적으로 하는 사교 단체로 바뀌었는데 이것이 바로 계의 기원이라는 것이다. 단 노예

---

80) 「조선계의 사회사적 고찰」, 49쪽; 「조선 특유의 사회 제도」, 110쪽.
81) 「조선계의 사회사적 고찰」, 23~24쪽.

제 사회 초기에는 원시 공산 사회의 공동 생산과 공동 오락의 관행이 남아 있었지만 후기로 갈수록 계급 사회의 유지라는 측면에서 교화적인 성격이 강화되었다고 한다.[82]

이어 봉건 국가의 '전형적' 발전 과정을 보인 고려 시대에 계는 '민간의 자조 기관'으로 진전되지 못한 채 '지배 계급의 단순한 사교 단체'로 존재했다고 한다. 백남운이 고려 시대의 대표적인 계로 꼽은 동족계도 "연령이 동일한 자가 그 기본적 계급 이익이 존속하는 범위 내에서 일종의 동류의식을 구성하여 그 동류 관계를 존속할 목적으로 조직"한 전형적인 사교 단체였다.[83] 그러나 조선 시대에는 계의 발전사상 획기적인 변화가 일어났다. 조선 시대 초기만 해도 강력한 국가의 존재로 인해 '단순한 사교 단체와 도덕 단체'로서의 계만 존재하다가 국가의 치안권이 약화되고 역으로 서민 자위의 필요성이 고조된 조선 시대 중엽 이후부터 '민중 자치 기관'으로서의 계가 본격적으로 발전하기 시작했다는 것이다.[84] 집권적 봉건 국가의 해체와 민간 자본의 원시적 형성[85]을 배경으로 해 민중의 자조 기관으로서의 계가 왕성하게 되었다는 것이 백남운의 생각이었다.

나아가 백남운은 계에서 근대적인 사회 조직으로의 변화 양상이 조선 중기부터 나타난 것으로 보았다. 이와 같이 조선 중기 이후 부분적으로 근대적인 성격을 갖는 민중 자치 기관으로서의 계가 광범위하게 발전하고 있었다

82) 「조선 특유의 사회 제도」, 108~109쪽.
83) 「조선 특유의 사회 제도」, 109쪽.
84) 「조선계의 사회사적 고찰」, 31~32쪽; 「조선 특유의 사회 제도」, 109~110쪽.
85) 백남운은 조선 시대의 사회경제사에 대해서는 본격적인 연구를 진행하지 못했다. 그러나 여러 짧은 글을 통해 조선 중기 이후의 봉건제 해체와 자본주의의 맹아를 주장했다. 『보전학회논집』에 대한 독후감, 『백남운전집 4: 휘편』, 434쪽; 「정다산의 사상」, 114쪽 등을 볼 것.

는 것은 이미 봉건제가 내부로부터 해체되고 있었음을 의미하는 것이었다. 이러한 맥락에서 계에 대한 백남운의 연구는 일제 관학자들의 봉건제 결여론에 대한 비판으로서의 성격을 갖는 것이었다. 나아가 거기에는 계라는 특수 제도를 통해서도 우리 사회가 봉건 사회 해체기를 거쳐 근대 사회로 이행하고 있었다는 것을 입증함으로써 민족 해방 운동의 필연성을 끌어내려는 실천적 의도도 깔려 있었다.

이러한 의도는 일제 침략기에 일어난 계 성격의 변화를 논의하는 과정에서 더욱 분명하게 드러난다. 백남운은 일제의 침략으로 말미암아 계는 '정치적 후견'을 받게 되었다고 보았다. 여기서 '후견'이란 일제의 식민지 지배와 관련해 계 내부의 민중 자치적 측면은 제거되고 일제가 필요하다고 생각한 요소는 정책적으로 장려했다는 것을 의미한다.

특히 일제는 가장 대표적인 '촌락적 공산체'인 동계를 파괴하기 위해 토지조사사업에 의해 동계의 소유지를 몇몇 개인의 소유지나 국유지로 편입시켜버린 후 그나마 남아 있는 촌락의 공유 재산에 대해서는 '조선면제'의 시행 과정에서 1917년부터 면 또는 면장이 소유 또는 관리하도록 했다. 그러면서도 일제는 동계의 중요한 기능 가운데 하나이던 조세의 공동 납부를 이용하기 위해 납세 단체로서의 동계에 대해서는 적극적으로 장려하고 보호한다는 정책을 취하고 있었다. 그 결과 전통적인 민중 자치 기관으로서의 동계는 파괴되고 오히려 "납세 조합, 납세계, 승팔(繩八)계, 부업장려계, 토지개량계, 대두 입선(粒選) 기념 농업자금계, 어성혼(御成婚) 기념 저축계" 등의 새로운 이름을 갖고 '이식 자본주의 분업 사회'에 봉사하는 단순한 이익단체로서의 계만 남게 되었다는 것이다. 백남운은 일제 침략기 동안에 일어난 계의 성격의 변화 곧 동계가 갖고 있던 "자조혼이 거세를 당해" '공산제'적인 측면이 파괴되고 '개인제'가 만연하게 된 것을 자본주의적 생산관계를 옹호하는 부르주아 이데올로기로서의 개인주의적 사회관의 이식 과정으로 보았다.[86] 그렇다면 민중 자치 기관으로서의 계의 파괴 과정은 끝없이 진행될 것인가? 백남운의 대답은 분명하다.[87]

> 현대 사회가 협동 생활을 요구하고 협동적 생활 양식을 건설중이라면 개인주의의 세례를 갖는 금일의 계가 또한 협동주의의 세계를 받을 운명도 불원하였다 할 수 있고 약소자의 공동 생존이 협동의 품안에만 있다 하면 조선의 계의 품은 함축성이 많은 것이며 조선인의 생명이 농촌 번영에 있다 하면 장래의 계는 농촌 경영의 본영이 될 가능성이 있는 것이다. 전도가 다복스러운 계여! 장래의 네 이름이 또한 농우계인가 농업노동조합인가? 계여! 금일의 앱센티즘의 시련기를 통과할지어다.

백남운은 일제에 의해 '짓밟힌 계 정신'이 "금일의 분업 사회가 공동 사회로 발전하는 도정에서" 부활해 농촌을 다시 살리는 데 '창조적 기능'을 수행할 수 있는 것으로 보았다.[88] 우리는 여기서 계 연구의 실천적 의미를 다시 확인할 수 있다. 백남운은 원시 공산 사회의 공산적 관행으로부터 파생되었다가 계급 사회에서 공동체적 요소를 상실한 바 있는 계가 봉건제 해체기에 새롭게 '민중 자치 기관'으로 전환해 가던 도중에 일제 침략에 의해 다시 자치체적 요소를 상실한 것으로 보았다. 그러나 이보다 더 중요한 것은 계의 미래에 대한 백남운의 독특한 전망이었다. 새로운 사회로의 변혁의 필연성을 확신하고 있던 백남운은 계가 일제의 지배 아래 공동체적, 자치체적 요소를 상실하고 있기는 하지만 새로운 고급 공동사회 곧 공산주의 사회에서 농촌 경영

----

86) 「조선계의 사회사적 고찰」, 43쪽; 「조선 특유의 사회 제도」, 110쪽.
87) 「조선계의 사회사적 고찰」, 49~50쪽.
88) 「조선 특유의 사회 제도」, 111쪽.

의 중요한 조직적 기반이 될 수 있다고 믿었다. 나아가 계를 협동주의(곧 사회주의) 입장에서 농민층의 조직화를 이루어갈 수 있는 주요한 매체로까지 파악하고 있었다.

Ⅳ. 맺음말

1930년대 중반 좌우를 막론하고 조선학 운동에 관여한 지식인들은 '진보, 과학, 비판, 민중' 등의 용어를 자주 사용하고는 했다. 이는 분명히 이전 최남선류의 '조선학' 연구와는 구분되는 것이었다. 조선학 운동에서는 더 이상 '최초, 최고'라는 수식어를 통해 우리 문화의 절대적 우위 내지는 유일성을 강조하는 경향이 용인되지 않았다. 물론 조선학 운동에서도 일제의 식민 통치에 맞서 민족 해방의 전망을 내놓기 위해 일본에 동화되지 않는 근거로 우리 민족의 특수성이 강조되고는 했다. 그러나 그것은 결코 배타적이거나 절대적인 것이 아니었다.

사실 이 점은 조선학 운동을 포함한 일제 강점기 민족 운동의 중요한 특징이기도 했다. 민족 운동이 시작된 이래 우리 민족의 해방이 결국에는 세계의 민족 평등, 국가 평등에 이바지할 것이라는 데 대해 의문을 가진 민족 운동가는 거의 없었다. 누구도 해방을 이룬 뒤 다른 민족을 지배하는 제국주의 국가로 나가자고 주장하지 않았다. 이 점에서 한국 민족 운동 내지는 민족주의(사회주의를 포괄하는 넓은 의미에서의 민족주의)의 특성을 파악할 수 있다. 조선학 운동도 마찬가지였다. 조선학 운동에서 현실적 필요에 따라 민족(의 특수성)이 강조되기도 했지만 이는 어디까지나 일제의 식민 통치를 부정하고 민족 해방에의 전망을 마련하려는 실천적 이유에서 비롯된 것이었다.

다시 강조하지만 조선학 운동은 민족 해방의 확고한 전망을 마련하기 위한 실천적 움직임이었다. 조선학 운동에 참여한 안재홍, 정인보, 문일평, 그리고 백남운, 김태준 등은 모두 단순히 조선학을 하나의 지적 활동으로만 인식하지 않고 민족 해방을 위한 실천 운동으로 인식하고 있었다. 이것이야말로 1930년대 조선학 운동의 가장 중요한 특징이었다. 따라서 이 글에서는 민족 운동으로서의 조선학 운동이란 관점에서 백남운의 비판적·과학적 조선학에 접근하고자 했다.

백남운은 신흥과학으로서의 사회사 연구를 통해 특수성과 보편성의 문제를 해명하는 동시에 일제의 식민 통치에서 벗어나 민족 해방을 이루고 민족 공동체의 자주와 평등이 이루어지는 새로운 국가 건설의 전망을 보여주려고 했다. 이러한 백남운의 논의는 여러 가지 이유 때문에 조선 시대 이후로까지 본격적으로 확대되지는 못했지만 분명히 조선학 운동의 함의를 풍부하게 만들어주는 것이었다.

특히 백남운의『조선사회경제사』발간을 통해 본격화된 단군 신화 논쟁은 우리 학문의 역사상 처음 있던 논쟁다운 논쟁이었다. 이 논쟁은 개인이 아니라 집단 차원에서 진행되었다. 그리고 그 과정에서 무엇이 민족 해방을 위해 진정한 학문적 자세인지를 묻는 논쟁으로까지 확대되었다. 이와 관련해 단군 신화 논쟁을 포함한 조선학 운동은 진정한 의미에서 한국 학술 운동의 출발점이라고 평가할 수 있다.

백남운은 사회주의의 입장에서 민족주의 진영의 민족주의 과잉을 비판했다. 그러면서도 다른 사회주의 지식인에 비해 조선학 운동에 신중하게 접근했다. 최남선과 신채호의 이름이 구체적인 비판의 대상으로 거론되었지만 조선학 운동의 동지이자 경쟁자이던 안재홍, 정인보, 문일평에 대해서는 비난을 삼갔다. 특히 정인보에 대해서는 '존경하는 벗'이라는 표현까지 쓰면서 최대의 예의를 갖추었다. 이는 단순히 인간적 관계 때문만이 아니었다. 이미 두 사람 사이에 역사 인식에 대해 특히 조선 후기 이후 자본주의 맹아 문제에 관해 어느 정도의 교감이 형성되었기에 가능한 일이었을 것이다.

그렇다고 백남운이 내세운 비판적 조선학에 한계가 없었던 것은 아니다. 백남운은 보편성과 특수성의 잣대를 통해 민족주의 역사 인식과 관학의 식민주의 연사 인식을 모두 관념론, 특수성론이라 비판했다. 그러면서 두 가지 역사 인식에 대한 대안으로 우리 역사의 보편성을 과학적으로 해석할 것을 주장했다. 여기서 문제는 백남운이 민족주의와 식민주의를 공히 특수성이라는 잣대 하나로 단순함으로써 민족주의와 식민주의 사이의 학문적, 정치적 본질의 차이를 본격적으로 설명하지 않았다는 것이다.

비판적 조선학의 관점에서 비판의 대상이 된 민족주의 계열의 조선학 운동은 단순히 관념론, 특수성론에 불과한 것이 아니었다. 정인보의 경우 '얼'을 강조함으로써 백남운 이외의 다른 맑스주의자들로부터 비난의 대상이 되었지만 정인보를 포함한 민족주의 조선학 운동에는 단순히 관념론으로만 치부할 수 없는 요소가 여러 군데서 발견된다. 이를테면 사회경제적 개혁가로서의 정약용에 주목하면서 정약용을 민족 정체성의 한 원천으로 재확인하려고 한 것은 이들이 표방한 민족 정체성이 상당한 정도로 민중 지향적이었음을 의미한다. 실제로 문일평은 동학 농민군을 혁명군으로 부를 정도로 맑스주의 역사 인식을 부분적으로 수용하고 있었다. 안재홍도 우리 민족의 '유일성', '독자성'의 강조가 '배타성'으로 치우치는 것을 경계하고 있었다. 이러한 의미에서 조선학 운동의 두 흐름에는 분명히 차이가 있었지만 동시에 수렴될 가능성도 많이 갖고 있었다. 그러나 백남운보다 젊은 맑스주의 지식인들이 수렴되는 부분보다는 차이가 나는 부분을 지나치게 강조함으로써 조선학 운동은 출범한지 얼마 지나지 않아 심각한 내부 분열에 직면하게 되었다. 이것이

최초의 본격적인 학술 운동인 조선학 운동이 결과적으로 오래 지속되지 못
하는 데 하나의 요인으로 작용했다고도 할 수 있을 것이다.

김태준 조선학의 구상과 한계

이황직 (숙명여자대학교 리더십교양교육원 조교수)

Ⅰ. 서론: 조선학 범위 설정의 문제

김태준(金台俊, 1905~1949, 天台山人)은 일제강점기의 학자이자 좌파 활동가이다. 평북 운산 출신으로 전북 이리농고를 졸업하고 1926년 경성제대 예과에 입학하여 법문학부 지나문학과를 1931년에 졸업했다. 졸업과 동시에 명륜학원 강사를 10년간 맡았고, 1939년에는 조선인 최초로 경성제대 강사 (조선어문학부)로 임명되기도 했다. 1941년 경성콤그룹 사건으로 투옥되었다가 2년 후 출소한 다음 1944년에는 '연안행'을 통해 조선독립동맹과 연계를 모색했다. 해방 이후 귀국하여 좌파문예운동에 참여했고, 1948년 이후 남로당 지하활동의 핵심지도부를 맡았다가 1949년 7월에 체포되어 11월에 처형당했다. 44년간의 짧은 생애에도 불구하고, 김태준은 『조선한문학사』, 『조선소설사』, 『조선가요집성 - 고가편』 등의 문학사 서술과 자료 수집 분야에서 언제나 '최초'라는 수식어를 달고 다녔다. 이 업적들은 모두 서른 살 이전에 쌓아올린 것으로서 근대적 학술의 태동기에 김태준의 명망은 최고 수준이었다. 김태준 이전에도 초기 일본유학파와 전통 한학자들에 의한 조선문화 연구 업적이 있기는 했지만 그 역량과 파급 효과가 제한적이었던 데 반해, 김태준의 경우에는 경성제대라는 제도적 후광에 더해 높은 자료축적 수준과 근대적 서술 방식을 통해 학계는 물론 공론장에까지 명성을 넓혀 갔다.

문학사 분야에서의 양적 성과만으로도, 김태준의 연구를 당대 조선학의 흐름에 위치시키기에는 충분하다. 그런데도 그동안의 '조선학 운동'이라는 주제에서 김태준은 제자리를 잡지 못했다. 여기에는 두 가지 이유가 있다. 하나는 조선학을 주로 역사 분야로 한정시켜 온 현재 학계의 경향 때문이고, 다른 하나는 학계에서 은연중에 1930년대 중반 다산 정약용의 재발견으로 촉진된 민족주의 계열과 사회주의 계열의 경쟁적 조선연구와 이에 기반한 '운동론'을 중심으로 조선학연구 범위를 제한시켜 온 경향 때문이다. 이 가운데 이 논문에서 문제 삼는 것은 후자로서, 실제 1930년대 조선연구의 흐름은 매우 다양할 뿐만 아니라 이 흐름들이 주도권을 쥐기 위해 경쟁하는 가운데 상호간에 지적 자극과 영향을 미쳤다. 특히 김태준의 조선문학사 관련 핵심 성과가 1930~33년 사이에 대체로 완료되었다는 점을 감안하면, 조선연구로서의 조선학의 범위와 성격에 대한 재정립이 필요하다.

일반적으로 1930년대 중후반 지성계의 조선학 관련 태도는 크게 세 가지로 구별된다.[1] 안재홍으로 대표되는 비타협적 민족주의 진영의 조선학, 백남운으로 대표되는 맑스주의 진영의 이른바 과학적 조선연구, 현상윤 및 진단학회 중심의 학술적 조선연구가 그것이다. 이 분류를 적용하면 김태준은 맑스주의 진영에 속해 있다. 실제로 1934년 이후 김태준의 논설들에서는 백남운

---

[1] 이 분류의 범주는 전윤선의 논문(「1930년대 조선학 진흥운동 연구」, 연세대 사학과 석사학위 논문, 1998)에 근거했다. 해당 논문은 1934년 이후의 조선학 관련 담론을 중심으로 운동론적 관점에서 접근한 것으로, 이러한 인식틀을 선취한 이지원의 논문(「일제하 민족문화 인식의 전개와 민족문화운동 ─ 민족주의 계열을 중심으로」, 서울대 대학원 사회교육과 역사전공 박사학위논문, 2004)에서도 필자는 많은 도움을 받았다.

과 신남철의 논리가 재생산되고 있다. 그런데 그것보다 앞선 1931년 무렵 김태준의 조선연구 성과들은 그런 흐름과 무관하게 진행되었는데, 최소한 1930년 무렵에는 학계와 재야에서 조선학 연구의 성숙도는 무척 높았다. 기존의 운동론 중심의 조선학 인식틀은 이런 점을 담아내기 어렵다. 운동론 중심의 조선학 연구사 서술의 인식틀에는 두 가지 한계가 있다. 첫째, 1934년 이후의 문화운동사를 조망하기에는 적절하겠지만 1934년 이전에 명확한 이념·진영의 경계 없이 진행된 조선학 연구의 흐름까지 담아내지는 못한다. 둘째, 운동과 관련된 논설·논평에 집중한 까닭에 실제 조선학 연구의 핵심 연구 성과를 질적으로 제대로 평가하기 어려웠다. 학계의 기존 조선학 인식에 대한 필자의 문제제기는 그동안 상대적으로 민족주의 계열을 경시해온 편향과도 관계된 것으로, 특히 일제에는 비타협적이면서도 공산주의운동에는 거리를 두었던 양심적 학자들의 성과를 제대로 다룰 수 없었다는 점에서 출발한다. 보기를 들어, 기존의 운동론적 조선학 관념과 분류 방식에는 당대 최고의 조선학 대가인 위당 정인보의 자리가 없다. 만약 포함시킨다면 안재홍과 한 데 묶여 민족주의 계열로 분류되겠지만, 그 경우 안재홍의 운동론적 관점과 '조선의 얼'과 같은 의식 자각을 강조하는 정인보 조선학은 논리상 충돌하게 된다. 더구나 조선학을 '운동론적 관점'으로 인식하려 할 경우, 이미 그 이전에 확고하게 개념화된 '다른' 조선학의 존재에 눈감게 된다. 예컨대 정인보의 경우는 이미 1930년에 '조선학'을 조선시대 학술사의 실체로서 조선 후기 이후 민족적 관점의 학술연구를 지시하는 것으로 개념화했다.[2] 동시에

---

2) 정인보, 「朝鮮古典解題 13 - 李椒園 忠翊의 『椒園遺藁』」, 『동아일보』 1931년 3월 30일 (『薝園鄭寅普全集』 2권, 28-30). 김용섭의 생각(「실학 공개강좌 - 종합토론」, 『동방학지』 58(1988), 90쪽)을 빌려 이를 강조한 남궁효(1996)의 글에서 도움 받음. 한편, 이에 대한 상론은 필자의 「위당 조선학의 개념과 의미에 관한 연구」(『현상과인식』 34권 4호(2010))를 볼 것.

기존의 분류는 운동론적 관점을 협소하게 파악해서, 신간회 해소 전후부터 1930년대 초반까지 문화운동을 주도했던 민족주의 우파의 조선연구를 사실상 배제시킨다.

이러한 필자의 장황한 문제제기는 이 논문에서 다룰 김태준의 조선학 연구의 성격을 어떻게 이해할 것인가의 문제와 관련된 것이다. 이것이 왜 중요한가 하면, 김태준의『조선한문학사』와『조선소설사』가 책자와 신문 연재기사로 각각 선을 보인 1930~31년의 시점에 주목해야만 그의 연구 성과가 가진 위치를 정확히 평가할 수 있기 때문이다. 모든 지적인 활동이 그렇듯이, 담론으로서 학술 연구도 당대의 관념과 관련 제도와의 상호관련성하에서 생산된다. 쉽게 말하면, 어떤 연구는 과거의 선행연구와 동시대 다른 연구 흐름들과의 관련 속에서 수행되고 다시 그 결과는 하나의 사회적 커뮤니케이션으로서 관련 집단과 영향을 주고받는 것이다. 김태준의 초기 조선문학사 연구의 성격을 규명하기 위해서 관련 분야 선학의 연구와 당시 학계의 상황을 검토해야 하는 이유가 거기에 있다. 후술하겠지만, 김태준의 작업은 복합적이고 모순적인 성격을 갖고 있는데, 일본인의 조선 연구와 경쟁하면서도 협력적 관계에 있고, 조선인 선학들의 연구에 대해서는 갈등 관계에 있었다. 이런 복잡한 상황을 이해하게 되면 김태준 조선학 연구의 성격을 좀더 분명하게 이해할 수 있을 것이다.

이러한 문제의식을 바탕으로 필자는 이 연구에서 다음과 같은 사항을 구체적으로 살펴볼 것이다. 첫째, 청년 김태준의 급작스러운 공론장 등장이 초기 조선학 성립과 그 성격 형성에 미친 영향을 제도와 개인 수준에서 검토할 것이다(2장). 둘째, 김태준의 조선학 업적 가운데 주로 한문학사 분야를 중심으로 그 서술 작업의 성과와 한계를 텍스트 중심으로 검토하고 그것이 당대의 담론에서 어떤 성격을 가진 것인지에 대해 논의할 것이다(3장). 셋째, 1934

년 이후 김태준이 직접 사회적 발언을 쏟아내기 시작한 다음의 이념과 논리에 대해 분석적으로 검토한 다음 그러한 변화(또는 자기부정)의 원인에 대해 다양한 변수들을 고려하여 논의할 것이다. 특히 그의 조선학의 기본 관점 형성에 반유교적 태도가 핵심 요인이었다는 점을 검토할 것이다(4장). 그동안 해방 이후 김태준의 활동 가운데 '전국유교연맹'과 같은 유교단체 조직활동은 학계의 관심 밖이었지만, 김태준 조선학의 모순적 성격을 이해하기 위해서는 반드시 검토되어야 할 문제였다. 이제 본격적으로 김태준의 조선학에 대해 논의해 보자.

II. 김태준의 등장, 경쟁하는 '조선학'

1931년 연말, 경성제국대학을 갓 졸업한 젊은이가 『조선한문학사』를 발간했다는 소식은 학술계에 큰 관심을 불러일으켰다.[3] 이 책을 간행한 조선어문학회는 김재철, 조윤제, 이희승 등이 활약했던 경성제대 학부생 연구 모임이었으므로 그들의 후배이자 동료인 김태준의 책 출간에 큰 도움을 줄 수 있는데, 특히 당시 식민지내 유일 제국대학인 경성제대 출신의 자존감과 그에 대한 외부의 관심이 책 출간에 영향을 미쳤다고 볼 수 있다.[4] 하지만

---

[3] 『조선한문학사』가 김태준의 경성제대 학부졸업논문이었다는 설이 있었지만 중문학 전공과 무관한 주제가 졸업논문이라는 것은 상식적으로도 수긍하기 어려웠다. 학적부를 검토한 김용직 교수에 따르면, 김태준의 졸업논문은 「盛明雜劇研究」이었다. 이하 김태준의 삶과 자료에 대해서는 김용직의 『김태준 평전』(서울: 일지사, 2007)에 큰 도움을 받았다.

[4] 경성제대 조선어문학부 출신 졸업생의 자존감은 근대적 실증주의 방법 훈련에 있었기 때문에 민족주의적 감정을 연구에서 배제했다(이준식, 「일제강점기의 대학제도와 학문체계 -경성제대의 '조선어문학과'를 중심으로」, 『사회와 역사』 61호(2002)). 그

가장 큰 요인은 김태준 자신이 이미 그 전 해인 1930년 10월 31일부터 이듬해 2월까지 당시 가장 영향력이 컸던 언론기관인 동아일보에 〈조선소설사〉를 연재하면서 이미 지식계의 샛별로 각광 받았던 데에 있다.5) 〈조선소설사〉 연재 시작 시점에 김태준이 아직 대학 재학생이었다는 것을 감안하면 동아일보의 연재는 파격적인 지면 할당이었다.6) 1920년대에 이미 조선학 관련 업적이 신문연재 형태로 상당하게 선보였지만 그 기고자들이 최남선, 신채호 등 당대 최고 명망가들이었다는 점을 감안하면, 김태준의 등장은 식민지 학술사에서 가장 이채로운 장면중의 하나로 기록될 만하다.

『조선한문학사』 저술·출간과 관련하여 김태준이 적게나마 그 속내를 드러낸 글을 읽어보자. 1934년『학등』(學燈) 6호에 실린「自著自評-『조선한문학사』방법론」을 보면, 공리적 영웅심 때문에 조선 문집의 한 구석도 충분히 읽지 않은 상태에서 문학사를 서술한 데 대해 겸손하게 자책하고 특히 해당 책이 "자료나열"에 그쳤다며 독자들의 양해를 구하고 있다. 그런데 이미 〈조선소설사〉 연재를 통해 명성을 끌어올린 김태준이 구태여 준비가 많이 부족했던 상황에서 서둘러『조선한문학사』를 상재하여 공연히 추후 자책하는 곤경에 처할 필요는 없었다. 그렇다면 책 출간을 서두른 데에는 김태준의 개인사적 배경 너머의 또 다른 요인이 작용한 것이 아닌가 하는 의문을 가질 수 있다. 그 단서는『조선한문학사』출간 몇 개월 전인 1931년 7월에 간행된

것은 가치중립적 태도일 수 있지만 피식민지라는 상황에서 그 효과는 탈정치적일 수밖에 없었다.
5) 〈조선소설사〉 연재중에 김태준은 같은 동아일보 지면에 〈文學革命後의 中國文藝觀 -過去十四年間〉을 18회(1930년 11월 12일-12월 8일)에 걸쳐 연재하는 패기를 보였다.
6) 그 이전에도 청년급의 글이 장기 연재되는 경우가 있었다. 1925년 교토 제대를 갓 졸업했던 최현배가 1926년 9월 25일부터 12월 26일까지 동아일보에 〈조선민족 갱생의 도〉를 연재(총 65회)한 것이 그 사례이다. 그런데 최현배의 글은 전공 분야의 학술 업적이 아닌 사회비평이었다는 점에서 김태준의 경우와는 거리가 있다.

『신흥』 5호에 실린 논문(「李朝의 漢文學源流」)의 머리말에서 찾을 수 있다.

> "내가 漢文學史를 草한지 歲餘에 벌서 鄭寅普氏는 古代篇을 紹介하고 多
> 田氏는 高麗篇을 紹介하엿기에, 나는 다른 사정도 잇서서 다시 이따위 論文
> 을 쓰지 않으랴고 하다가 急作히 찾는 原稿의 責을 免코저 李朝篇의 源流를
> 그 骨子만 잠간 紹介한다."[7]

위 머리말을 보면, 김태준은 정인보와 타다 마사토모(多田正知)가 각각 고
대편과 고려편에 대해 저술한 것에 대해 잘 알고 있었기 때문에 굳이 자신이
한문학사를 기초해 둔 것이 있었더라도 공개적 저술의 필요를 느끼지는 않
았다. 맥락을 보면, 경성제대 조선인 학생(졸업생)의 학술지인 『신흥』 편집진
의 "급작"스런 요청 때문에 김태준이 어쩔 수 없이 그 글을 실게 되었다는
점을 알 수 있다.[8] 이 진술에 따를 때, 김태준이 한문학사의 초고를 쓴 것은
그가 졸업반 학생이었던 1930년 상반기쯤이다. 〈조선소설사〉를 매일 연재하
며 별도로 중국현대문예운동론에 대해서도 연재하고 있었던 예를 상기할 때,
김태준이 학부 시기에 다종 다량의 초고를 써 두었으리라고 짐작해도 틀림
없을 것이다. 물론 당시 초고의 수준이 1년 후 간행될 책자본의 구상과 자료
수집 수준 이상이었다고 판단하기도 어렵다. 다만, 다음은 확증된다. 첫째,

---

7) 김태준, 「李朝의 漢文學源流」, 『新興』 5호(1931), 70쪽. 해당호 편집 사정상, 김태준의
  논문은 70~74쪽과 62쪽 하단으로 나뉘어 실렸다.

8) 『신흥』 5호 발행시점에서는 좌파 학생그룹인 경제연구회가 편집권을 갖고 있었다(김
  용직, 윗글, 69쪽). 『신흥』 5호에는 「李朝의 漢文學源流」 외에 「談談 中國映畵」라는
  김태준의 글이 한 편 더 실렸고, 7호(1932)에는 「중국의 한자폐지운동」 8호(1935)에는
  「대원군의 書院毀撤令의 의의」 9호(1937)에는 「新羅花郎制度의 의의」가 실렸다. 『신
  흥』에 실린 김태준의 글에는 반봉건 의식이 잘 나타나는데, 예외적으로 「李朝의 漢文
  學源流」에는 그런 종류의 사회의식이 담겨 있지 않았다.

김태준은 적어도 이때까지는 『조선한문학사』를 공간할 뜻이 없었다. 둘째, 연희전문 교수 정인보와 경성제대 예과의 타다가 각각 고대(삼국시대)와 고려시대의 한문학사를 정리했기에 김태준은 이 논문을 통해 조선시대 편만을 소개하려 한 것이다.[9]

여기서 흥미 있는 것은 위당 정인보의 글을 김태준이 알고 있었다는 언급이다. 이때는 아직 김태준이 관념적으로만 사회주의적 성향을 가진 단계였기 때문에 당시 민족주의 계열의 대표 지성인 정인보에게 특별히 공격성을 드러내지는 않았다. 그런데 김태준의 논문 표제에 등장하는 '源流'라는 표현에 주목해보면, 그 몇 개월 전에 출판된 정인보의 「조선문학원류초본」에 김태준이 대응하고 있다는 것을 알 수 있다. 이러한 조심스러운 추정은 당시 1920년대 말부터 전개된 '조선학' 주도권을 둘러싼 대학들 사이의 경쟁관계를 고찰할 때 더욱 분명해질 수 있다. 경성제대 일본인 학자들과 총독부 관료들의 '식민지 관제 조선학'을 제외한다면, 당시 조선학을 체계적으로 수행할 수 있었던 집단은 연희전문 문과 그룹과 경성제대 법문학부 출신의 조선인 졸업생 그룹 정도에 불과했다.[10] 당시 『신흥』을 간행했던 경성제대 출신 청년들은 비록 일본 식민통치를 위해 설립된 교육기관이기는 하지만 거기서

---

9) 타다 마사토모는 경성제대 예과 교수로서, 1930년 조선총독부 간행 『朝鮮』 6~8월호에 「高麗漢文學史」를 3회 연재했다. 김태준은 이 글을 언급한 것으로 보인다. 한편, 박영미는 타다의 조선한문학사(고대를 다룸) 서술을 들어, 타다가 조선한문학을 '지나 한문학의 이식'에 지나지 않다고 보았음을 지적·비판했다(박영미, 「일제 강점기 在朝 지식인 多田正知의 한문학 연구에 대한 시론」, 『어문연구』 65호(2010)).

10) 1920년대까지 '문과'를 갖춘 대학은 연희전문과 경성제대에 불과했다. 대한제국기에 이미 종합적인 2년제 전문학교였던 보성전문의 경우 일제강점후 전문학교규칙(1915)을 충족시키지 못해 법률상업학교로 격하되었다가 제2차 조선교육령 이후 1922년 전문학교로 승격했다. 설립주체가 외국인이 아니었기 때문에 더 많은 간섭에 노출되었고 개설 학과가 법과와 상과에 그쳤다(정재철, 「일제하의 고등교육」, 『한국교육문제연구』 5호(1989)).

근대 학문의 방법을 통해 훈련된 자신들이 조선을 위한 아카데미즘 구현의
선구자라는 자부심을 갖고 있었다. 그래서『신흥』의 편집에는 '사회과학', '철
학'에 '조선연구'를 더한 삼분 체제가 유지되었다. 이때 '조선연구'는 문학과
역사 분야가 주를 이루었지만 식민지 조선의 현실에 대한 사회과학적 분석
도 비록 그 수가 적지만 엄연히 포함되어 있었다.[11]

연희전문 문과 측에서는 그동안 식민지 관학이라고 경원시했던 경성제대
가 배출한 첫 졸업생 그룹이 연전 문과의 상징이라 할 조선학 분야를 위협할
수 있다는 것에 위기의식을 가졌을 것이다. 1928년 가을학기부터 문과 과장
을 맡은 백낙준은 민족교육의 일환으로 조선학 분야를 더욱 지원하기 위해
연전 문과연구지『조선어문연구』제1집(1930)을 간행했다.[12] 김태준이 언급
했던 위당의「조선문학원류초본」이 실린 곳이 바로 이 학술지였다. 이 학술
지는 처음부터 정기 간행의 목적이 아니라 연전 문과 교원의 업적이 쌓이는
대로 '때때로' 간행하고자 했던 무크지 성격의 것이었다. 1집에는 위당의 해
당 글과 외솔 최현배의 두 편의 논문이 실렸는데, 글의 성격이 모두 언어와
문학에 관련되었기에 '어문연구'라는 표제를 달게 되었다. 연전 문과와 백낙
준이 외솔과 위당의 글 세 편만으로 학술논문집을 간행한 것은 앞서 언급했
던 경성제대의 움직임에 대한 위기의식의 방증일 것이다. 그리고 그 위기의
식을 불러일으키게 된 한 배경에, 당대 최고 영향력을 가졌던 동아일보에

11)『신흥』에 대한 연구는 다음 글의 도움을 받았다: 박광현,「경성제대와『신흥』」,『한국
문학연구』26집(2003). 훗날 사회주의 계열 조선학 진영에 참여하는 신남철, 박치우,
김태준 등이 모두『신흥』에 글을 실은 적이 있다. 다만,『신흥』'조선연구' 파트만
보면, 조윤제, 이희승, 이재욱 등 비좌파의 주도성이 조금 더 컸다고 볼 수 있겠다.
12) 이 잡지는 창간호만 발행되었다.『조선어문연구』에 대한 첫 서평(이광수)이 1931년
1월 5일자『동아일보』에 실렸고, 연전 관련자가 쓴 것으로 보이는 상세한 소개가 동
지 1월 26일에 실린 것으로 보아,『조선어문연구』가 실제 출판된 것은 1930년 12월경
으로 판단된다.

연재되기 시작한, 일개 경성제대 졸업반 학생 김태준의 〈조선소설사〉가 있었을 것이라는 것도 충분히 추론 가능하다.

물론 제도적 경쟁 관계는 배경일 뿐 원인은 아니다. 백낙준과 달리, 이미 당대 최고 한학자로서 정평이 나 있던 연전 문과 교수 정인보는 자신의 학문 분야에 대해 위기와 경쟁에서 자유로웠다. 이광수의 솜씨 있는 서평처럼, 『조선어문연구』에 실린 「조선문학원류초본」에 위당이 '초본'이란 표현을 쓴 것은 "겸손과 학자적 불만족"을 나타낸 것이고 '제1편'이라고 쓴 것은 그것이 "조선문학연구대계의 일부분임"을 나타낸 것이다.[13] 실제로 「조선문학원류초본」을 읽어보면 이광수의 서평이 적절했음을 알 수 있다. 위당은 이 글에서 시기상으로는 고조선과 삼국시대의 문학을 다루고 있는데, 단순한 개설이 아니라 치밀한 고증과 해석을 바탕으로 앞선 기존의 서술들에서는 볼 수 없는 새로운 분석을 내놓고 있다. 그것이 연희전문학교 문과 한문학 수업의 강의안이라는 점이라는 것에서 그 높은 수준뿐만 아니라 그 성격이 철저하게 민족주의적이라는 점을 보여주는 업적이었다.

최초의 근대적 문학사를 연재하고 있다는 자부심을 갖고 있던 김태준에게 책자 형태로 공간된 위당의 글은 어떤 식으로든 읽혀지고 영향을 미쳤을 것이다. 김태준의 첫 반응은 앞서 언급했던 대로, 『신흥』5호에 게재된 「李朝의 漢文學源流」로 나타났다. 이 글의 말미(62쪽)에는 탈고일이 "1931년 6월 1일"로 분명히 적혀 있다. 탈고일이 적혀 있는, 편집사정상 동떨어져 배치된 그 한 면을 포함해도 여섯 쪽에 불과한 이 논문에 조선시대 한문학을 요약한다는 것은 애초에 불가능했다. 따라서 김태준은 훗날 저술하게 될 『조선한문학사』 조선왕조편의 윤곽만 보여줄 수밖에 없었다.[14] 그리고 김태준은 서둘러

---

13) 이광수, 「내외신간평 - 조선어문연구 연전문과연구집제1집」, 『동아일보』 1931년 1월 5일.

기존의 초고를 다듬어 삼국시대, 고려, 조선을 아우르는 체계적인 한문학사
서술에 착수한 것으로 보이는데, 불과 반년 만에 『조선한문학사』를 출간하게
되었다. 결국, 김태준이 〈조선소설사〉를 연재하고 나서 벌어진 몇 달간의
급박한 출판 동향이 예기치 않게도 태동기 조선학의 외연을 확장하는 데 영
향을 미치게 된 셈이다.[15]

이상의 논의를 요약하면 1930년 공론장과 지식계에 불어 닥친 조선학에
대한 급작스러운 관심의 원인에 대해 어느 정도 설명할 수 있다. 우선, 1920
년대 후반 이후 근대적 학문 훈련을 받은 유학파 학자 집단이 대거 귀국해서
학계의 양적 성장을 가져왔고, 기존에 민간지 중심 공론장을 중심으로 활동
했던 전통 지식인들과 긍정적인 경쟁 관계를 형성하기 시작했다. 둘째, 경성
제대에서 근대적 실증주의의 훈련을 받은 조선인 학생 그룹이 졸업하면서
기존 민족주의적 학풍을 대표하던 연희전문 문과 교수진 및 후학들과 제도
적 경쟁이 가능하게 되었다.[16] 셋째, 위 두 항목에서 각각 근대 학문과 경성

---

[14] 실제 내용을 보면, 成俔의 『慵齋叢話』에 대한 인용으로 조선 전기 시사를 정리하고
이후 조선중후기의 주요 시인들의 계보만 소개했다. 이 내용은 『조선한문학사』 '이조
편'의 서론격으로 거의 그대로 제시되었다.

[15] 김태준의 〈조선소설사〉 연재가 중간쯤 진행되었던 1931년 1월 19일부터 위당은 같은
동아일보의 연중기획인 〈조선고전해제〉 서술을 사실상 홀로 전담하며 당시까지 잘
알려져 있지 않았던 조선 후기의 실학 고전들을 매주 한 권씩 소개하며, 당시 학계와
달리 개성적인 실체로서의 '조선학' 개념을 완성시켰다. 주로 강의에 전념하던 위당
을 부지런한 저술 작업으로 이끌어내는 데에 청년 김태준의 무모하리만치 자신감
넘쳤던 문학통사 저술의 의도하지 않은 기여를 인정해야 할 것이다.

[16] 김태준은 과도하게 경성제대 출신의 조선연구만을 인정하고 연희전문 교수들의 업적
은 배제하는 방식으로 경쟁의식을 드러냈다. 이는 1933년 조선일보에 발표한 「朝鮮
學의 國學的硏究와 社會學的硏究」에서 어학연구 외의 민족주의 계열 조선학을 일본
에도시대 국학자 모리나가(本居宣長)의 그것에 비유하며 조롱하는 데에서 드러나기
시작하여 이후 일관되게 지속했다. 해방직후 전국문학자대회에서 발표한 "문학유산
의 정당한 계승방법"에서도 해방 이전 조선학연구의 성과로 경성제대 출신의 업적만
을 소개하고 반면에 정인보, 최현배 등 연희전문 출신 연구자들을 배제했다.

제대 학생 그룹에 포함되는 김태준이 학부생 신분으로 동아일보에 〈조선소설사〉를 연재하게 되면서 관련 학계와 지식인 사이에 기왕의 성과를 서둘러 출간하는 움직임이 형성되었다. 특히, 이러한 제도적 조건의 성숙함 가운데 조선학 열풍의 물꼬를 튼 이를 고르자면 단연 김태준을 들 수 있다.

III. 한문학사 서술에 나타난 김태준 조선학의 성격

김태준이 졸업 전에 〈조선소설사〉를 연재하고 졸업 몇 개월 후에 『조선한문학사』를 출간할 만큼 업적을 쌓을 수 있었던 데에는 자신의 노력과 더불어 교우 관계를 통한 자극이 있었다. 김태준의 재학 시절 수업 내용과 교우 관계에 대해서는 김용직의 평전 작업을 통해 이미 상세하게 밝혀졌다. 또한 국문학계에서 김태준의 『조선소설사』의 내용 분석과 그 발전 과정에 대해서도 세밀한 연구가 진행되었다.[17] 여기서는 앞 절의 논의를 발전시켜, 김태준의 『조선한문학사』 및 조선 고전 관련 연구를 중심으로 김태준 조선학의 성격에 대해 살펴볼 것이다.

『조선한문학사』가 당시 가장 광범위한 범위를 다룬 문학통사 서술이라는 점은 분명하다. 이전까지 문학사 서술로는 자산(自山) 안확(安廓)의 『조선문학사』(1922)가 유일했는데 주로 시대별 자료제시에 머무른 느낌이 있고 특히 조선시대 문학 서술 분량이 극히 적어서 개략 수준에 머무른 감이 있었다.

---

17) 이윤석(「김태준 『조선소설사』 검토」, 『동방학지』 161집(2013))은 동아일보 연재분 〈조선소설사〉와 1933년 청진서관 간행 『조선소설사』 초판본을 대조하면서 김태준이 참고했을 선행연구를 추적했고, 류준필(「김태준의 『조선소설사』와 『증보 조선소설사』 대비」, 『한국학보』 88호(1997))은 1933년 판본과 1939년 『증보 조선소설사』 판본을 비교하여 그 첨삭의 요인에 대해 설명했다.

이에 비해 김태준의『조선한문학사』는 근대적 문학사 연구의 관점을 분명히
했고 시대구분과 서술 방식도 어느 정도 체계적이었으며 특히 조선시대 한
문학사에 대한 서술 분량도 비교적 충분했다.18) 그런데『조선한문학사』를
읽는 사람들은 누구나 연구방법이 시대에 따라 달라지고 또한 서술의 충실
성도 들쑥날쑥하다는 점을 발견한다. 무엇보다도 김태준이 한문학을 대하는
기본 태도와 관점에 대해 불편함을 가지게 된다.19) 즉,『조선한문학사』는 그
시대를 대표하는 성과이면서도 동시에 그에 못지않은 한계가 분명한 저작이
다. 이 저작을 관점과 내용 양면에서 차분히 검토하여 그 원인을 추론해 볼
필요가 있다.

1. 방법과 서술상의 불일치

먼저, 연구 방법을 다룬 서론부와 실제 문학사를 기술한 본론부 사이의
불일치에 대해 살펴보자.『조선한문학사』의 서론부에는 연구 방법론과 연구
대상이 명확히 제시되어 있다. 서론에서 김태준이 강조한 것은 크게 두 가지
이다. 첫째, 문학의 보편성에 기초하여 연구 대상을 분석적으로 재구성하려
한 점이다. 표제 그대로, 이 연구는 조선의 한문학 작품을 통시적으로 소개하
는 것을 목적으로 삼았다. 여기서 문제되는 것은 고대 이래 한국인이 지은
한문 문헌들 가운데 '예술'적인 작품만을 연구 대상으로 삼는다는 김태준의

---

18)『조선한문학사』에서의 인용은 1931년 출판본에 따랐다. 이 난해한 책의 독해에 김성
   언의 교주본(『교주 조선한문학사』(서울: 태학사, 1994))과 최영성의 역주본(『역주 조
   선한문학사』(서울: 시인사, 1997))의 큰 도움을 받았다.
19) 심경호의 선구적 업적(「천태산인의 조선한문학사 검증」,『한문교육연구』창간호
   (1986))에서 이미 김태준의 문헌사용의 착오와 관점의 한계가 지적되었고, 이후 한문
   학자들의 후속연구를 통해 그 공과가 정리되었다.

규정이 과연 실재를 제대로 반영할 수 있는지의 여부이다. 김태준은 자신의 연구 대상 규정을 정당화하기 위해 서론에서 두 개의 세부 논증을 구성했다. 첫째, 고대 이래 중국의 '문학' 관념에 기반한 논증으로서, 양(梁)의 소통(蕭統)이 『문선』(文選)에서 완성시킨, 순문학으로서의 문(文)과 잡문학으로서의 필(筆)의 구별을 통해, 경(經), 사(史), 자(子)부를 배제한 순수문학만을 문학사의 대상으로 한정시켰다. 둘째, 당대 중국 백화문학자들의 문학론을 습용하여, 과학 · 철학 부분과 분리되는 "'情的學問'이어서 '美'를 求코저"하는 것을 '문학'으로 한정시켰다.

이러한 김태준의 연구 대상 규정에는 한계와 문제점이 뒤따른다. 첫째, 대상 규정의 적실성이 부족하여 연구의 한계가 노정된다. 뒤르케임이 논한 것처럼 전통사회와 구별되는 근대사회의 특징은 기능적 분화이다. 분업과 전문화의 추세에 따라 근대적 연구는 학문별로 대상을 한정짓고 대상에 적합한 방법론을 발전시켰다. 이에 따라서 문학 연구에서 도덕과 사회를 분리시키는 것이 당연시된 것이다. 실제로 선배 일본 유학파인 안확의 『조선문학사』에서도 김태준에서 보이는 연구 대상 구분이 똑같이 시도되었는데,[20] 이는 당시 근대적인 문학사 서술 방법을 그대로 따랐던 것이다. 세계사 일반 수준에서 예술이 타분야에서 분화되지 않았던 전통시대의 예술의 양상을 서술하면서 근대적인 영역 구분을 준용한다는 것은 연구 목적상 부적절할 수밖에 없는 한계를 가지게 되는 것이다.

둘째, 연구 대상 한정의 결과로 『조선한문학사』는 저자의 이념과 방법 사이에 내적 모순을 드러낼 수밖에 없었다. 김태준이 준거했던 고대와 현대의 두 문학론은 모두 기능적으로 분절화된 논리, 즉 문학을 정치 · 사회적인 요

20) 안확(安自山), 『조선문학사』(경성: 한일서점출판, 1922), 1~2쪽.

소들과 거리를 두게 하는 논리와 친화적이다. 반면에 김태준은 자신의 이념
에 따라 좋은 문학 작품이란 사회경제적 상황에 대해 문제제기를 하는 것이
라는 대전제를 취하고 있다.[21] 이러한 이념과 방법상의 모순은 『조선한문학
사』의 시대별 실제 서술 내용이 균질적이지 못하게 되는 요인으로 작동했다.
유교와 관련된 서술상의 문제를 보기로 들어보자. 김태준은 도학에 치중했
던 유가에 대해 비판적이었다. 따라서 고려시대 문학을 다루면서도 유학(성
리학)의 대두가 문학 창작의 수준을 떨어뜨리는 요인으로 보았고(『조선한문
학사』, 89쪽), 조선시대 문학을 다룰 때는 사화와 당쟁으로 은둔하던 선비
학자들의 작품을 문학으로 보기 어렵다고 비판했다.[22] 이러한 기준은 여말
선초의 학자·시인들을 평할 때, 퇴계·율곡에 대한 서술을 극도로 제한할
때, 그리고 우암과 성호·다산을 사실상 배제시킬 때 어느 정도 지켜졌다.
그러나 조선시대의 대표적인 한시작가들 가운데 '유관문인'(儒冠文人)이 아
닌 경우는 거의 없다. 그것을 모를 리 없으면서도, 김태준은 자의적으로 최고
대가 문인들을 제외시켜 생겨난 공백을 그밖의 "정치가적 유관문인"에 대한
서술로 대체하는 불균형을 보였다. 조선 전기에는 점필재(佔畢齋) 김종직(金
宗直), 모재(慕齋) 김안국(金安國) 형제, 하서(河西) 김인후(金麟厚) 등 도학
자가 서술 원칙에 어긋나게 상대적으로 중시되어 길게 다루어졌던 데 반해,
오히려 조선 후기 학술사의 신경향을 나타내는 광의의 실학파들에 대해서는
거의 언급을 하지 않았다. 물론, 그 중간에 김태준은 자신의 저술 의도에 걸
맞은 문학작품에 대해서 관심을 보이기도 했다. 서얼 출신인 이달(李達), 허

---

21) 기능적 모델에 비판적 관점을 담는다는 것은 사회이론상 모순이다.
22) "經學 哲學을 求함이며 理를 論함이요 文學은 美를 求함이며 感情을 表現함이니 나는
되도록 儒家의 作品을 詞人文匠의 範圍에서 排除하고 論코저한다."(『조선한문학사』,
134쪽).

균(許筠), 신유한(申維翰), 여류 시인 허난설헌, 차별 받던 평안도의 이시항 (李時恒), 방랑시인 김삿갓이 상세하게 서술되었고, '에로틱' 야담을 수집한 『어면순』(禦眠楯)의 편자 송세림(宋世琳), 여항의 시를 채집한『해동유주』 (海東遺珠)의 홍세태(洪世泰)의 기여를 강조했다. 하지만 신분차별에 대한 반발과 평민문학에 대한 관심을 서술한 것은 그것이 전부로서『조선한문학 사』 내용의 주류라고 하기 어렵다.[23]

2. 조선 한문학에 대한 태도와 서술의 문제

앞서 검토했던 문제들은 어떤 분야에서든지 초기 업적을 축적할 때 나타 날 수도 있는 조급함에 수반하는 결과일 수 있다. 한계로 제시한 부분을 제외 하면, 그대로 김태준의 성과가 드러나기 때문이다. 근대적 연구방법과 사회 주의적 인식을 가장 전통적인 양식인 한시 분야에 적용하는 초기적 시도임 을 감안할 때, 김태준의 한계보다는 성과에 더 초점을 맞추는 것이 균형 잡힌 평가일 것이다. 그런데 이 소절에서 제시하는 문제는 김태준이 자신의 연구 대상인 한문학을 바라보는 기본적인 태도와 관련된 것이다. 즉, 이론적이거 나 논리적인 수준의 평가 이전에 저자의 태도와 노력에서 발견되는 회의감 과 관련된 문제이다. 객관적인 연구자라고 할지라도 연구대상에 대해 일정 한 선입견을 갖는 것은 불가피하다. 하지만 연구 과정에서는 자료검토와 분 석 수준에서 객관성을 유지해야 한다. 이러한 규범은 김태준이 근대적인 연 구방법을 강조했던 까닭에 더 엄격하게 적용될 수 있다. 또한 연구대상에

---

[23] 김태준 스스로도『조선한문학사』의 내용상 부족함을 메우기 위해, 그것과 중복되지 않는 새로운 여러 논설들을 발표하는 수고를 했다. 이에 대해서는 이종묵, 「일제강점 기의 한문학 연구의 성과」, 『한국한시연구』 13호(2005), 435쪽을 볼 것.

대해 충분한 검토를 바탕으로 서술에 임했는지도 중요한 평가 기준이 될 수 있다. 이제 이러한 부분에 대해 검토해보기로 한다.

첫째, 『조선한문학사』는 그 연구대상인 조선 한문학을 대하는 태도에서 문제점이 드러나 있다. 이미 박희병, 최영성 등이 지적했듯이, 김태준이 한문학사를 대하는 태도에는 '청산주의'의 관점이 강하게 드러났다.[24] 서론부에 흩어져 있는 논의를 종합해보면, 그 이유를 어느 정도 알 수 있다. 우선, 김태준은 일반적인 문학사와 조선 한문학사의 사명에 차이가 있다고 지적했다. 일반 문학사는 "문학 진화의 과정", "성쇠변천의 인과"를 살펴 "금후에 대한 문학의 추세"를 헤아리는 데 그 사명이 있다. 자신이 쓰는 한문학사 역시 본래는 그러한 기여를 해야 한다. 그런데 김태준은 조선 한문학이 이미 박물관의 유물이나 분묘의 해골처럼 이미 죽어버렸다고 진단했다. 그러므로 일반 문학사의 사명과 달리 조선 한문학사는 단지 "고대 문화의 결산 정리에서만 의미"를 가질 뿐이다. 결론에서는 한 걸음 더 나아가, 한문학의 본고장 중국에서조차 문학혁명으로 과거 문언체 문학이 소멸했음을 들어 과거의 시문집이 현대인의 생활과 무관하여 자연도태될 것임을 예측하고 예의 신문화 건설론을 주창한다. 서론과 결론을 요약하면, 김태준은 이미 사망한 한문학에 대한 자신의 사적 접근은 실증적 정리 외에 그 어떤 생산적인 의미도 없는 활동이라고 스스로 깎아내린 것이다.

김태준의 판단 자체가 틀린 것만은 아니다. 『조선한문학사』에서 다룬 마지막 시인들인 강위, 황현, 김택영이 김태준보다 각각 세 세대에서 두 세대

24) 박희병, 「김태준의 국문학연구」(상·하), 『민족문학연구』 3집, 4집(1993). 최영성, 「김태준의 학술연구와 국고정리작업 -『조선한문학사』 서술을 중심으로」, 『한민족어문학』 46집(2005). 이들 학자보다 앞서서 심경호(윗글, 140쪽)는 김태준의 '전제'에 대해 의문을 제기한 바 있다.

위의 인물이라는 점을 보면, 그때까지가 한문학이 실질적으로 영향을 발휘한 마지막 시기라고 판단한 듯하다. 물론 일제강점기 신문에도 꾸준히 한시가 실리기는 했지만, 한시를 통한 공론장 또는 문학장 형성의 기반이 될 만한 문학공동체가 실질적으로 소멸되었다는 것은 엄연한 사실이다. 그런데 김태준의 현실 진단이 틀리지 않았다고 할지라도, 현재를 통해 구성된 편견이 연구대상인 조선 한문학 작품군 전체에 대한 평가의 결론으로 대체되어서는 안 된다. 그러한 억설이 반영되어 과거의 한문학을 보려 한다는 것 자체가 조선 한문학에 대한 폄훼이다. 김태준은 조선의 한문학이 중국의 아류이고 그래서 시대적으로 뒤져있고 내용상으로도 수준이 낮다는 점을 서론을 통해 강조했다. 그 주장을 뒷받침하기 위한 근거로 김태준은 조선조 당시 문인들의 자체평가를 인용한다. 그런데, 김태준은 선학들의 글을 맥락과 무관하게 자신의 논증을 위해 유리한 부분만을 인용하는 방식으로 이용했다. 보기를 들어, 김태준은 이덕무의 『한죽당섭필』(寒竹堂涉筆)에서 한 문단을 인용하여 조선의 시문학이 중국의 유행에 뒤처져 있다고 비판했는데,[25] 해당 책은 사근찰방 재직시 이덕무의 수필집이고 인용 문구는 고운 최치원과 관련하여 조선시대 문인들의 중국 방문 성과가 신라시대의 유·불 유학파들의 성과에 미치지 못함에 대한 반성을 담고 있다. 대체로 북학파의 글의 지향은 선진 중국(청)과 대비할 때 폐쇄고립을 택한 조선의 저발전에 대한 타개책 제시에

---

[25] 김태준의 직접 인용 내용 부분을 『국역 청장관전서』에서는 다음과 같이 옮겼다: "대저 우리나라의 문교가 중국에 비교하여 매양 계수(計數)가 퇴보되어 1백년 뒤에야 조금 진척이 있다. 그래서 우리나라에서 처음으로 좋아하는 것은 바로 중국에서 쇠퇴하고 오래되어서 싫어하는 것이니, 그것은 태상 봉우리에서 해를 보면 닭의 첫울음은 해가 이미 올라왔음을 뜻하는 것인데 태산 아래 사람들은 아직도 꿈속에 있는 것과 같으며, 또 아미산 꼭대기의 눈이 5월이 되어서야 녹는 것과 같다."(『국역 청장관전서』 12권(서울: 민문고, 1989 중판), 25쪽. 원문은 『청장관전서』 68권('한죽당섭필' 상)). 이 글의 제는 "고운이 유교와 불교를 논하다(孤雲論儒釋)"이다.

있기 때문에 상대적으로 조선의 상태와 시대적 한계를 강하게 비판했다. 그런 점을 감안하지 않은 채 인용되는 탈맥락적 문구들의 제시는 의도적인 것이라고 밖에는 해석할 수 없다. 또한 김태준이 김창협의 '식암집서'(息菴集序)를 인용하는 데에도 문제가 있다. 김창협의 목적은 김석주(金錫冑) 문학을 돋보이게 하기 위해 다른 조선 문장의 문제점을 지적한 것이었는데,[26] 김태준은 김창협의 핵심 주장이 아니라 그 곁가지 전제들을 들어 조선 한문학의 퇴행성을 은근히 강조하는 데 이용했다. 『조선한문학사』에서 김태준이 조선 한문학 수준을 비판하기 위해 언급했던 두 개의 인용문이 모두 객관적인 조선한문학 평석글이 아니라는 점과 두 글의 취지도 김태준의 주장과 관련성이 약하다는 점에서 김태준 소론의 근거로는 부적절했다. 요컨대, 김태준의 주장대로 이미 한문학이 죽었다고 할지라도 그 이전의 조선 한문학 일반에 대해 그런 시각을 투영하는 데에는 문제가 많다.

둘째, 『조선한문학사』 서술을 위해 수집한 자료의 충실성에 비해 실제 서술 과정에서 그것을 충분하게 이용하지 못했다는 점에서 한계를 드러냈는데, 특히 '上代篇'에 비해 '李朝篇'에서 그러한 서술상의 문제점이 두드러졌다. 삼국시대까지의 고대문학 서술을 위해 김태준은 각종 문헌에 등장하는 작품(제목만 전하는 것까지 포함하여)의 총목록을 시대순으로 나열·제시하는 수고를 했다. '高麗篇'은 정치사와 문학사의 관계가 유기적으로 서술되었고 분량도 충실해서 문학사 서술로서 완결성이 무척 높았다. 그런데 연구대상 작품의 질과 양 모두에서 앞선 시대와 비교할 수 없던 한문학의 융성기인

---

26) 오석환, 「농암 김창협의 서발류 문장 연구」, 『한문학논집』 22집(2004), 53쪽. 김태준의 "식암집서" 해당 인용문의 바로 다음에는 김창협이 식암 김석주의 문장이 그러한 조선 근세 문학의 한계를 넘어섰다는 평가가 곧바로 이어진다(김창협, 『국역 농암집』 4권(송기채 역)(서울: 민족문화추진회, 2004). 원문은 『農巖集』 22권).

'李朝篇'에 대한 서술에 이르면, 자료를 서술에 제대로 활용하지 못했다는 것을 알 수 있다. 확실한 것은 김태준이 자료 확보에 비교적 충실했다는 점이다.『용재총화』를 비롯한 수십 종의 시화·만필집을 편집한『대동야승』(大東野乘)에 대해 한 소절을 별도 할애하여 은연중 자신의 자료 접근 경로가 다양했음을 드러냈고, 그밖에도 유명 시인의 경우에는 개인문집을 적극 활용했다. 그런데 상대·고려편 서술에서 간혹 보이고 특히 이조편 서술의 대부분에서 관찰되듯이, 김태준은 문학작품에 대한 자신의 평가를 극히 억제하고 대부분을 조선시대 문인들이 남긴 평가적 기술을 인용하는 것으로 대체하고 있다. 대부분의 분량을 이루는 개별 작가론에서 김태준은 시화집에서 딴 전기를 수록하고 다른 시화집이나 문집에 나오는 타인의 평론을 덧붙이는 방식으로 서술을 이어갔다. 오늘날의 관점에서 보면, 이는 문학사 서술로 결격사항일 것이다. 그런데 엄연히 문벌 전통이 남아 있던 당시의 문화적 조건하에서 명문장가로 칭송 받는 시인들의 작품에 대해 한 젊은이가 자기 기준으로 훼예포폄을 하기는 쉽지 않았을 것이라는 점을 고려해 보는 것이 공정할 것이다. 패기가 넘치는 진보적 학자 김태준조차도 근대적 서술 방식을 쓰기는 쉽지 않았을 것이다. 따라서 이는 개인의 한계이기 이전에 당대 지성계 전체의 문제로 봐야 옳을 것이다.

3. 김태준 초기 조선학 연구의 성격 규정

이상의 논의 외에도,『조선학문학사』서술에는 다음과 같은 한계가 지적될 수 있다. 첫째, 역대 한문학사를 다루면서 실제로는 한시를 제외한 나머지 영역을 거의 배제시켰다.[27] 특히 고려 이후의 한문학사는 거의 대부분 한시사로 쪼그라들었다. 이는 앞서 검토했듯이 저술의 대상을 '미적'인 작품으로 한정한 데서 기인한다. 한문학 전통에서 단순 기록과 문학적 표현은 쉽게 분리되지 않는다. 예컨대 역사서뿐만 아니라 문집에 자주 등장하는 '전'(傳) 양식만 하더라도 그 분량은 엄청나고, 김태준이 처음 목표했던 문학관(실생활과의 연관, 사회의식의 발현)을 드러내는 데 더욱 효과적이었을 것이다. 그것뿐만 아니라, 경전 해설류를 제외한 일반적인 유가의 문장이라면 반드시 문학적 성격이 겹쳐져 있다. 비록 바탕이 중요할지라도 그것을 꾸미는 문장이 균형을 갖춰야 한다는 공자의 문질빈빈(文質彬彬)론 이래 문학과 도의가 상호보족적이라는 것은 유가의 기본적인 생각에 해당한다.[28] 그것을 모를 리 없는 김태준이 도학적 이념이 표현되는 문장들을 문학의 범주에서 굳이 배제한 이유는 무엇인가? 김태준의 입장에서 볼 때, 그 이유는 분명하다. 전통 유교는 봉건적 사회의식의 근저로서 그것을 극복하지 않고는 새로운 문화를 수용할 수 없다는 숨은 전제가 그의 저술 전체에 자리 잡고 있었기 때문이다. 이러한 생각은『조선한문학사』이전에 발표된「李朝의漢文學源流」의 마지막 구절에서는 직접적으로 표명되기도 했다.[29]

　김태준의 반유교적 태도는『조선한문학사』를 관통하는 핵심 전제들에 이어진다. 고려 중기 이후 유학이 대두되면서 문학이 침작되었다는 서술을 시작으로 도학적 이념이 드러나는 작품을 문학으로 볼 수 있겠느냐는 회의론 등이 수없이 반복되고 있다. 간혹 유교에 대해 직접적으로 언급할 때도 있는데, 이는 유교의 모순을 지적하고 비난하는 경우뿐이다. 대표적으로, 조선

---

27) 이 문제는 '제목'만 바꾸면, 즉 '조선한시사' 정도로 개제하면 되므로 그 자체 큰 문제는 아닐 수 있다. 이미 연재를 마친『조선소설사』에 한문소설을 충실히 소개했다는 점을 감안하면 더욱 그렇다.

28) 『論語』〈雍也〉.

29) "不完全하나마晉子만記錄하야古文의淸算에代하노라."『신흥』5호,「李朝의漢文學源流」, 62쪽.

숙종조의 서얼 출신 달필가 청천(菁川) 신유한(申維翰)을 칭송하면서 김태준은 조선의 신분차별에 대해 비판했는데, 이때 노골적으로 공자와 맹자의 족보를 언급하면서 조롱했다.

 "'庶兄 微子啓'의後孫인孔子와 '庶弟 孟孫氏'의雲孫인孟子는 庶孫이아니
 드냐?'

이 소절의 마무리 역시 유교의 모순에 대한 공격이 이어진다.

 "庶嫡의 區別이 만일 孔子의 教에 依한 것이라면 '犂牛之子 ― 騎且角이면
 雖欲勿用이나 山川舍諸리요' 한 聖訓과 矛盾되지 아니할가?"[30]

중국문학 전공으로서 학위논문 자료 준비를 위해 중국에 다녀오기도 했던 김태준은 문학혁명 시기 중국의 타도공가점(打倒孔家店)의 분위기 이후 고양된 신문화 건설의 움직임에 익숙했다.[31] 유교에 대한 김태준의 적대적 태도는 중국문화계의 흐름에 발맞춘 것이라는 점은 그의 여러 논설을 통해서도 알 수 있다. 하지만 그것만으로 그의 조선한문학사 연구의 반유교적 태도가 정당화되지는 않는다. 중국의 경우는 신문화 건설이 시대적 소명이었으므로 그것만으로도 가치를 인정할 수 있지만, 식민지 조선의 지식인에게는

---

30) 인용부에서 '騎'는 '騂'의 오식이고, '川'과 '舍' 사이에 '其'가 탈자되었다. 유가 경전을 인용하여 유교를 조롱하는 방식의 서술은 1930년대 내내 계속되었다. "여러분은 이를 볼 때 얼마나 幼稚한 辨證인지를 알 수 있다. 再反駁을 要할 必要도 없다. - 糞土之牆은 不可朽也라는 그들의 말삼을 빌녀서" 『신흥』 7호 「中國의 漢文廢止運動」, 53쪽.
31) 홍석표, 「호적과 김태준의 문학사 서술의 특징 -『백화문학사』와 『조선한문학사』를 중심으로」, 『중국어문학지』 22권(2006).

반봉건 선언만으로는 부족하다. 문화인이라 할지라도 최소한 문화적 독립을
위한 지향과 실천이 필요하다. 그런데 1930년대 초반까지 김태준의 저술에서
'조선'은 연구의 객관적 대상이기보다는 극복의 대상이었던 듯하다. 조선이
식민지로 전락한 원인을 조선 내부에서 찾아 반성할지라도 그것의 극복은
제국 일본과의 대결을 통해서만 가능하다. 아쉽게도 이 시기 김태준의 인식
에서는 전자만이 확인되고 후자는 보이지 않는다. 김태준에게 반봉건 투쟁
을 통한 조선 내부의 변화를 이끌어낼 수 있다는 정세판단은 보이지 않는다.
당대 식민지 지배 정책을 정당화했던 일본인의 조선연구와의 내용상 관련성
을 검토해 보면, 김태준의 인식 수준에 대한 약간의 평가를 내릴 수 있을
것이다.

우선, 김태준의 반유교적 태도의 출처와 성격에 대해 검토해보자. 당시
경성제대 법문학부 조선어문학전공에서는 다카하시 도루(高橋亨)가 조선유
학사를 가르치고 있었다. 이미 이형성 등이 충분히 비판적 고찰을 수행했듯
이,[32] 다카하시의 조선유학 연구는 조선 유학이 중국에 사상적으로 종속되
었고 그 내용은 후진적이며 특히 당쟁을 격화시켜 조선이 식민지로 전락하
게 되는 원인이었다는 점을 강조했다. 식민사관의 핵심인 타율성·정체성
테제를 다카하시는 유학사에서 복제한 셈이다. 김태준은 조선어문학부 좌장
인 다카하시의 조선유학사 강좌를 직접 수강하지는 않았지만 그 영향에서
자유롭지 못했다. 다카하시를 도와 조선 문헌 수집·해제 작업을 수행했고
친일유림의 본산인 경학원의 대제학을 맡았던 정만조(당시 경성제대 강사)
의 선식한문(鮮式漢文) 강좌를 수강하면서, 그리고 조선어문학회 선배들에
게서 다카하시의 주장을 접하면서, 김태준은 처음 다카하시의 생각에 접근했

---

32) 이형성, 「다카하시 도루의 조선 유학사 연구의 영향과 그 극복」, 『다카하시 도루의
조선유학사』(이형성 편역)(서울: 예문서원, 2001).

을 것이다. 김태준은『조선한문학사』저술에 필요한 자료의 출처와 목록을
권상로와 정만조에게서 주로 구한 것으로 보이는데, 그 까닭에 김태준은 정
만조와 사승관계를 지속했다. 1930년에 명륜학원이 설립되며 다카하시 밑에
서 정만조가 총재직까지 맡아 조선유교를 제도적으로 장악하면서 김태준은
거기에도 관여하게 되었다. 김태준은 1931년 4월부터 명륜학원 강사로 임용
되어 1940년까지 가르쳤다.[33] 당시 명륜학원 강사진에는 정만조, 정봉시, 어
윤적 같은 전통한학자, 다카하시 같은 일본인 학자, 그리고 훗날 친일유림의
대표가 되는 일본유학파 출신 안인식이나 김태준 같은 신진 강사진 등 세
그룹이 활동했다.[34] 그 가운데 일본인 중견 학자와 조선인 청년 강사들 사이
에는 공통점이 있는데, 근대적 교육을 이수했다는 것과 조선의 저발전의 원
인이 유교에 있다는 인식을 공유했다는 점이 그것이다. 유교 교육기관인 명
륜학원에서 가르치던 김태준이 반유교적 태도를 갖는다는 것은 언뜻 모순이
다. 그러나 그러한 태도는 김태준에게만 고유한 것이 아니라 친일원로 그룹
을 제외한 나머지 그룹에게는 자연스러운 것이었다. 김태준의 반유교적 태
도는 결국 당시 일본인 관학자들의 조선유교사에 대한 부정적 인식을 공유
한 것이라고 볼 수 있다.

둘째, 김태준의 서술 내용을 당대 담론과의 관계 속에서 보면 그의 문학관

---

[33] 명륜학원 직원명부에 김태준의 임용연도가 1931년 4월로 적시되어 있다.『經學院雜
誌』34호(1932), 55쪽.
[34] 명륜학원 초창기 강사진은 윗글 표 참조. 한편, 정만조의 사망과 다카하시의 정년퇴
임 등을 앞두고 어수선했던 경성제대 조선문학과는 1939년 4월부터 '지나문학과' 출
신인 김태준을 강사로 임명하여 조선문학 강의를 맡겼다(『조선일보』, 1939년 2월 14
일). 아울러 1939년 12월에는 다카하시와 김태준이 공저로「李朝文學史の研究」를 발
표했다(『服部報公會』: 이 공저 기록은 이형성(윗글, 360쪽)이 작성한 다카하시 논저
목록에서 따왔다) 김태준이 맡은 강좌가 조선한문학 분야이기는 하지만 '조선문학과'
출신의 선배를 제치고 그가 그 세대의 첫 조선인강사가 되었다는 점에 주목해보면,
김태준과 다카하시 사이의 협력적 우호 관계에 대서는 확증된다.

이 갖는 한계를 분석할 수 있다. 먼저『조선한문학사』에 서술되지 '않은' 내용이 무엇인가 살펴보자. 상고시대 문학을 논하면서 그 분량이나 내용에서 가장 중요한 글인 광개토대왕비문에 대해 "雄偉出色한 金石文字이지만은 純粹한 文學으로서 取扱하기困難"하다는 한 줄 언급만으로 건너뛰고, 얼마 뒤에서는 "百世의評價가 높은詩文"이라고 한 마디 언급하는 것으로 서술을 끝냈다.35) 당시 식민지 지식인 가운데 일본학자들의 엉뚱한 광개토왕비문 해석(또는 조작)에 분개하지 않은 이가 없었던 것을, 따라서 그것이 조선인에게 가장 중요했던 학술적 쟁점이라는 것을 모를 리 없었는데도 김태준은 사실상 문학사에서 배척해버린 것이다. 김태준의 급작스런『조선한문학사』저술에 자극을 준 정인보의 「조선문학원류초본」의 광개토대왕비문 관련 서술 내용과 비교하면, 김태준의 태도에 상당한 문제가 있다는 것을 짐작할 수 있다. 「조선문학원류초본」의 3장 2절(고구려의 문학)에서 정인보는 고구려의 문학에 대한 개괄 후 가곡, 절구를 소개·평석하고 마지막으로 비기(碑記)를 무려 일곱 쪽에 걸쳐 별도 할애하여 광개토왕비문에 대해 분석하는 파격을 보였다. 능비의 제작 동기 부분을 번역 소개하고, 비문에 담긴 고구려인의 정서와 이두 사용의 자취를 소개한 다음, 정인보는 마침내 식민사학의 최대 근거였던 능비의 '辛卯年 기사' 왜곡에 대해 논리적으로 정면 반박한다. 비판의 내용은 크게 두 가지인데, 사료를 통한 사실관계 분석과 세밀한 문법적 독해(비문 자체의 유사 용례와 중국고문헌 용례 검토)를 통해 일본측의 독해가 잘못되었음을 논증했다.36)

---

35) 순서대로,『조선한문학사』, 16쪽; 21쪽.

36) 정인보, 「조선문학원류초본」,『담원정인보전집』1권, 277-278쪽. 이 외에도 정인보는 별도로 상당한 분량의 한문 논문("國岡上廣開土境平安好太王陵碑文釋略")으로 광개토대왕비문의 주체·목적 등을 들어 일본측의 주장의 허구성을 비판했다(『담원문록』中(정양완 옮김)(서울: 태학사, 2006), 27~37쪽).

다음,『조선한문학사』에 서술'된' 내용에서도 의문점이 발견된다. 즉, 서술하지 않아도 되거나 간단히 언급하는 것으로도 충분한 부분을 과도하게 길고 자세하게 서술한 부분을 분석하면 김태준의 의도를 알 수 있다. 가장 대표적인 것이 신라의 유학자이자 외교문서 전문가이지만 남은 예술문이 없던 강수(强首)에 대해 별도의 한 장을 두어 서술한 부분이다. 이는 '예술작품'만 문학사의 대상으로 삼겠다는 자신의 약속과도 어긋난다. 그런데 강수 관련 서술에서 눈에 띄는 것이 있는데,『삼국사기』 '강수전'에서 핵심인 그의 인간적인 마음가짐을 유교적 소양과 자세에 연결시키지 않고 반계급주의적 관점에서 설명한 점과 강수가 자신이 '임나가야'(任那加良) 출생이라고 말한 것을 강조한 부분이다(『조선한문학사』, 22쪽). 전자는 김부식의 의도에 대한 재평가로 그럭저럭 읽어줄 수도 있지만, 후자 즉 '임나'에 대한 반복적인 언급에서는 김태준의 의도를 이해할 수 없다. 잘 알려진 것처럼, 우리 측의 고대사 기록에서 '임나'라는 단어가 나오는 것은 '강수열전'의 해당 기술이 유일하다. 광개토대왕비문의 누락과 강수의 임나 출생에 대한 강조를 함께 읽게 되면, 김태준이 한국사 인식이 어느 진영의 것에 영향을 받았는지를 충분히 읽어낼 수 있다.

이상의 논의 결과, 김태준의『조선한문학사』의 성격에 대해 기존의 규정과는 다르게 판단해야 할 필요성이 분명해졌다. 일반적으로 김태준의 연구가 일제 식민지 지배기구 주도의 조선학에 대한 반발 또는 민족적 위기의식의 소산이라고 평가하는 경우가 많았다. 아무도 그것에 대해 의문을 갖지 않았기 때문에 이 점에 대해서는 비판적으로 검토되지 않았다. 1930년대 초반 김태준의 조선연구에서 일본 지배체제에 대한 비판이나 문제제기를 찾기는 어렵다.『조선한문학사』는 물론이고 동시기에 쓴『조선소설사』에서도 마찬가지로서 일제의 조선병탄과 관련된 역사적 사실 제시나 그 전후의 민족주의적 움직임에 대한 직접적 표현도 찾아볼 수 없다. 총독부의 검열을 의식해서 그리 되었을 것이라고 그에게 우호적으로 생각할 수도 있겠지만,[37] 현대사와 현대문학사 서술 부분에서도 핵심은 반봉건적 의식의 성장이었을 뿐 지배체제와 식민사관과의 대결은 거의 발견되지 않는다.

1930년대 중반 이후 김태준의 저술, 특히 단군 관련 저술을 보면 이러한 의심은 더욱 증폭된다. 1920년대 후반 이후 일본인 학자들의 단군부정론에 맞서 최남선을 중심으로 옥중의 신채호, 그리고 정인보와 안재홍 등이 공동의 전선을 구축하여 상고사에 대한 관심을 불러일으키고 특히 단군신화 해석을 통해 민족의식을 고양시키고자 했다. 1933년 이후 백남운의 선구적인 사회경제사적 연구방법론을 수용한 김태준이 단군신화에 대해 근대 학술 수준에서 비판적으로 접근하려고 했던 부분은 나름 긍정적이다. 그런데 실제 김태준의 비판은 일본인 학자보다 조선인 선배 학자들에게 더 날카롭게 향하고 있었다.[38] 그리고 그 비판의 근본 논리는 일본 관학자들의 조선사연구에 의존했다. 몇 편의 단군 관련 글에서 긍정적으로 인용되는 저술은 모두 일본인 학자들의 것이었고, 특히 최남선의 울분을 촉발했던 경성제대 사학교수 오다 쇼고(小田省吾)의 논문 모음집인『朝鮮上古史』의 학설을 상당 부분 인정했다. 무엇보다도 김태준의 단군·고조선 관련 비판론의 과녁은 정확히 정인보에게 겨누어져 있었다.

---

[37] 안확『조선문학사』의 현대문학사 서술 부분에 문단이 통째로 복자(覆字) 처리된 부분이 여러 부분 있었던 것과 대조적으로 김태준의 문학사 서술에서는 그런 점이 전혀 발견되지 않는다.

[38] 일본학자에 대한 김태준의 비판은 주로 그들이 한국사의 일부 사실을 들어 그것이 조선의 보편적 사실인 양 강조해서 그것이 민족성 개조 담론과 이어진다는 식의 결론에 이른다. 그러면서 실제 비판의 초점은 언제나 정인보와 민족주의자들을 향하고 있다. 대표적인 글은 다음과 같다:「古典涉獵隨感 3 - 민족성에 관한 이야기」,『동아일보』, 1935년 2월 13일;「樂浪遺蹟의 意義」,『삼천리』, 8권 4호(1936).

김태준의 '정인보 비난'은 그 정도가 유독 심하고 횟수도 잦아서, 그 시기의 청년 학생들에게도 회자되었을 정도이다.[39] 그리고 이러한 비난 또한 자료라는 명목으로 살아남아 일부 현대 학자들이 그것을 근거로 정인보 비판의 자료로도 삼을 정도이다.[40] 잘 알려진 글은 1936년 5월『조선중앙일보』에 연재된「정인보론」이지만, 그 이전에도 제목에 직접적으로 표명되지 않은 수많은 글에서 당대인이라면 누구나 알 만한 수준으로 정인보를 비난하였다. 「진정한 정다산 연구의 길」(『조선중앙일보』, 1935년 7~8월),「낙랑유적의 의의」(『삼천리』 8권 4호, 1936년 4월) 등이 대표적이다. 이 가운데「낙랑유적의 의의」와「정인보론」은 정인보가 동아일보에 1년 넘게 연재하던〈오천년간 조선의 얼〉에 대한 반응이었는데, 전자에서는 정인보("'얼'的 연구"라는 표현을 써서 누구인지 알게 함)가 일제에 의해 평양 인근에서 발굴(?)된 낙랑유물의 위조설을 주장한 것에 대해 훈계조로 비난하였고, 후자에서는 '정인보의 글이 어려워 독자가 세 명뿐'이라는 조롱으로 시작해서 민족혼을 환기하려는 저술 목적 자체가 독자에 대한 죄악이라며 근거가 박약한 비난을 가했다. 그나마 분량상 충실한 편이었던「진정한 정다산 연구의 길」연재는 1934년 이후 민족주의 진영의 본격적인 조선학운동의 계기가 되었던 정약용 관련

....

39) 김태준이 재직중이던 1939년 명륜학원의 정식 과정이 아닌 '연구과'에 늦은 나이로 입학했던 이가원의 회고를 보자. 그가 언젠가 정인보에게 김태준의 '정인보론'을 읽어보셨는가 하고 당돌하게 여쭈었더니 정인보는 답을 하지 않았고, 또 언젠가 서울에 한문학자가 몇이나 되는가 질문하니 "어른도 한 숟갈, 어린애도 한 숟갈이어서 잘 알 수 없다네!"라고 답했다고 한다(『진리와 자유의 기수들』(서울: 연세대학교출판부, 1982), 80쪽). 김태준의 터무니없는 비난에 대해서도 감정적 반응을 억제하는 정인보의 기품과 덕성을 알 수 있다.

40) 이에 대해서는 필자가 이미 한 학술대회에서 토론문으로 비판한 바 있고, 김삼웅 또한 최근 집필중인 정인보 평전 작업(현재는 인터넷 연재중)에서 필자의 생각을 긍정적으로 인용한 바 있다(〈김삼웅의 인물열전 블로그〉 중〈조선의 얼〉 위당 정인보 평전' 51회).

사업 관련 학자들에 대한 극한의 조롱과 비난을 쏟아냈는데, 해당 글의 표현을 읽어보면 그 비판 대상의 주인공이 정인보였음은 누구나 알 수 있을 정도였다.

물론 김태준의 서술은 그 비판의 초점부터 잘못되었고 비판 논증의 기본도 지키지 않은 수준이었다. 정략적 비판은 당대 사회주의 계열에서 흔히 보이는 것이지만 유독 김태준의 경우는 그 정도가 심했다. 사회주의 계열의 학자라도 대개의 경우에는 최소한 민족운동의 선배에 대해 그 성과를 인정하고 그것의 개념 규정과 방법론의 한계에 대해 논했을 것이다. 그런데 김태준의 반응은 상식 밖이었다. 정인보의 글에 담긴 도전적인 문제의식조차도 김태준은 제대로 인식하려 하지 않았다. 잘 알려진 것처럼, 고대사와 관련된 일제 식민사관의 핵심 내용은 한사군론과 임나일본부설이다. 이들은 각각 한반도 고대를 중국과 일본이 지배했다는 억설의 근거로서 한민족의 자존감에 대해 최악의 수준에서 도발했던 내용이었다. 정인보의 역사 관계 저술은 일제 식민사학의 핵심에 도전하는 것으로서 의도와 내용 모두 최고의 수준이었다. 하지만 김태준은 기존 경성제대의 식민사학의 관점에 서서 민족주의 사학의 성과를 부정하는 데 더 힘을 쏟았다. 아마도 그는 일본인 교수들에게서 배운 연구 내용만이 '객관적인 사실'이라고 생각했을 것이다. 그리고 경제연구회 등 학내 활동과 백남운 등의 업적을 통해 습득한 맑스주의적 관점과 방법만이 '과학적'이라고 생각했던 것 같다. 그런데 엄연히 관점과 목적이 다른 식민사학과 사회경제사학은 우연히 조선사의 저발전의 원인 부분에서는 견해를 같이 한다. 필자는 김태준의 격렬한 반유교주의 그리고 민족주의 사학에 대한 과도한 비판의 배경에는 이와 같은 두 개의 흐름에 동시에 몸을 담갔던 김태준의 전기상의 모순이 자리 잡고 있었을 것이라고 판단한다. 그리고 그것이 김태준 초기 조선학의 성격을 규정한다고 보아도 무리는 없을 것이다.

IV. 혁명가 김태준의 삶과 의식

1930년대 초반까지 김태준의 삶과 생각은 상당히 모순적이었지만, 1930년
대 중반 이후 사회주의적 인식론을 논평과 연구에 결합시키면서 학계에서
김태준의 위상은 오히려 높아졌다. 조선연구와 관련된 김태준의 인식틀은
1933년 조선일보에 발표한「朝鮮學의 國學的 硏究와 社會學的 硏究」에 잘 나
타나 있다. 종래의 민족주의 역사 연구를 '국학적' 방법이라고 격하하고, 자신
의 연구를 '사회학적 연구'라고 높였는데 이때 사회학적 연구는 '실증적 학문'
과 '진보적 사회의식'을 결합했다는 뜻이다. 과거 자신의 문학사 작업이 본래
그것을 지향했지만 실제 서술에서는 실패했었던 것을 만회하기 위해 김태준
은 이후 수많은 보완 논문을 발표했다. 그중 동아일보에 연재되었던「春香傳
의 現代的解釋」은 당대는 물론 현재까지도 가장 큰 성공작이라고 평가 받는
다.[41] 대중적인 수준에서도 김태준은 경성제대 출신 가운데 "조선 학계예술
계에 있어서 연구적 학도의 제1인자"[42]로 인식되고 있었다. 하지만 이 시기
에도 김태준은 본격 사회운동에 참여하지 않고 학술연구와 논설 작업에만
치중했다. 신문·잡지에서 보이는 과격한 논조의 글과 달리, 1930년대 내내
김태준은 다카하시와 정만조의 후원하에 명륜학원에서 가르치고 있었고, 총

---

[41] 『동아일보』 1935년 1월 1일~10일. '사회사적 방법'을 통해 『춘향전』의 배경인 조선후
기 사회의 모순과 등장인물의 계급적 성격을 주로 논했다. 김태준은 이 작품이 "조선
어의 자유자재한 사용법"을 보여주었다고 높게 평가했지만, 그 작품을 이해하려면
유교경전과 한시에 대한 지식이 필수적이라는 점을 그는 간과했다.
[42] 「京城帝大出身 靑年學士는 어데갓는가」, 『삼천리』 7권 7호(1935), 136쪽.

독부 기관지에 논문을 실었으며, 1939년 1월에는 제국학사원으로부터 연구
보조금을 받기도 했다. 그리고 1939년 2월 다카하시의 정년퇴임으로 공석이
된 경성제대 조선문학강좌의 후임 강사로 위촉되었다. 당시 기사를 보면, 김
태준의 강사 임용은 법문학부 교수회의의 결과였고 비공식적 추천인은 다카
하시 도루와 후지즈카 츠카시(藤塚 鄰)였다고 한다.[43]

이런 모순적 상황은 김태준이 1940년 경성콤그룹에 관계하면서 종료된다.
대학 재학시에 김태준이 경제연구회에 가입하여 초보적인 사회의식을 가졌
고 그의 저술에서 일관되게 민중적 관점을 견지했던 것을 보면 자연스러울
수도 있는 변화였다. 하지만 폭압의 절정으로 치닫던 일제강점 말기에 대중
적 지식인이 지하 운동조직에 직접 가담하기 위해서는 엄청난 결단이 요구
된다. 김용직의 전기 연구에 따르면, 경성콤그룹의 권우성(權又成)이 먼저
지하조직에 대해 알렸고 이현상과 김삼룡을 만난 후 박헌영과의 면담을 통
해 최종적으로 정식 가입했다고 한다. 그리고 이 결정은 김태준의 상대적으
로 안온했던 삶을 극적으로 변화시켰다. 1941년 경성콤그룹 사건으로 체포·
투옥되어 1943년 병보석으로 석방되었지만 투옥 기간중 그의 아내와 아들
그리고 노모까지 사망해 있었다. 조직 재건을 위한 노력중 박진홍과 만나
1944년 11월 그 유명한 '연안행'을 통해 팔로군과 조선의용군을 직접 만나게
되었다. 그리고 이러한 경험을 통해 해방 이후 평양에 잠시 체재한 뒤 11월
귀경한 김태준은 좌파의 핵심 지도인물로 성장해 있었다. 반탁정국 이후 급
속하게 진행된 좌우분열 과정의 산물인 민주주의민족전선, 해방직후 조직된
좌파문인단체인 조선문학가동맹 등 외곽단체에서 뿐만 아니라 조선공산당
주도로 확대된 남로당에서도 핵심 지도부로 활동하게 되었다. 남로당의 1947

---

43) 『동아일보』, 1939년 2월 9일. 다카하시와 김태준과의 우호적 관계는 당대 인물들의
　　회고 속에 은연중 드러나 있다.

년 8·15 봉기 음모로 잠시 체포되었다가 석방된 다음, 김태준은 이미 대거
월북한 남로당 지도부를 대신해서 문화공작 부문을 지휘하게 되었다.[44] 그
리고 1949년 7월말 와해되어 가던 남로당의 중앙고등정보부장(특수정보부
장)의 직함으로 체포되어 9월말 사형선고를 받았다. 사형확정이 있었더라도
실제 집행은 대통령 재가가 필요했기 때문에 김태준 정도의 명망가라면 감
형의 가능성도 없지 않았지만 그 시기 남로당의 유격전 강화와 김호익 총경
테러 등이 겹치면서 형성된 반공 분위기는 김태준에게 불리했다. 더구나 사
형판결 과정에서 보듯이 학자와 교수로서의 김태준의 명망은 "어린 청년들
을 선동 조종하여 대한민국에 해를 준다"는 미래에 대한 추측까지 선고의
이유로 언급될 만큼 불리하게 작용했다.[45] 지리산문화공작대원 사건으로 사
형언도를 받은 청년시인 유진오(俞鎭五)가 실제 처형되지는 않았던 것과 비
교해보면, 당시 공안당국과 정치권에서 김태준의 신념을 얼마나 위험하게
간주했는지 알 수 있다. 결국 11월의 어느 날 총살형이 집행되면서 김태준은
44년간의 생애를 마감했다. 사형선고 직전의 심리에서 '전환'(전향) 여부를
묻는 재판관의 질문에 대한 김태준의 진술은 혁명가이기 전에 학자였던 그
의 내면을 잘 드러내고 있다고 하겠다: "지금 조선에서는 고전을 수집하고
정리하고 고증하는 것이 중대한 일이므로 앞으로 용인된다면 상아탑에서 이

---

[44] 노촌 이구영의 회고에 김태준의 월북 사실이 한 줄로 언급만 되어 있다(심지연(/이구
영 술),『역사는 남북을 묻지 않는다』(서울: 소나무, 2001)). 민전 산하 전국부녀총동
맹 간부였던 후처 박진홍이 월북하여 1948년 8월 최고인민회의 대의원으로 선출된
것과 김태준의 마지막 재판에서 박진홍과의 이혼 여부와 이유가 쟁점이 되었다는
점은 추론의 근거이다.

[45]『서울신문』, 1949년 10월 1일(한국사데이터베이스 '자료대한민국사' 검색). 당시 재판
관련 신문기사들을 종합해 보면, 김태준의 중앙고등정보부(특수정보부)는 주로 우익
인사에게서 군과 경찰의 정보를 수집하는 (평상적) 활동을 수행했다. 김태준은 기소
내용을 전부 부인했을 뿐만 아니라 자신의 이념을 버리지 않을 것임을 분명히 했다.

러한 일을 (…) 하겠습니다."[46]

혁명가로 처형된 김태준의 최후는 분단이 초래한 가장 비극적인 장면으로
남아 있다. 1939년 명륜전문학원(명륜학원 후신) 시기 연구생으로 김태준에
게서 2년간 배웠던, 해방 이후 최고 한문학자였던 이가원은 김태준을 허균과
함께 한국사에서 가장 안타까운 인물로 간주했을 정도이다.[47] 혁명가로서
전향 권유까지 거부하고 죽음을 선택한 김태준의 최후의 모습에서는 분명
한국사의 질곡을 넘어서려는 자신의 판단에 대한 굳은 신념이 잘 드러나 있
다. 그런데 막상 그 신념을 위해 김태준이 어떤 활동에 주력했는지에 대해서
는 알려지지 않았다. 그동안의 해방 전후 김태준에 대한 표상이 주로 공산주
의 조직 활동가로 굳어졌고 또 그것과 관련되는 조선문학가동맹 활동에 연
구가 집중되어 왔다. 하지만 김태준의 주된 활동무대는 그것 말고 하나 더
있었다. 사회주의 조직에서 김태준은 비상한 인물이지만 주도적인 위치는
아니었다. 문인단체에서 김태준의 위상은 최상위였지만 해방 이전부터 문학
계의 좌파활동 조직가들은 그 수가 너무 많았다. 연배에 비해 학계에서의
위상도 무척 높았고 좌파라는 유리한 점 때문에 이른바 경성대(경성제대의
해방 직후 교명) 전학대의원회에서 총장후보 1위로 선출되기도 했지만,[48]

46) 『경향신문』, 1949년 10월 1일. 이 기사의 전언만으로는 김태준의 전향 의향을 판단하
기는 어렵지만, 가장 상세한 재판기록을 남기고 있는 『자유신문』 기사(1949년 10월
1일)에는 전향 거부 의사가 분명히 드러나 있다. 따라서 상아탑에서 고전연구를 하고
싶다는 그의 사실상 유언은 '전향을 하지 않더라도 혹시 석방이 된다면'이라는 조건절
을 포함하고 있는 셈이다.
47) 김영·정하영·진재교, 「학문을 찾아서: 원로 학자와의 대담 - 연민 이가원 선생」,
『민족문학사연구』, 15권 1호(1999), 354쪽. 이가원은 이태등(李泰登)이라는 이름으로
명륜학원에 입학했다(『경학원잡지』 44호(1939), 92쪽. 이태등(23세)의 주소는 '안동군
도산면 온혜동'이다).
48) 서울대학교교수민주화운동오십년사간행위원회, 『서울대학교교수민주화운동오십년
사』(서울: 서울대학교출판부, 1997), 5쪽.

그 일은 그의 의지와 관계없이 특정 세력이 배후에서 주도했던 것이다.

김태준의 영향력이 실질적으로 가장 컸던 활동무대는 따로 있었다. 해방 전 김태준이 십년간 강의했던 명륜학원을 기반으로 하는 유교계였다. 해방 직전 명륜학원을 실질적으로 이끈 이는 황도유학의 주창자 안인식이었다. 하지만 학생들의 내면을 장악한 이는 그들에게서 존경을 받고 있던 김태준 이었다. 1939년부터 경성제대 강사직을 수행하면서도 김태준은 1941년 조직 사건으로 체포되기 전까지 명륜전문학원 강사직을 겸임하고 있었는데, 재학 생과 졸업생들은 김태준을 통해 근대적 학문을 습득하면서 동시에 다른 강 사들에게는 접할 수 없었던 비판적 사회의식을 얻을 수 있었다. 해방정국에 서 김태준과 명륜학원 출신 제자들이 관계를 갖고 활동한 조직 활동은 대동 회와 전국유교연맹이다. 그 가운데 대동회와의 연계는 간접적이었고 전국유 교연맹과의 관계는 직접적이었다.

첫째, 대동회 관련 사항을 보자. 김태준의 제자 집단은 해방직후 친일유림 이 숨어버린 학원을 무혈접수하고 주인 행세를 할 수 있었다. 스스로 교장을 임명하고 신입생까지 모집할 정도였다. 김태준이 귀국했을 무렵 이들 청년 유림은 유용상(柳鎔相)을 중심으로 '대동회(大同會)'를 결성하여 유교계 장악 을 위한 활동에 착수하고 있었다.[49] 대동회는 일제강점기말 명륜학원내 비 밀독서그룹인 대동사(大同社) 계열이 주도했던 유교단체로서 해방정국의 중 요한 정치사회단체로 위상이 높았다. 회장으로는 사회주의계열 독립운동가 김성규(金成圭)가 추대되었지만 실제 운영은 유용상, 양대연(梁大淵), 서홍 옥(徐弘鈺) 등 대동사 출신들이 맡았다. 하지만 좌파 주도의 유교계 통합 과 정에서 심산 김창숙이 마침 돌발한 반탁정국의 추이에서 백범 김구의 노선

---

[49] 대동회 관련 연구는 다음 글을 요약했다: 拙稿, 「해방정국의 청년유교단체 '대동회' 연구」, 『사회이론』 45호(2014).

을 지지하고 좌파와 절연하게 되면서 명륜학원 내 좌파의 주도권이 제한되기 시작했다. 1946년 3월 김창숙 주도의 통합 유도회총본부가 결성되고 나서도 대동회 그룹은 성균관대학기성회가 발족했을 때 집행위원 가운데 절반을 자기들 인사로 채울 정도로 세력이 있었다. 김성규 외에 명륜학원 졸업생인 양근영(梁根永), 이영규(李泳珪)가 대동회 계열인데, 이들 모두 해방정국에서 친북노선을 걸었고 대체로 불행한 최후를 맞았다.

대동회가 명륜전문의 선배·학생으로 구성된 대중조직으로 적극적인 좌파 활동을 하기 어려웠던 데 반해, 1947년 3월에 결성된 전국유교연맹은 김태준이 배후에서 창립을 주도했던 민주주의민족전선 산하단체로서 뚜렷한 좌파 경향을 드러냈다. 특히 1947년 이후 단정수립 움직임에 맞서, 위원장 김응섭(金應燮, 1878~1957)이 활발한 정치활동을 전개하여 주목을 받았고, 1948년 남북협상에 대표를 파견할 만큼 그 위상도 높았다. 필자가 미군정 자료와 북한 자료를 통해 확보한 참여자 명단을 분석한 결과,[50] 전국유교연맹은 김응섭 중심의 영남권 명문가 출신의 원로 독립운동가와 관련된 청장년층 인사들이 유교연맹의 핵심부에 참여하고 있었다. 위원장 김응섭, 비서 이규호(李奎鎬), 부서 책임자급의 최준(崔浚),[51] 유관식(柳寬植) 등은 영남 독립운동의 대표적 가문 출신으로 그 명망이 전국적이었던 인물들이었고, 부위원장 유승우(柳承佑)는 유성룡의 종손가로서 역시 안동 유림의 대표급 인물이었다. 그밖에 이원일(李源一, 이육사의 동생), 이원헌(李源憲) 등 퇴계 가문의 후손들도 이 부류에 속한다고 볼 수 있다. 그밖에 명문가 출신은 아니지만,

---

50) 참여자 명단은 아래 두 자료에서 주로 찾았다: (1) 서울시임시인민위원회(엮음), 『정당사회단체 등록철』(서울: 서울시임시인민위원회, 1950). (2) 정용욱(엮음), 『해방직후 정치사회사 자료집』 4권·5권(서울: 다락방, 1994).
51) 그 유명한 '경주 최부자집'의 장손 최준이다. 최준은 김응섭의 조카사위였기 때문에 그의 권유로 참여했을 것이다.

안동의 원로 유림인 강윤원(姜胤元), 달성의 원로 유림 이수목(李壽穆) 등이
이 경우에 해당된다.[52] 그런데 직책상 드러난 이 그룹 뒤에서 실제 조직을
움직인 또 하나의 실세 그룹이 있었는데, 명륜학원 출신과 '사서연역회'(史書
衍譯會)[53]에 참여했던 뛰어난 젊은 한학자 그룹이 바로 그들이다. 노촌 이구
영의 회고에 등장하는 정준섭(丁駿燮), 이영규 등 명륜학원 출신의 청년 유교
인들, 그리고 이구영 자신도 참여했던 '사서연역회'의 회원이었던 이원헌, 이
석구(李奭求)[54] 등이 전국유교연맹을 사실상 이끌고 있었다. 이들 가운데 리
더는 결성대회를 주도했던 정준섭과 이영규였다.[55]

　각종 자료와 회고를 종합해 볼 때, 남로당에서 전국유교연맹 결성을 지시
한 인물은 김태준이 확실하다. 이가원(李家源)의 회고에 따르면, 김태준이
1945년 12월에 귀국한 후 자신에게 일제하 명륜전문학원 졸업생들을 포섭하

---

[52] 이 가운데, 이수목은 처음부터 자신들이 유교연맹과 무관함을 알렸다(『동아일보』,
1947년 4월 29일). 이수목은 경북 달성 출생으로 1915년 조선국권회복단 중앙총부에
서 활동했고, 1944년 여운형의 건국동맹에 가입하여 자금 관리를 담당했던 독립운동
가였다(국가보훈처 공훈전자사료관 DB 검색).

[53] 여러 증언을 종합해볼 때(이가원의 회고(김영·정하영·진재교, 1999), 이구영의 회고
(심지연(/이구영), 2001) 등) 해방직후 출범한 사서연역회는 홍기문이 회장을 맡았고,
이구영, 이석구, 이원일, 이원헌, 이가원, 신석초, 김춘동 등이 참여했음이 확인된다.
이들, 사서연역회 회원 가운데 유교연맹에 가담하지 않은 이는 이가원, 신석초, 김춘
동 3명뿐이다. 북한을 선택한 홍기문, 이원일, 이원헌을 제외한 나머지 인물들은 1960
년대 후반 이후 남한에서 한학의 맥을 잇는 데 큰 기여를 하게 된다.

[54] 1960년대 후반 이후 민족문화추진회 번역위원으로 활동했던 이민수(李民樹) 선생이
다. 충남 예산출신으로 해방정국에서 이가원과 함께 사서연역회 편집위원을 맡았고,
좌익계 『협동』 출판인으로 『징비록』을 번역하기도 했다.

[55] 강원 횡성 출신의 정준섭은 일제하 명륜학원에서 김태준의 영향을 받았고 백남운에
게 배우기 위해 연희전문 별과에 입학해서 김상훈 등과 문학서클을 하면서 이른바
'포천 협동단'의 무장투쟁을 이끌어낸 조직가였다. 해방후 이구영과 함께 공산계열의
각종 단체 활동을 비선에서 주도했다. 이가원의 절친으로, 이가원의 시화집 『옥류산
장시화』(허경진 역)(서울: 연세대학교출판부, 1990)에 현대 한시작가로도 등장한다.
일제하와 해방정국에서 김태준과 백남운의 연결고리이다.

여 "오백만 유림을 이끌고 투쟁에 나서라"고 권유했다는 것이다. 이가원은
자신의 뜻이 학문탐구에 있음을 들어 김태준의 부탁을 거절했는데, 그 역할
(남로계 유교 조직화)은 '다른 사람'이 맡았고 그 '다른 사람'은 얼마 안 가
죽었다고 회고했다. 전국유교연맹 결성에는 비임정계열 유명 독립운동가에
해당하는 위원장 김응섭의 역할도 응당 강조되어야 하겠지만, 결성대회 관련
보도 내용과 이후 청년유교인의 활동을 검토해보면 실제 조직부는 김태준의
의중에 따라 움직였다고 보는 것이 자연스럽다. 그리고 전국유교연맹에는
근대적 교육을 이수해 이미 공론장에서 상당한 지위에 이르렀던 청년 유교
인의 1급 인재들도 대거 참여했기 때문에, 우익계의 유도회총본부와 갈등하
며 경쟁할 수 있었다.[56] 대동회와 마찬가지로 전국유교연맹의 리더 그룹 대
부분이 1948년 남북협상을 전후해서 월북하면서 유교계의 좌파 조직화는 더
이상 진행되지 못했지만, 향촌 사회에서 가장 큰 영향력을 발휘했던 유교계
를 조직화해서 운동에 동원하려던 김태준의 의도 자체가 놀라웠다고 볼 수
있다.

　이상의 논의를 통해, 그동안 그 중요성에도 불구하고 무관심속에 방치되
었던 해방정국에서 김태준의 유교계 좌파 조직화 활동의 양상을 어느 정도
소개했다. 여기서 마지막 질문을 던질 수 있다. 일제강점기 대학생 시기부터
일관되게 반유교적 성향을 지녔던 김태준이 왜 해방 이후 유교계 조직 활동
에 주력했는가 하는 점이다. 여기에 대해서는 물론 손쉬운 답변도 가능하다.

---

[56] 전국유교연맹의 활동상을 알 수 있는 비공식 기록이 두 개 있다. 하나는 안동 명문가
　　출신의 당대 최고급 사회주의자 김남수(金南洙)의 아들인 김용직의 자전적 회고(「해
　　방 첫해 겨울과 새해의 일들 - 나의 시대, 나의 이야기 7」, 『서정시학』 21권 3호(2011))
　　이고, 다른 하나는 밀양 유림 이병곤(李炳鯤)의 『퇴수재일기』(退修齋日記)이다. 김용
　　직의 회고에는 이원헌이 '유교동맹'(전국유교연맹) 관련하여 귀향 활동기의 지역 유
　　교계의 좌우대립을 묘사하고 있고, 『퇴수재일기』 1947년 6월 22일 기록에는 전국유교
　　연맹 밀양지부의 등장에 따른 유도회 밀양지부의 긴장감을 엿볼 수 있다.

명륜학원 강사 경력과 같은 전기적 요소, 민주주의민족전선 강화 확대를 위한 공산당 조직의 요구 등이 그것이다. 특히 1945년말 반탁정국을 통해 표면상 중립적 태도를 취했던 유교계가 반공산당 입장으로 돌아서게 되면서 타격을 입었던 좌파로서는 유교계의 교두보 확보를 위한 조직화가 필수적이었다.[57] 그런데 필자는 좀더 근본적인 수준에서 '왜'의 문제에 대해 답변하고자 한다. 다시 말해, 심층에서 김태준의 가치지향성 또는 사회의식 수준에서의 변화 또는 발전(심화)을 통해 김태준의 유교 조직화 활동의 의미를 설명하고자 하는 것이다.

우선, 해방직전 경성콤그룹의 지하조직 활동과 '연안행'을 통한 항쟁의 경험이 미친 사회의식의 심화 가능성에 대해 검토해보자. 그 이전인 1930년대 후반에 김태준은 주 연구 방향을 문학사 분야에서 역사·사회 분야로 전환하며 몇몇 주요 논설을 발표했는데, 정약용에 대한 사회경제사적 접근과 조선민란사 연구에서는 기존의 이론에 자료를 꿰맞추는 방식에서 벗어나 사회사적 접근을 통한 변증적 인식이 성숙해졌다.[58] 그 과정에서 관념적이던 사회주의 의식을 극복할 수 있었고 자연스럽게 그러한 인식 수준에 걸맞게 존재를 변화시키려는 의지가 솟아올랐을 것이다. 그것만이 그의 급작스러워 보이는 조직 활동 참여에 대한 내적 설명을 가능하게 한다. 그런데 경성콤그룹과 같은 반제투쟁조직 활동에서 그가 자신의 전문성을 보여줄 수는 없었다. 결국 지하조직 활동가로서 김태준은 과거와 단절한 채 스스로를 단련시킬

57) 소설가 이태준의 월북전 마지막 작품인 단편 「해방전후」(1946)는 전적으로 좌파와 유교계의 대립에 대한 안타까움을 다루고 있다(이태준, 「해방전후」, 『이태준문학전집』 3권(서울: 깊은샘, 1995)).
58) 「진정한 정다산 연구의 길」, 『조선중앙일보』, 1935년 7~8월; 「조선민란사화」, 『조선중앙일보』, 1936년 5~7월. 이 연재들에 대한 세밀한 분석과 평가는 김용직(윗글)의 평전을 볼 것.

수밖에 없었을 것이다. 그리고 해방 후 다시 공개조직에 모습을 드러낸 김태준은 과거 학자로서의 전문성과 혁명투사로의 목적의식을 결합시킬 수 있게 된다. 김태준이 1946년 1월 제1회 전국문학자대회에서 발표한 「문학유산의 정당한 계승방법」에서 조직가로서 문화를 대하는 태도의 변화를 엿볼 수 있다. 과거 반봉건 문제에만 치중했던 1930년대까지의 김태준에게 한문학과 유교유산은 '청산'의 대상이었을 뿐이었다. 그러나 해방이후 좌파 문예운동사에서 가장 중대한 회합이었던 문학자대회의 발표에서 김태준은 '月象谿澤, 三唐, 麗韓十大家'의 한문학을 조선문학의 범위에 포함시켰고, 그밖에도 아직 발견되지 않았거나 정리되지 않은 자료들이 많다는 것을 강조했다.[59] 김태준은 이날 대회장에서 민족문학을 위한 문학연구의 과제로 다섯 가지 실천사항을 제시했는데, 그 가운데 사회주의 문학운동의 관례적인 주의주장을 제외하면 그 핵심은 '고문학' 자료수집과 연구에 초점이 맞춰졌음을 알 수 있다. 요컨대 한문학은 더 이상 청산의 대상이 아니라 그 보급과 연구를 통해 조선인의 현실에 개입할 수 있는 중요한 실천의 부문이 될 수 있다는 것을 주장한 것이다.

다음, 김태준이 한문학과 고전에 대해 보여준 이러한 태도 변화의 원인과 그 성격에 대해 검토해보자. 첫째, 김태준의 유교계를 대하는 태도의 변화에서 기인한다. 김태준은 명륜학원에서 10년간 가르치면서 자신의 반유교적 성향과는 관계없이 춘추로 봉행되는 석전(釋奠)을 비롯한 각종 유교행사에 의무적으로 참석해야만 했다.[60] 석전은 친일유림이 주도했지만 엄연히 수백

---

59) 김태준, 「문학유산의 정당한 계승방법」, 조선문학가동맹 편, 『건설기의 조선문학: 제1회 전국문학자대회 자료집 및 인명록(1946)』(최원식 해제)(서울: 온누리, 1988), 115~120쪽. 이는 과거 이광수의 논지를 따라 한문학을 우리문학사에서 배제해야 한다고 주장했던 1930년대의 태도에서 크게 변화한 것이다.

60) 『經學院雜誌』의 춘추석전 집례자 명단에 김태준은 빠지지 않고 등장했다.

년을 내려온 종교행사로서, 반유교적 태도를 가진 김태준은 그 형식주의에는
반발했겠지만 그것에 엄숙하게 참여하는 학생들에게서 다른 감정도 가졌을
것이다. 규정상 신입학은 각도별 2인씩 지역 유림의 추천을 통해서만 가능하
므로 학생들의 한문 실력은 기본적으로 높았을 것이고, 감상적이나마 통례의
민족의식과 사회비판의식 정도는 가졌을 것이다. 대부분 친일 성향인 원로
강사의 수업을 들으며 청년의 패기를 펴지 못하던 그들에게 김태준의 근대
식 수업은 신선하게 다가섰을 것이고 한학 이외 분야의 연구방법론을 습득
할 계기가 되었을 것이다. 해방전 고문헌 수집 여행에서 직접 지역 유림들을
접하게 되면서 그 몰락상도 보았지만 동시에 영남 지방에서 그들의 만만치
않은 저력을 확인했던 김태준에게[61] 유림으로 표상되는 유교 세력은 더 이
상 관념적 거부와 비난의 대상으로 남을 수 없었다. 학생들과의 지속적 만남
은 김태준에게 유교의 잠재력과 영향력을 확인하는 장이었고, 학생들의 변화
과정을 지켜보면서 유교를 개혁시켜 향후 새로운 사회를 향해 나아가는 기
반을 형성시킬 수 있다는 생각을 서서히 갖게 했을 것이다. 1941년 김태준의
급작스런 체포 이후 명륜전문학원에서 떠나게 되지만, 여전히 그의 제자들
가운데 일부는 김태준이 제시한 길을 걸으며 힘을 축적하고 있었고 1945년
해방과 함께 조직을 만들고 김태준의 귀국을 기다리고 있었던 것이다. 짧지
만 강렬한 조직 경험을 통해 성장한 김태준에게 유교계는 이제 개혁과 변화
를 통해 사회주의를 향한 민족문화수립운동의 핵심 부문으로 인식되었던 것
이다.

---

[61] 「古典涉獵隨感(完) - 陽山歌 · 拭疣集 等(下)」, 『동아일보』, 1935년 2월 17일.

V. 맺음말

지금까지 필자는 조선학연구 분야의 외연 확대를 위해 김태준의 조선연구를 포함시켜야 한다는 주장의 근거로 그의 초기 한문학사 연구의 성과와 한계를 검토했다. 그 과정에서 경성제대 재학생이었던 청년 김태준의 〈조선소설사〉 연재가 드리운 신선한 충격이 당시 조선학연구를 주도하던 대학과 참여자에게 의도하지 않은 영향을 불러일으켜 1930년대 초반의 조선연구열을 낳는 데 기여했다는 것을 밝힐 수 있었다. 그런데 막상 김태준의 조선학 업적 가운데서도 핵심에 해당하는『조선한문학사』를 당대의 담론 지형과 관련하여 검토한 결과 우리의 기왕의 인식과는 달리 당시 김태준이 경성제대의 일본인 학자들의 식민사관을 일정 부분 공유했고 이런 관점을 조선한문학사 서술에 적용했다는 점을 발견했다. 자신의 주 연구 대상인 한문학 문헌들에 대해 '청산'을 주장하는 김태준의 급진성에 공감할 부분도 없지는 않지만, 이는 한국문화에 대한 부정적 시각을 낳게 되었고 또 사회운동 측면에서도 전통적 가치에 대한 변증적 관점을 제공하지 못하는 약점이 있었다. 그러한 한계는 그가 사회주의 지하조직에 참여하면서 극복되었고 해방 전후 김태준은 이론과 실천을 겸비한 사회주의자로 변화될 수 있었다. 필자는 그동안 간과되어 왔던 김태준의 해방정국 좌파 유교조직화의 실체를 들어서 그의 관념적 반유교적 성향이 어떻게 변증적으로 극복되어 갔는지에 대해 나름의 해석을 시도했다.

하지만 필자의 역량 부족으로 이 김태준론은 다음과 같은 한계를 가질 수밖에 없다. 첫째 연구 계획에서 김태준의 조선연구 전체를 포함시키지 못했다. 시기상으로는 1930년대 초반에 집중했고 자료상으로는『조선한문학사』를 중심으로 접근했기 때문에, 필자의 논의만으로는 김태준의 학술성과 전체를 조망하기에는 부족하다. 따라서 기존 문학연구자들의 김태준 연구를 통해 그 점이 보완되어야 한다. 둘째, 김태준의 저술을 당대의 담론과 정세를 중심으로 분석하겠다는 필자의 연구 목적을 달성하려면 경성제대 출신의 선후배 학자들과 당대 사회주의 관점의 조선연구자들의 성과를 종합적으로 검토해야 했지만 이를 시도하기에는 필자의 능력이 부족했다. 셋째, 해방 이후 김태준의 좌파 유교단체 조직화에 대해서 관련 자료들을 발굴·검토하는 데에는 성공했지만 막상 김태준 자신이 남긴 자료를 찾을 수 없어서, 연구의 핵심 결론이 추론 수준에서 멈출 수밖에 없었다. 이러한 한계와 문제들에 대해서는 추가 연구를 통해 보완할 것을 약속드린다.

혁명가로서의 김태준의 급작스러운 죽음은 그의 학문적 성과에 대한 평가를 무화시킬 정도의 울림이 있다. 그의 정치적 신념에 대한 평가는 이데올로기적으로 양분될 수 있지만, 그의 삶과 죽음이 피식민지배와 분단이라는 역사적 상처에 의해 이끌려갔다는 점에 대해서는 누구나 동의할 것이다. 개인의 삶과 그것을 둘러싼 사회적 환경이 분리될 수 없다는 것은 인간의 숙명이다. 대개는 이러한 조건을 필연으로 인식하여 굴복하거나 만족하며 살아간다. 하지만 인간다움의 가치는 운명이든 구조이든 외부의 제약에 대해 도전하여 자신의 의지를 관철시키려는 노력에서 구현된다. 평안북도 한촌 출신의 영리한 소년이 무료로 교육 받기 위해 전라도 이리(익산)의 농업학교에 진학하고 또 농업학교 출신으로 최초로 경성제대에 입학했으며, 졸업 전에 이미 비전공 분야인 조선문학사 영역에서 명망을 획득하고 나아가 조선인 졸업생 최초로 경성제대 강사에 오르기까지, 그가 자기의 삶의 조건을 가꾸기 위해 얼마나 노력했는지 분명히 알 수 있다. 입지전이라면 이것으로 충분했다. 그러나 김태준은 개체적 완결 대신 자기 너머의 집단적 운명에 대해 자신을 개방했고, 마침내 죽음으로 자신의 선택에 책임을 졌다. 물론, 여타 조선학운동의 핵심 참여자들의 운명도 이와 같았다. 사형판결 후 죽음의 공포보다도 미처 펴보지 못했던 수많은 고전들을 떠올리며 안타까워했을 김태준을 생각해보면서, 이제 김태준에 대한 관심이 정파적 판단 너머 더 그윽한 민족문화의 심원에 놓여야 한다고 조심스레 제안해 본다.

참고문헌

〈자료〉

經學院, 『經學院雜誌』, 36~48號, 1933~1944,

김창협, 『국역 농암집』 4권, 송기채 역, 민족문화추진회, 2004.

김태준, 『김태준전집』 전4권, 보고사, 1992.

＿＿＿, 『교주 조선한문학사』, 김성언 교주, 태학사, 1994.

＿＿＿, 『역주 조선한문학사』, 최영성 역주, 시인사, 1997.

서울경찰국 사찰과, 『사찰요람』(1955), 서울대학교 한국교육사고(엮음), 『한국정
        당사・사찰요람』, 도서출판 하우, 1994.

서울시임시인민위원회(엮음), 『정당사회단체 등록철』, 서울시임시인민위원회,
        1950.

정용욱(편), 『해방직후 정치사회사 자료집』 4권・5권, 다락방, 1994.

안인식, 『嵋山文稿』, 미산선생기념사업회 엮음, 문조사, 1973.

안 확, 『조선문학사』, 한일서점출판, 1922.

이광수, 「내외신간평 - 조선어문연구 연전문과연구집 제1집」, 동아일보 1931.1.5.

이덕무, 『국역 청장관전서』 12권. 민문고, 1989.

이병곤(李炳鯤), 『退修齋日記』.

이태준, 『이태준문학전집』 3권, 깊은샘, 1995.

정인보, 『薝園鄭寅普全集』 전6권, 연세대학교출판부, 1983.

＿＿＿, 『薝園文錄』 전3권, 정양완 옮김, 태학사, 2006.

조선문학가동맹(편), 『건설기의 조선문학: 제1회 전국문학자대회 자료집 및 인명
        록(1946)』, 최원식 해제, 온누리, 1988.

〈논저〉

김영 · 정하영 · 진재교,「학문을 찾아서: 원로 학자와의 대담 - 연민 이가원 선생」,
　　　『민족문학사연구』 15권 1호, 1999.

김용섭,「실학 공개강좌 - 종합토론」,『동방학지』 58집, 1988.

김용직,『김태준 평전』, 일지사, 2007.

_____,「해방 첫해 겨울과 새해의 일들 - 나의 시대, 나의 이야기 7」,『서정시학』
　　　21권 3호, 2011.

남궁효,「정인보의 '조선학' 이론에 관한 연구」,『실학사상연구』 8집, 1996.

류준필,「김태준의『조선소설사』와『증보 조선소설사』대비,」,『한국학보』 88호,
　　　1997.

박광현,「경성제대와『신흥』」,『한국문학연구』 26집, 2003.

박영미,「일제 강점기 在朝 지식인 多田正知의 한문학 연구에 대한 시론」,『어문연
　　　구』 65호, 2010.

박희병,「김태준의 국문학연구」(상 · 하),『민족문학연구』 3집, 4집, 1993.

서울대학교교수민주화운동오십년사간행위원회,『서울대학교교수민주화운동오십
　　　년사』, 서울대학교출판부, 1997.

성균관대학교교사편찬위원회,『성균관대학교육백년사』, 성균관대학교출판부,
　　　1998.

송남헌,『해방삼년사, 1945~1948』 I · II권, 도서출판까치, 1985.

심경호, 1986,「천태산인의 조선한문학사 검증」,『한문교육연구』 창간호, 1986.

심지연(/이구영 술),『역사는 남북을 묻지 않는다』, 소나무, 2001.

연세대학교출판위원회(편),『진리와 자유의 기수들』, 연세대학교출판부, 1982.

오석환,「농암 김창협의 서발류 문장 연구」,『한문학논집』 22집, 2004.

유용상,「이념보다 민족을 우선했던 고뇌의 시절」,『신동아』 8월호, 1990.

이가원,『옥류산장시화』, 허경진 역, 연세대학교출판부, 1990.

이윤석,「김태준『조선소설사』검토」,『동방학지』 161집, 2013.

이종묵,「일제강점기의 한문학 연구의 성과」,『한국한시연구』 13호, 2005.

이준식, 「일제강점기의 대학제도와 학문체계 - 경성제대의 '조선어문학과'를 중심
　　　으로」, 『사회와 역사』 61호, 2002.

이지원, 「일제하 민족문화 인식의 전개와 민족문화운동 - 민족주의 계열을 중심으
　　　로」, 서울대 대학원 사회교육과 역사전공 박사학위논문, 2004.

이형성, 「다카하시 도루의 조선 유학사 연구의 영향과 그 극복」, 『다카하시 도루의
　　　조선유학사』, 이형성 편역, 예문서원, 2001.

이황직, 「위당 조선학의 개념과 의미에 관한 연구」, 『현상과인식』 34권 4호, 2010.

＿＿＿, 「해방정국의 청년유교단체 '대동회' 연구」, 『사회이론』 45호, 2014.

정재철, 「일제하의 고등교육」, 『한국교육문제연구』 5호, 1989.

최영성, 「김태준의 학술연구와 국고정리작업 - 『조선한문사』 서술을 중심으로」,
　　　『한민족어문학』 46집, 2005.

홍석표, 「호적과 김태준의 문학사 서술의 특징 - 『백화문학사』와 『조선한문사』
　　　를 중심으로」, 『중국어문학지』 22권, 2006.

〈DB 및 인터넷 검색자료〉

『삼천리』, 『동아일보』, 『조선일보』, 『조선중앙일보』, 『서울신문』, 『경향신문』, 『자
　　　유신문』.

국가보훈처 공훈전자사료관 DB 검색.

김삼웅, 〈김삼웅의 인물열전 블로그〉.

한국사데이터베이스 검색.

필자소개

┃ 최광식 ┃

고려대 한국사학과 교수

┃ 신주백 ┃

연세대 국학연구원 HK연구교수

┃ 최선웅 ┃

중앙선거관리위원회 선거기록보존소 전문경력관

┃ 류시현 ┃

광주교육대학교 사회과교육과 교수

┃ 김인식 ┃

중앙대학교 교양학부대학 교수

┃ 이준식 ┃

민족문제연구소 연구위원

┃ 이황직 ┃

숙명여자대학교 리더십교양교육원 조교수